课 题 组

组 长

王　战　教授　上海社会科学院院长

翁史烈　院士　上海市中国工程院院士咨询与学术活动中心主任

杨胜利　院士　中国工程科技发展战略研究中心（上海）主任

副 组 长

王　振　研究员　上海社会科学院副院长

石良平　教　授　上海社会科学院经济研究所所长

孙福庆　研究员　上海社会科学院部门经济研究所所长

主要成员

总报告组：王 战（组长）、王 振（副组长）

戴晓波、胡晓鹏、于 蕾、陈建勋、陆军荣

专题报告一：金 芳（组长）、苏 宁、周大鹏、吕文王

专题报告二：戴晓波（组长）、何 军、李 靖、顾锡新、刘育太、陈建勋

专题报告三：石良平（组长）、黄复兴、雷新军

专题报告四：孙福庆（组长）、李 伟、蒋媛媛、樊福卓、张 彦、曹祎遐

专题报告五：王 振（组长）、高子平、赵 克、佘 凌、陈国政、张 涛、张宏胜

王 战 翁史烈 杨胜利 王 振 ◎ 等著

转型升级的新战略与新对策

上海加快建设具有全球影响力的科技创新中心研究

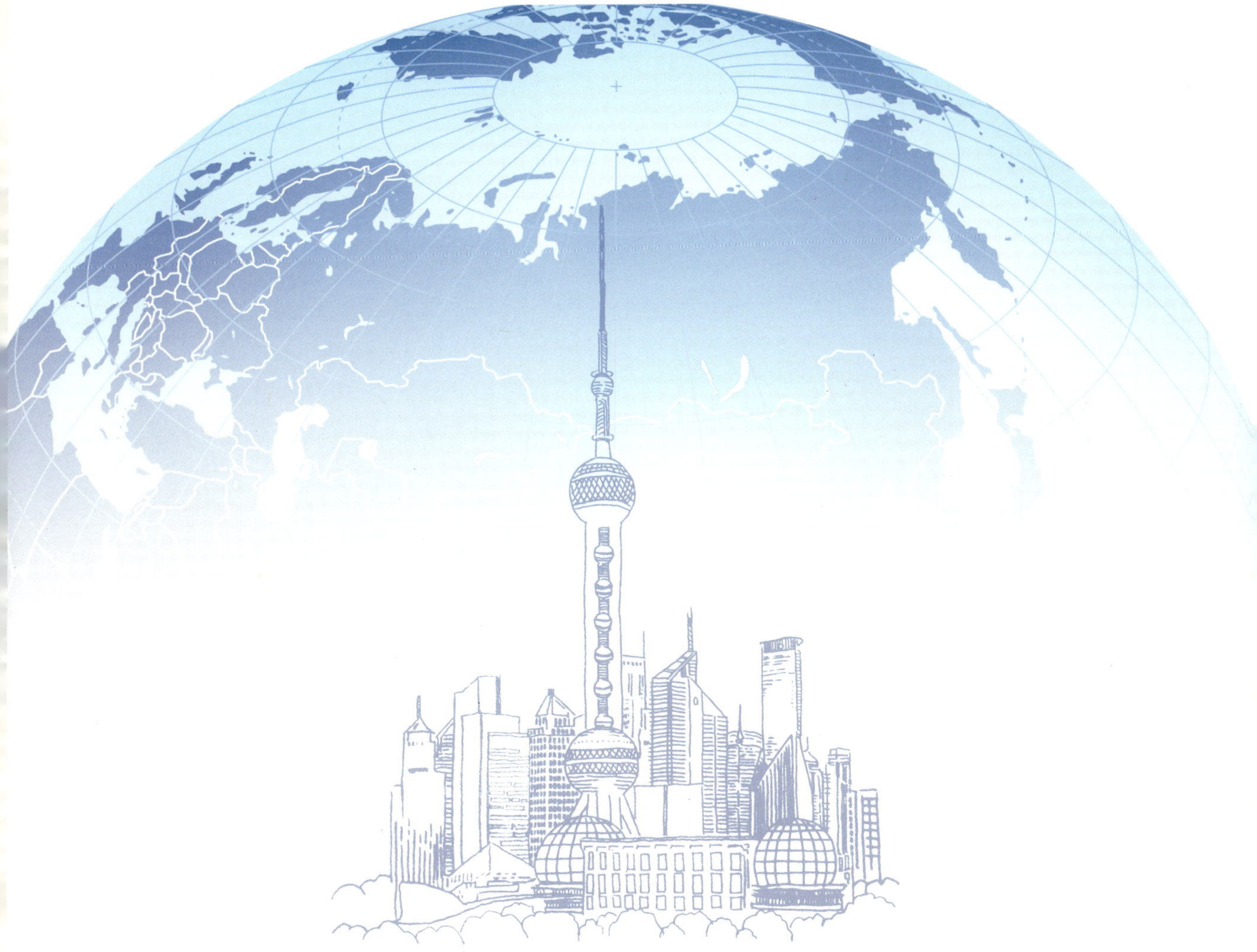

前　言

2014 年 5 月，习近平总书记在上海视察时提出，上海要建设具有全球影响力的科技创新中心，为上海未来的中长期发展提出了新的战略任务和要求。这是一项重大的国家战略，更是上海建设全球城市的一项重大战略定位和部署。

2014 年 6 月，上海社会科学院积极与中国工程科技发展战略研究中心(上海)开展合作，在上海市科委的大力支持下，以上海社会科学院的研究力量为主，组成了联合课题组，由王战院长、翁史烈院士、杨胜利院士担任组长。课题组分为总报告组和 5 个专题研究组。

课题组经过多次前期筹备会议，2014 年 8 月 22 日正式全面启动调研工作，召开了 7 次专题研讨会，邀请院士、经济专家、企业家、创业服务机构负责人、政府官员共同讨论上海建设全球影响力科技创新中心的重大战略选择和对策问题。

课题组就重大工程和项目建议实施了科学家问卷调查和专访，完成问卷访谈 117 份，范围覆盖在沪两院院士、973 计划首席科学家、国家重大科学研究计划首席科学家、千人计划专家、国家杰出青年科学基金专家，初步拟出一批重大工程与重大项目建议名单。

本书即为课题组取得的相关研究成果。

上海建设具有全球影响力科技创新中心必须突破的深层问题及对策建议(代序)

上海历来非常重视科技创新，然而30年来无重大突破；政府对工程形式、项目规划很重视，但抓不住要害、落不了地，只开花不结果。要建设具有全球影响力的科技创新中心，如果不厘清上海科技创新瓶颈的来龙去脉，不把握问题关键，就难以从根本上实现突破。

按照建设具有全球影响力科技创新中心的指示要求，上海社会科学院与中科院上海院士中心联合组织团队，在上海市科委协调下先行开展前期研究，在厘清问题瓶颈基础上，提出建设全球影响力科技创新中心的思路及路径，供决策参考。

一、首要是解决创新理念导向问题

现在我们讲科技创新，多数情况“只是上面有创新目标，下面没有真正的创新动力”。原因不是政府不重视，也不是上海企业没能力、没人才，而是长期存在的认识错位，带来的创新行为扭曲。第一种情形是将“创新”等同于“发明”。科技创新“唯专利论”，出发点是为了补专利短板，但舍本逐末，众多专利成为摆设。2004—2014年，上海发明专利的拥有数量从4 689件增长到56 515件，增长超过10倍，但上海的科技进步水平与创新能力提高却没有同步。第二种情形是将“创新”等同于“产业”。最典型的是政府抓高科技产业，多数是只见产值，不见创新。第三种情形是政府补贴扭曲企业创新行为。各级政府出于推动创新的好心，设计产业指导目录，分门别类给予补贴，结果适得其反。补贴成为企业营业外收入的“香馍馍”与政府部门招商手段，作用有限，更影响正常创新秩序。现在上海谈科技创新一定要转变“发明专利增加就等于创新、高科技产业增长就等于创新、政府科技投入增加就等于促进创新”的三种错误认识。重走传统老套路，上海创新无出路。

转变认识理念不是口号宣传，政府要转变推动方式，彻底打破创新“大锅饭”。政府要敢于向市场放手，矫正被扭曲行为，让创新者从市场获利，而不是从政府获利。一是除重点工程与项目外，政府应少补贴具体创新项目，多增加有利创新的公共产品投入。通过公正、透明、高效的创新环境，提升创新活力。二是改变科技创新的“唯专利”、“唯论文”的简单化评价体系。削减对发明专利、实用新型专利和外观专利的资助力度，最终取消对后两者资助。取消应用性研究的科技创新评奖。应用性研究不看论文，以成果应用论英雄。三是促进科技创新要有成本收益意识。基础研究按本地区财政能力投入；应用性研究要动员社会资本，调动科研人员积极性为原则导向，以“赚钱效应”来推动，要让创新者致富。

二、现行体制机制的束缚必须突破

理念转变难，受制于僵化的体制机制。利益条块分割，表面轰轰烈烈，最后都不了了之。现行体制机制对科技创新存在三方面掣肘束缚：一是多层级多部门的分散化管理体制。上海科委抓科技创新，却管不到信息化；经信委讲科技创新，却没有业态创新；商委只资助服务业的业态模式创新。各级政府、各类园区、各个部门之间政策要么交义重叠甚至有冲突,要么存在空白盲区。在上海城市业态多元化、产业创新融合化的背景下,分部门推创新都是力所不及的。二是分散化管理必然带来分散化投入。面上百花齐放,最后都抓不住要点,形不成体系,科技投入依据条线规则,横向有科委、发改委、经信委、国资委、教委、农委、知识产权局各委办,纵向有市、区县、园区、镇各级政府,最终难免成为"撒胡椒面",也为企业多头申报留下了空子。三是没有形成科技投入后的赚钱驱动效应。对政府而言,政府还没有走出土地财政的财富驱动模式,创新驱动的投入产出回报太低、太慢;对研究人员而言,完成试验拿经费,成果产权不归个人,不注重成果应用,创新止于实验室成果,很少与市场对接。

体制机制突破有赖于政府职能部门的"自我革命"。一是整合各委办的科技创新管理职能与科技投入渠道。对于科委功能应予以重新定位与设计,构建具有更强协调能力的科技创新委员会,更好承担牵头抓总职能。二是重新评估政府科技创新投入的规模、领域与方式。优化整合各类科技计划(专项),建立市级科技创新投入决策和协调机制。资金安排从按部门分配向建立全市统一项目库和政府相关部门联合会审转变。投入方式改变为由原来的经费拨付,向重点资助基础性科研项目研究和产业化过程转变。三是政府创新投入逐步从"项目导向"转向"功能导向",并引入社会化、市场化经营管理。上海科技管理职能可以率先进行社会化、专业化管理探索。改革科研经费的投入方式(推广"拨改投"、基金制)、成果认定方式与收入分配方式。

三、尽快弥补上海的企业家短板现况

政府体制机制调整后还要让企业真正活起来,"企业成为科技创新主体"不应成为一句空话。企业要具备创新活力,灵魂在于企业家。反观上海过去30年,上海最缺的不是资本、技术、人才和土地,而是企业家，这是上海经济生态的必然。上海国有经济、外资经济、民营经济的总量比例长期稳定在2：1：1。国企干部任命考核制度决定了不可能走出企业家，我们有好多优秀国企干部要么为官从政，要么在步入巅峰时即退休。上海是跨国公司集聚区，但其很难成为本土化创新主力，外企核心技术研发都不在本地，归根到底，上海外企高管仅是管理者，还不是真正意义上的企业家。上海民营企业数量不少，但是为数不多的企业家都集中于商贸、地产、资本投资等行业"赚快钱"，科技创新优势不明显，没能成为引领上海创新潮流的主体。上海企业家成长远落后于北上广深及东南沿海地区。

充分重视企业家的创新核心功能，将集聚培育企业家摆在上海科创中心建设的重要环节。科技创新中心建设不能围绕指标转，而是要围绕企业家转，吸引到了企业家，就是吸引到了推动创新的资本、人才、技术。上海应针对不同来源的企业家采取措施。一是挖掘存量。充分释放利用国有企业的企业家精神，加大股权激励力度，同时采取负面清单政策，对于企业利润连续3年增长10%以上，或成功推动创新项目产业化的国有企业领导者，不适用现有一刀切的退休年龄硬性规定。二是吸引流量。上海要成为国内外企业家再创业、再成长的平台，以更优越营商环境，吸引二、三线城市企业家来沪实现二次创业，迈向国际化与高端化。三是嫁接余量。上海是外资企业高管的集聚区，应搭建平台，充分利用其丰富的国际化行业与管理经验，推动本土创新创业。四是创造增量。前30年上海无以成为企业家成长天地；今后30年随着企业家生成来源结构向知识青年的转变，上海理应成为企业家摇篮，其中关键是要全方位放开人才政策，让青年人留下来创业成家。

四、想方设法克服上海"创新成本陷阱"

企业家来不来、能不能成长，除了要消除各类制度壁垒，关键还要有良好的营商环境,留得下来,能长得大。当前,上海创新创业营商环境中最大的瓶颈是商务成本问题。过去30年上海一直是投资驱动与财富驱动为主导,推高了上海的商务成本。众多中小企业面对过高土地人工成本,宁愿从事赚快钱产业,或去异地发展;众多科技创新项目"开花多,结果少"。上海孵化的创新项目,一旦进入产业化阶段,基于成本考虑就会选择周边地区落地生产。为此,商务成本问题不解决,即便创新主体具有创新意愿,也难以落地发展。高企的商务成本成为上海科技创新中心的"创新陷阱"。国内北京、深圳、江浙等中心城市也存在不同程度的高成本问题,但是解决出路各有千秋。北京是国家科研资源投入最集中的地区,无形之中降低了前期创新投入成本;深圳小产权房的建筑面积一度接近总量70%,虽有城市管理问题,但也降低了城市住房成本;浙江是全国民营企业家最多的地区,间接起到摊薄创新创业成本比例的效应;苏州工业园区采用的新加坡住房公积金制度,很好调控了园区房价成本。上述城市特点虽然具有区域性与历史因素,但上海该怎么办?

对于上海商务成本问题,我们认为整体降低商务成本不现实,也不符合发展规律,建议通过特殊区域与功能政策安排克服成本劣势。一是打造科技创新战略特区,从点上实现突破,直接降低商务成本。通过政策特区与创新便利,形成创新成本洼地。二是运用非经济杠杆相对降低综合成本。包括进一步放开人才入沪政策、提高公共服务水平、优化空间布局(如"创新走廊"、"创新功能区",具体见第七点建议)等手段,营造更好的创新、创业与生活环境,使得相对高的成本能对应更好的服务条件。

五、抓重大工程与项目要打破传统俗套

改革开放后的20年时间里,上海科技创新步伐仍能适应重化工阶

段性特征，上海科技实力仍能保持全国领先水平；然而面对21世纪的信息技术创新，上海已落后于国内其他一线城市。上海有抓重大工程与重大项目的成功经验，也有失败的先例，基本上重化工产业的工程项目是相对成功，但是对于信息技术产业却没有经验，譬如上广电TFT项目。因此，在信息革命时代抓科技创新的重大工程与重大项目，怎么抓？抓什么？也需要再思考。

怎么抓？当前上海正处在产业革命的转换期，新的科技革命正在探索，现有的先进制造业还需要进一步向先进国家学习、追赶。因此，在今后一段时期内，上海需要"市场决定"与"政府引导"两条腿走路，但要加强市场决定的范围与力度。"市场决定"：就是发挥广大中小企业的创新创业积极性，在上海形成万众创新创业的新局面，要相信上海未来的企业家群体将主要来自中小企业。市场决定的创新是一种非定向、不确定创新，无需政府确定产业导向，关键是打造好一视同仁的创新营商环境。"政府引导"：是要继续有效发挥政府的创新引导作用，但主要限定在重大工程与重大项目，以及创新公共品提供。对于上海而言主要是落实好两个方面：一是落实国家重大工程与项目的战略布局，并与上海区域创新形成互动，研发、掌握、产业化一批核心技术与项目；二是根据上海城市特点，提出一批重大工程与项目。

抓什么？重大工程与重大项目的遴选要有新标准、新机制。我们对重大工程与重大项目进行了区分，并提出了符合未来发展的遴选原则。重大工程：是重大科学装置、关键技术实验室、产业化服务设施和新产品应用工程等创新工程设施。重大工程建设的重中之重是建设世界实验室。上海有国家实验室，但缺少具有全球影响力的世界实验室，上海有条件利用开放优势，建设世界实验室。尤其要突出在人工智能、新材料、生物技术等重点领域，结合国家战略与市场需求，开创世界创新的新领域，形成具有全球影响力的创新源。重大项目：是对国家或上海创新发展具有重要引领性意义的，具有实体性、应用性、产品型、可预见特点的新产品和新技术，如大飞机、新能源汽车等。课题组共发出问卷117份，范围覆盖在沪两院院士、973计划与国家重大科学研究计划首席科学家、千人计划专家、国家杰出青年科学基金专家。专家建议基本聚焦于五大领域(新一代信息技术、生命健康、新能源、航空航天、智能制造)，但这仅仅是技术方建议。课题组进一步根据市场前景、产业关联、上海优势等原则，初步拟出一批重大工程与重大项目(具体见总报告列表)，基本上覆盖了国际至2020年及更长一个时期的技术遇见与科技规划视距，供有关方参考。

六、创新主体“错配劣势”要转化为“互补优势”

确定了工程项目的方向，就要思考由谁来实施落地？在科技创新方面，过去30年，上海一直存在国企大而不强、外企强而不为、民企长而不大的现象。以往，每次市里落实创新战略，往往首先想到的是国有企业。国有企业对于赶超型创新项目有优势，但创新受到内在激励不足束缚。尤其上海国企一半是央企，央企与地方创新之间对接不畅。最典型是上海石化高强度碳纤维项目，完全符合上海产业创新方向，但国企体制与央地关系使该项目无法顺利推进。上海外企缺少本土化核心技术创新，民企始终没有成为创新主力军。

出路就是利用好现有资源，让三家主体对应不同的创新战略任务，形成互补。第一，国企聚焦落实国家与市级重大工程与项目，成为创新驱动的动力源之一。非重大工程项目领域创新活动，国企应通过混合所有制经济改革逐步退出，更多地让非公经济参与，或通过创新链带动更多的民营企业、民营资本参与创新发展。同时，考虑如何让中小企业参与重大工程与重大项目，形成开放式创新网络。硅谷、波士顿、特拉维夫等创新中心都有国家项目的基因。第二，进一步鼓励跨国公司研发总部落地上海，形成第三代跨国公司研发中心。外资外企是上海打造开放型创新经济的优势与重要基础。上海要进一步鼓励外资企业的转型升级，而不是简单的产业转移。抓住“反向创新”、“离岸创新”、“开放创新”、“技术共享”等全球创新趋势，加速形成为第三代跨国公司研发中心。通过完善知识产权保护体系扩大外企本地化研发与应用规模，与本土企业形成互动，扩大溢出效应。第三，想方设法真正让民营企业成为上海市场化、非定向“草根创新”的主力军。不是给予民营企业补贴就是政策支持，其效果可能适得其反；而是要通过政府采购、市场开放、平台建设、技术共享等方式为民营企业创新创造机会。

七、从科技创新中心角度思考上海城市空间布局

现在一直在讨论一个问题：国际大都市是否能成为科技创新中心？纽约、伦敦、东京都没有完全成功的先例。虽然伦敦、纽约也有创新，但主要集中在创意产业，而非科技创新。有人认为国际金融中心与科技创新中心功能是不相容的，因为国际金融中心对应的是高成本的财富驱动中心，会挤出科技创新活动。但我们认为，上海城市区划与纽约、伦敦、东京、香港的有很大区别，上海城市格局包括广大郊区，上海的区域面积足以同时容纳财富金融中心与科技创新中心。上海还可考虑运用金融创新撬动科技创新，通过金融机构、金融资本、金融产品的创新，来集聚创新资源。

现在我们在做上海2040城市空间规划，要考虑科技创新功能。一是在城市功能区中嵌入满足中小企业创新需要的公共创新服务区。降低大都市高成本对创新的抑制，同时实现创新形式多元化。二是建设创新示范镇，形成创新走廊。依托郊区小城镇的创新基地可以成为上海城市格局的一大特色，可以兼顾成本与接近创新资源的比较优势，也是其他地区所不具备的。三是布局三条“创新轴线”。结合上海

创新资源与产业空间布局，上海可以围绕三个创新热点区、打造三条创新轴线、形成三个创新扇面。第一条是以浦东张江高科技园区为依托，以浦东轨道交通十六号线沿线各镇为节点，直到临港新城。依托轨道交通，通过新型城镇化走廊，形成创新轴线，并选择创新试点城镇，综合降低商务成本，形成科技创新的产业化新空间。浦东还应将高新区与自贸区相结合，体现开放创新的优势，将浦东打造成为面向世界的自由创新区，做实张江自主创新示范区，建设国家科学中心。第二条是以杨浦知识创新城区为核心，向宝山、崇明辐射。一方面，沿江湾创新走廊与宝钢“腾笼换鸟”形成互动；另一方面，过隧道与长兴岛、崇明形成互动。第三条是以“紫竹—漕河泾”沿线园区为核心，与新桥及松江出口加工区产业调整互动，形成创新轴线，并与嘉定创新经济集群相呼应，共同构成面向长三角的创新扇面。通过三条轴线，将形成上海未来创新与产业发展的向东、向北与向南三个扇面。

八、要为创新创业人才来沪留沪创造条件

企业家与高端人才是先决条件，但也需要不同类型的人才共同组合。上海户籍管理制度没有管住低技能就业群体，但恰恰管住了各类人才。上海人才结构现状是“两端少、中间梗阻”。一端是缺少具有全球影响力的领军人才队伍，包括科学家、企业家、投资家；另一端缺少应用性高技能人才。上海外来常住人口中有六成低于初中文化水平，难以符合现代制造业发展需要；上海全市党政、经营管理以及专业技术人才总量达到460万人(2013年)，但大部分“梗阻”在机关事业及国有企业单位，缺少流动与创新活力。

科技创新背景下的创新人才培育引进应有重大突破。一是激发体制内人才的创新创业活力。允许和鼓励科研人员离岗创业、在职兼职创业，创业期间保留原有身份和待遇，并可获得相应个人收入或股

份。允许和鼓励科研人员科研成果向企业转让，所获收益多数归团队负责人及其科研人员。改革事业单位用人制度与科研经费管理制度，赋予团队负责人应有的创新空间与收入激励。二是全面放开本市毕业大学生入沪的户籍限制。本市的高校毕业生，毕业即给予户籍，不要区分重点与非重点学校专业。上海每年高校毕业生约 17 万，其中非上海籍约 10 万左右，按目前政策 70%能留沪，全面放开后每年最多只增加 3 万本地高校毕业生留沪，但政策的开放意义是巨大的。三是有效放宽针对全国人才的户籍制度。尽快明确需要的人才专业系列落户的方便性政策，同时对其配偶、子女就学给予方便。四是创新海外人才引进制度：设立上海市的海外市民证制度和技术移民制度。完善境外人才绿卡（永久居留）制度。参照发达国家和地区的技术移民指标和本市居住证积分管理指标，建立外国人技术移民制度，吸引优秀外国人才特别是科技型人才移民上海。五是关注在沪农二代的培养。通过职业教育改革，为农二代创新学习与就业机会，使其成为上海科技创新的重要人力资源。

目　录

专题报告三 183

关于重大瓶颈、体制机制创新和配套政策研究

总报告

上海建设具有全球影响力科技创新中心的战略与对策研究

习近平总书记提出的建设具有全球影响力的科技创新中心，为上海未来的中长期发展提出了新的战略任务和要求。这是一项重大的国家战略，更是上海建设全球城市的一项重大战略定位和部署。

上海社会科学院与上海市中国工程院院士咨询与学术活动中心合作，由上海社会科学院王战院长、上海市中国工程院院士咨询与学术活动中心翁史烈院士、中国工程科技发展战略研究中心（上海）杨胜利院士担任课题组组长，上海社会科学院副院长王振、经济研究所所长石良平、部门经济研究所所长孙福庆担任副组长。课题组设立五个子课题：

全球影响力科技创新中心的内涵与目标研究；

“十三五”期间重大工程及基础设施项目建议；

上海建设全球科技创新中心的重大瓶颈问题及体制机制创新和政策配套研究；

上海建设全球科技创新中心的科技创新创业服务体系与软环境研究；

上海建设全球科技创新中心的人才新战略和政策创新研究。

课题组从 2014 年 8 月底开始全面启动调研工作，组织了院士、专家学者、企业家等参加了7次专题研讨会和一系列内部讨论，并就重大工程和项目建议实施了院士问卷调查和专访。本报告为课题组取得的初步研究成果。

一、关于内涵与目标

建设具有全球影响力的科技创新中心，对上海提出了更高的战略要求。当前上海的“四个中心”建设战略，更多表现为一种交易中心、流量中心功能，更多依托于中国经济的对外开放和全球第二大经济体的体量。而具有全球影响力的科技创新中心，不仅需要具备全球范围创新资源的集聚和配置功能，更要具备全球性科技创新的策源地功能和创新驱动发展的引领功能。对此我们必须从更高的战略层面去理解和谋划新的战略定位。

（一）内涵：三大影响力

通过比较国内外创新城市的发展历史，我们认为，上海建设具有全球影响力的科技创新中心，应该既是全球领先的创新知识、创新技术的原创地，更是全球领先的创新产品、创新商业模式的先锋实验地，集聚大量国际性研发创新资源，占据全球高科技产业价值链中的高端研发环节，成为全球新产业、新技术、新业态、新商业模式的创新源头，成为全球新知识与新技术的扩散和交互枢纽，形成科技创新的“上海模式”，培育造就上海在21世纪中叶的综合竞争发展优势。具体包括以下三大影响力：

一是在全球前沿科技、关键技术的创新研发上形成全球影响力。上海必须加快战略布局，依托自主创新力量，组织开展未来20—30年可能影响全球科技革命进程的前沿科技和关键技术，从追赶走向领先，甚至引领。这就要求上海在培育和壮大自主创新力量上必须确立全球一流的标杆，努力建设若干全球一流的大学、研究所和实验室，以及打造一支全球一流的科学家队伍，更好承担起科技创新的战略任务。

二是在全球前沿科技带动产业变革、驱动经济发展上形成全球影响力。上海必须构建更有竞争力的科技引进政策，营造更加良好的产学研合作环境和营商环境，加快全球科技创新成果在上海及长三角地区的孵化和产业化，推动新的经济增长点和竞争力的形成。这就要求上海必须培育和集聚两大企业群体，即全球技术领先、具有集成创新能力的高科技先锋企业群体以及在新产业、新技术、新业态、新商业模式上原始创新、寻找突破的中小微企业。支撑两大企业群体的，是三支队伍，即具有全球影响力的企业家队伍、成千上万的创业者队伍以及支撑创业的一批投资家队伍。

三是在全球前沿科技创新资源的集聚、配置上形成全球影响力。上海必须放眼全球、接轨国际，以上海自由贸易试验区的制度创新为动力，以中国机遇、上海建设全球城市为引力，进一步加大改革开放力度，建设一批科技创新资源的集聚、配置平台，加快培育全球配置能力。这就要求上海必须积极培育和造就一支国际化的科技创新中介服务队伍，更好地服务于科技创新成果的引进、转化、孵化、跨国合作及知识产权保护。

（二）五大功能中心

上海建设具有全球影响力的科技创新中心，应该在基础科学研究、前沿技术研发、创新企业集聚、创新资源市场、创新成果产业化五个方面打造五大功能中心，即全球领先知识的创造与传播中心、全球领先技术的研发集聚中心、高科技领先企业的全球性集聚中心、科技创新资源的全球性配置中心、科技创新成果的全球性转化中心。

1. 成为全球领先知识的创造与传播中心

上海建设的全球科技创新中心，首先是全球领先知识的创造与传播中心，包括拥有世界一流的高校、世界顶尖的实验室、世界级的科学家以及国际顶级的学术期刊等一系列基础要素。国外很多科技创新城市都是以大学城为中央智力区驱动了城市的创新发展，如大波士顿地区，其拥有哈佛大学、麻省理工大学等多所世界著名大学，大学承担了科技创新和经济引擎的作用，大波士顿地区的城市空间呈现出波士顿市中心和坎布里奇的双重中心格局，呈现独特的金融与创新双驱动发展模式，在 2thinknow 发布的 2011 年全球 100 个最具创新力城市中，波士顿名列首位。又如斯坦福大学为硅谷培养了大批的创业和创新人才，与硅谷的创新企业有着广泛的联系与合作。

上海需要不断地通过科学技术研究上的重大原创性突破，引领全球科技发展趋势，推动诞生“世界范围内的新领域”，通过科学研究创造国际领先知识，连接全球大学和科研网络，在全球分享知识，以不同的方式传播知识，通过与业界合作提供指导思想来推动社会的发展；通过为知识的创造和传播培养人才、提供成果，通过其发达的教育资源和世界级的研究人员，以及优良的宜居环境和便利生活条件，成为吸引相关创业企业和科技人才集聚的强大磁场，发展高科技技术产业。

2. 成为全球领先技术的研发集聚中心

上海建设的全球科技创新中心，要发挥全球科技创新网络集聚点的功能，集聚功能将推动技术的集合创新和创新活力的释放。如法国的 Paris-Saclay 创新集群，已经建成世界级的科学研究与创新集群，集中了法国公共研究资源的 15%、1.7 万名学术和研究人员，博士人数每年增加 1 400 位、38 项欧洲研究委员会补助项目、3 位诺贝尔物理学奖获得者，以及众多科技公司的全球研发中心，如雷诺、标志雪铁龙、液化空气集团、泰雷兹与阿尔卡特朗，等等。

上海需要通过将多元主体的研发机构纳入同一个开发创新体系，成为国际和研发机构寻求合作研发、技术转移、创新成果产业化和商业化的首选地区之一；成为全球创新资源配置的首选之地，资金、人才、技术、信息等创新资源在此进行跨国界、跨文化、跨行业流动和配置；成为跨国公司全球研发网络的关键节点和重要枢纽，并成为我国日益成长的本土研发机构走向世界的试验场和出发地；通过高科技企业的国际化发展，以全新的商业模式把最新的技术和产品带到世界各地；要培养和聚集优秀创新人才，特别是产业领军人才，着力研发和转化国际领先的科技成果。

3. 成为高科技领先企业的全球性集聚中心

创新首先是大众创业、万众创新，创新的活力来自企业，上海要建设全球领先的科技创新中心，需要成为全球高科技领先企业的集聚中心，这一点在国外创新城市发展中有很多案例，如纽约兴起的“硅巷”（SILICON ALLEY），通过集聚高科技企业群，成为纽约市经济重要的新的增长点，成为美国发展最快的互联网中心地带之一，仅次于硅谷。硅巷的成功为纽约市重新找到了新的城市标签：美国“东部硅谷”、世界“创业之都”，其迅速发展的经验有着重要的参考借鉴意义。

上海需要在技术、产业配套、经营理念、企业家素质、市场机制和人文环境等方面，引进和培育一大批高科技领先企业，并成为引领全球高科技产业化发展的集聚中心；与长三角和其他地区开展合作，聚合各种创业资源，最终形成创业企业源源不断涌现的局面；搭建国际科技商务平台，对接国际高端创新区域，推动高技术产业成为工业中的核心产业和领先产业，推动高科技产业发展成为新的经济增长点。

4. 成为科技创新资源的全球性配置中心

上海建设全球科技创新中心，应该结合上海国际金融中心建设，通过资本市场、交易市场发展，能够配置全球性的科技创新资源。国外创新活力高的城市，必然具有强大的科技资源配置能力，如美国波士顿地区有40余家专门从事高技术风险投资公司、100多名专门投向初创科技企业的天使投资人、超过10个天使投资联盟，2012年第四季度硅谷吸引了风投资金合计25.6亿美元，约占全美该季度所吸引风险投资总额的40%。

上海需要在技术、人才、金融服务、市场交易等领域，成为支持科技创新各种资源的全球配置中心，建设成为在全球有影响力的知识密集型、技术密集型和其他高附加值服务中心，强化上海的核心竞争力；成为风险投资的全球集聚地之一，提高金融服务市场规模，上海理工科大学毕业生数占总人口的比重增加，各种全球性交易机构如技术交易、股权交易、期货交易、人才市场等在上海设立，并在信息技术条件下，在国内率先利用网络进行虚拟技术交易，建设全球性的网络技术交易市场平台。

5. 成为科技创新成果的全球性转化中心

上海要建设有全球影响力的科技创新中心，还需要发挥科技创新的桥梁作用，成为成果产业化转化的桥梁、成为国内外技术转化的桥梁等。如东京，就是创新产品和创新理念的重要检验市场，秋叶原、新宿、涉谷等被称为“触角区域”，在这里能够看到、听到、触到、体验、购买和重新设计最先进及最代表未来发展趋势的产品设计、材料和技术，新产品首先在这里出现，生产和消费间的快速互动促进产品的创新和改进。

上海需要依托中国庞大的科技创新需求，建立全球通道和平台，吸引全球科技创新成果选择中国实现转化，提高专利成果的转化率；建设全球性知识产权服务中心和关键技术标准认定中心，为国内的技术进入国外市场、国际先进技术与国内产业对接做好桥梁服务；加强创新与制造业之间的联系，提升技术进出口能力和高技术企业的出口能力，建设国际创新企业的孵化器。

（三）指标体系

根据对标纽约、硅谷、东京、新加坡等国际创新地的科技指标，结合上海发展基础和战略定位，我们提出上海建设具有全球影响力科技创新中心的20项核心指标(见表1)。

表 1 上海建设具有全球影响力科技创新中心战略目标指标体系

五大功能中心	预期目标(2030 年)	预期目标(2050 年)	参考依据
全球领先知识的创造与传播中心	争取 1—2 家高校进入世界前 50 强大学	争取 1—2 家高校进入世界前 20 强大学	根据上海交通大学 2014“世界大学学术排名”,上海没有高校进入前 100 名
	拥有国家重点实验室 50 个,其中 1—3 家进入全球顶尖实验室行列	拥有国家重点实验室 70 个,其中 5—10 家进入全球顶尖实验室行列	目前上海拥有 33 个国家重点实验室
	在基础学科领域,拥有世界级科学家(如诺贝尔奖获得者)科研团队 5—8 个	在基础学科领域,拥有世界级科学家(如诺贝尔奖获得者)科研团队 15—20 个	如东京大学有 8 名诺贝尔奖获得者
	在 2—3 个专业领域(如医药)拥有 1—2 份国际顶级学术期刊	在 5 个左右专业领域拥有 4—6 份国际顶级学术期刊	拥有顶级学术期刊是话语权和学术地位的体现
全球领先技术的研发集聚中心	世界 500 强企业研发中心 240 家	世界 500 强企业研发中心 400 家	截至 2014 年底,上海有 500 强研发中心 120 余家
	研发专业服务平台达到 100 家	研发专业服务平台达到 200 家	目前上海市技术创新服务平台 12 家,专业技术平台 61 家
	研发人员 30 万人	研发人员 45 万人	大巴黎地区研发人员 15 万人(再考虑上海总人口基数)
	国际专利占总专利数 40%	国际专利占总专利数 50%以上	2001—2005 年,新加坡专利有 53.5%归外国企业或外国人所拥有
高科技领先企业的全球性集聚中心	拥有全球 500 强企业总部 30 家	拥有全球 500 强企业总部 50 家	2014《财富》500 强总部,东京 43 家,上海 8 家

续 表

五大功能中心	预期目标(2030 年)	预期目标(2050 年)	参考依据
高科技领先企业的全球性集聚中心	拥有跨国公司地区总部 1 500 家	拥有跨国公司地区总部 3 000 家	截至 2014 年底,上海有跨国公司地区总部 484 家,新加坡 2012 年已有 4 200 家
	全球百强创新企业 10 家	全球百强创新企业 20 家	汤森路透 2014 全球百强企业,22 家总部位于东京,上海为 0
	高技术产业增加值占工业总产值 40%	高技术产业增加值占工业总产值 60%	上海 2014 年为 21%
科技创新资源的全球性配置中心	成为全球前五大风险投资集聚地	成为全球前三大风险投资集聚地	2012 MIT "全球风险投资集聚地",上海排名第 11 位,硅谷排名第 1,纽约排名第 4,前 5 强集聚的风险投资金额占全球 52%,达 220 亿美元
	金融服务市场规模位列全球前 5 名	金融服务市场规模位列全球前 3 名	《2014 全球金融中心指数》显示,在全球 83 个城市中,上海位列第 20 位,而东京位于第 6 位
	每万人常住人口,理工科类(包括理学、工学、农学、医学)大学本科毕业生 50 名	每万人常住人口,理工科类(包括理学、工学、农学、医学)大学本科毕业生 100 名	目前,上海市每万人常住人口,理工科类(包括理学、工学、学、医学)大学本科毕业生 15 名
	拥有亚太区域性交易机构,如技术交易市场、期货市场、人才市场、股权交易市场等	拥有全球性交易机构,如技术交易市场、期货市场、人才市场、股权交易市场等	拥有全球性交易机构是纽约、新加坡、东京等国际性创新中心必须具备的基础条件

续 表

五大功能中心	预期目标(2030 年)	预期目标(2050 年)	参考依据
科技创新成果的全球性转化中心	技术合同进出口交易金额达到 400 亿美元	技术合同进出口交易金额达到 500 亿美元	2012 年新加坡技术进出口额达到 323.3 亿美元
	每万项专利成果转化率达到 50%	每万项专利成果转化率达到 80%	美国科技成果转化率达 80%以上
	高技术企业出口额占总商品总出口额的 60%	高技术企业出口额占总商品总出口额的 70%	2012 年上海为 43.8%
	国际创新企业孵化器 15 个	国际创新企业孵化器 30 个	纽约有超过 12 个以上的孵化器

1. 全球领先知识的创造与传播中心指标

预期目标：争取到 2030 年前，上海有 1—2 家高校能够进入全球权威排名的世界 50 强大学行列，为科创中心培养基础人才和传播基础知识；拥有国家重点实验室 50 个，其中 1—3 家可以进入全球顶尖实验室行列，进行世界领先科学技术的研究，引领世界科技发展潮流；在基础学科领域，拥有如获得诺贝尔奖的世界级科学家所率领的科研团队 5—8 个，这些顶级科研团队在上海长期开展科研工作；争取在 2—3 个专业领域(如医药)拥有 1—2 份国际顶级期刊，取得在科技基础领域的话语权。

在此基础上，争取到 2050 年前，上海有 1—2 家高校能够进入全球权威排名的世界 20 强大学行列；拥有国家重点实验室 70 个，其中 5—10 家可以进入全球顶尖实验室行列；在基础学科领域，拥有如获得诺贝尔奖的世界级科学家所率领的科研团队 15—20 个；争取在 5 个左右专业领域拥有 4—6 份国际顶级期刊。

2. 全球领先技术的研发集聚中心指标

预期目标：争取到 2030 年前，上海拥有世界 500 强企业研发中心 240 家，通过跨国公司第三代研发模式，成为全球研发网络的重要节点；研发专业服务平台达到100家，为科技创新提供公共服务和支撑；研发人员达到30万人，通过人才的集聚和创新，推动技术的进步；国际专利数占总专利数的40%，专利技术得到世界的认可。

争取到2050年前，上海拥有世界500强企业研发中心400家；研发专业服务平台达到100家；研发人员达到45万人；国际专利数占总专利数的50%以上。

3. 高科技领先企业的全球性集聚中心指标

预期目标：争取到2030年前，上海至少拥有全球500强企业总部30家，成为亚太地区优秀企业的集聚地；拥有跨国公司地区总部1 500家，总部经济得到充分发展；拥有全球百强创新企业10家，成为世界企业创新的源泉地；高技术产业增加值占工业总产值的40%，引领整个工业的发展。

争取到2050年前，上海至少拥有全球500强企业总部50家；拥有跨国公司地区总部3 000家；拥有全球百强创新企业20家；高技术产业增加值占工业总产值的60%。

4. 科技创新资源的全球性配置中心指标

预期目标：争取到2030年前，上海成为全球前五大风险投资集聚地之一，金融服务市场规模位列全球前5位，为企业创新提供金融服务和支撑；每万人常住人口中，理工科类(包括理学、工学、医学)大学毕业生人数达到50名，为上海科技创新提供源源不断的基础人才支持；拥有亚太区域性交易机构，如技术交易市场、期货市场、人才市场、股权交易市场等。

争取到2050年前，上海成为全球前三大风险投资集聚地之一，金融服务市场规模位列全球前3位；每万人常住人口中，理工科类(包括理学、工学、农学、医学)大学毕业生人数达到100名；拥有全球性交易机构，如技术交易市场、期货市场、人才市场、股权交易市场等。

5. 科技创新成果的全球性转化中心指标

预期目标：争取到2030年前，上海技术合同进出口交易金额达到400亿美元，技术交易活跃，是全球技术交易的重要网络节点；每万项专利成果转化率达到 50%，推动基础研究向科技成果产业化的发展；高技术企业的出口额占总商品出口额的 60%，国际创新企业的孵化器达到 15 个，企业创新活跃，高技术产品出口能力增强。

争取到 2050 年前，上海技术合同进出口交易金额达到 500 亿美元；每万项专利成果转化率达到 80%；高技术企业的出口额占总商品出口额的 70%，国际创新企业的孵化器达到 30 个。

二、重大战略部署

围绕建设具有全球影响力的科技创新中心战略总目标，围绕“五位一体”内容架构部署城市创新战略。围绕“前沿技术、创新载体、创新协同、产业发展、人才集聚”五大战略内容，通过体制机制创新，形成“创新服务、创新文化、创新设施、科技金融、知识产权”为框架的科技创新生态体系；构建以科技创新为中心的上海城市全面创新体系，形成创新新常态，推动创新发展型城市战略的最终实现。

（一）实施五大战略

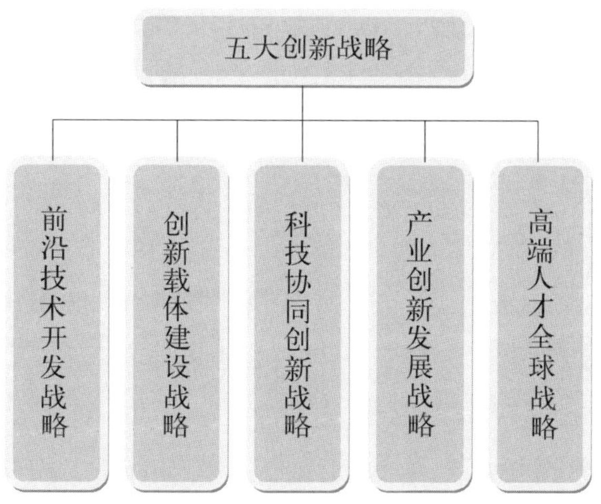

图 1　上海科技创新中心建设五大战略

1. 前沿技术开发战略

未来10—20年间，全球总体处于长周期的衰退期，经济增速普遍下降，需求新增长点与技术创新突破处于磨合期。其中，技术创新在环境、资源、社交、工业生产组织等领域的应用将改变城市生活、城市环境、城市治理、城市空间的调整方式与路径。上海建设具有全球影响力的全球科技创新中心需要在前沿技术的研发与应用中发挥全球性的引领作用。

我们在研究新产业革命对上海的影响及对策课题时，提出了上海把握新产业革命(第三次工业革命)机遇的四个战略突破口，即平台经济、健康经济、绿色经济、智能制造("三经济一智造")。专家们认为上海科技创新应聚焦于新一代信息技术、生命健康、新能源、智能装备和新材料五大领域，覆盖了国际至2020年及更长一个时期的技术遇见与科技规划视距。根据上述全球科技创新的前沿趋势特点，未来10—30年，上海的前沿技术开发战略应形成以"前沿技术开发应用创新为主导，前沿技术开发原始创新为支撑"的战略主线。

(1) 前沿技术开发与应用同步创新战略。主要是进一步加强信息技术的应用革命创新，加快信息技术产业与工业、服务业等产业实现深度融合与创新。一是应用前沿技术深度改变工业生产组织方式，带来新工业革命。密切跟踪以德国工业4.0战略、3D打印为代表的工业物联网、智能制造、分布式制造等引领的新工业革命。二是应用前沿技术改变传统服务业的业态，带动服务业革命。除了现在电子商务、互联网金融、传媒等业态外，还将对医疗、教育、文化、政府与社区服务带来重大影响。三是形成一批前沿技术的服务业提供商。包括云计算、物联网、大数据、移动互联网、智能电网等领域的服务业提供商，以及新型的生产性服务业外包商。

(2) 重大工程与重大项目的核心突破战略。上海仍继续有效发挥政府的创新引导作用，但主要限定在重大工程与重大项目，以及创新公共品提供方面。对于上海而言主要是落实好两个方面：一是落实国家重大工程与项目的战略布局，并与上海区域创新形成互动，研发、掌握、产业化一批核心技术与项目；二是根据上海城市特点，提出一批重大工程与项目。

（3）“大众创业、万众创新”的草根创新战略。科技创新最终还是要靠市场决定，必须要发挥广大中小企业的创新创业积极性，在上海形成万众创新创业的新局面，要相信上海未来的企业家群体将主要来自中小企业。市场决定的创新是一种非定向、不确定创新，无需政府确定产业导向，关键是打造好一视同仁的创新营商环境，让“草根”成长为创新的主力军。

2. 创新载体建设战略

成功的全球科技创新中心都具备全球一流的大学、科研机构、园区、企业等创新载体支撑。

（1）创新载体一流战略。重点对大学与科研机构等事业单位实施以创新导向的改革发展战略。借鉴国外创新中心的高校科研机构创新发展经验，培育、引进与建设一批创新型及开放型的大学与科研机构。一流大学的建设工程是一项系统工程，不只是依靠大学自身建设努力，全球科技创新中心建设也是系统性推进一流大学建设的重要机遇。在全球科技中心的建设过程中实现高校科研机构的全球一流化战略。

（2）科技创新特区战略。实施产业园区发展的创新融合战略，更好发挥园区创新资源的整合平台功能。重新定位园区在上海全球创新中心的功能作用，依托园区同时突破园区的空间局限，形成开放兼容的园区创新网络。重点将张江高科技园区打造成为开放创新型园区，成为综合性国家科学中心与全球性创新网络中心。

（3）混合经济联动战略。根据不同所有制企业的特点，发挥混合经济创新优势。确立民营企业、中小企业是城市创新的最重要活力与希望所在的战略导向。正确定位大型跨国公司与大型国有企业在全球科技创新建设中的功能作用，使国企更好聚焦落实国家重大工程与项目；促进外企研发总部平台溢出效应的扩大化，抓住反向创新、离岸创新、开放创新等全球创新趋势，加速形成第三代跨国公司研发中心。要想方设法真正让民营企业成为上海市场化、非定向创新的主力军。

3. 科技创新协同战略

协同创新正成为科技创新发展的重要形式。诸多重大科技创新不再是单一主体的活动，而必须由多个创新主体参与、协同，这已是创新能否成功的关键因素。全球城市时代的科技创新必定是开放、协同、合作的创新。

实现科技创新协同关键是要形成纵横结合的协同创新机制。纵向协同创新是高校科研机构—企业—政府“三螺旋”的创新协同机制；横向协同创新是在高校科研机构之间、企业之间以及各级政府园区之间形成创新资源共享与产业合作创新以及创新资源整合的创新协同机制。上海全球科技创新中心建设要形成三个方面的协同创新战略架构：一是产学研协同创新战略；二是区域协同创新战略；三是全球合作创新战略。

（1）产学研协同创新。完善政—产—学—研创新机制，建设创新大平台。促进公共技术创新信息供需的共享共用。打通创新资源之间的合作机制，政府引领与市场决定两条腿走路。政府引领重在聚焦国家重大工程，市场决定重在减少政府干预扭曲效应。加快探索新型科型平台、研发组织，通过国家科学中心、世界实验室、第三代跨国公司研发中心等平台建设，就地整合各方创新资源，实现跨界协同创新。

（2）区域协同创新。长三角具备良好产业基础、市场意识、国际影响力和居民消费水平，也是高校科研资源最为集中的区域。长三角可以在公共创新平台合作方面有所突破，共同建设区域成体系、达到世界水平的科技创新中心。

（3）全球协同创新。建设具有全球影响力的科技创新中心，必须要具备整合全球创新资源的能力，通过实施科技创新的“引进来与走出去”战略，构建全球创新网络。发达国家利用高级人才的移民政策和跨国公司的全球化研发整合全球创新资源。具有全球影响力的科技创新中心具备具有集聚能力与辐射能力的全球创新网络，服务科技创新中心建设。上海城市最大的制度优势是开放，需要结合自贸区建设进程，实现自贸区与科技创新中心的互动，打造便利于全球化科技创新的平台与空间。实施全球创新网络计划，推动进行创新平台的全球布局，通过“走出去”实现“引进来”，促进创新载体的全球化合作。

4. 产业创新发展战略

加快科技创新成果的转化和产业化，提高产业自主创新能力，用新一代信息技术培育造就新一代高科技新兴产业，打造全球引领优势；全面推进“互联网＋”战略，大力推进传统优势产业的技术改造和信息化融合，打造产业新业态、新商业模式的引领优势。

（1）需求驱动创新战略。上海大都市创新特点是接近庞大的城市市场需求。在新能源汽车、海水淡化、健康经济、养老智能机器人、文化消费、社区服务等方面均可实施需求导向的创新驱动战略。网络虚拟服务逐步取代现场服务，提高城市服务水平，建成智慧城市，实现“科技使城市更美好、城市使生活更美好”的目标。

（2）自主创新导向战略。依托信息化革命的机遇，全面完成上海产业新旧体系转换，形成可持续、具有创新自生能力的产业生态体系。形成机器人、海洋工程、新能源汽车、医疗产业、新材料诸领域全球产业竞争力。建立更为“开放、创新、包容”的服务业产业体系，建成全球服务型城市。适应技术变革，力争成为服务业产业业态与商业模式的创新应用策源地，激活带动科技创新。

（3）龙头产业集聚战略。全球科技创新中心的形成与崛起至少需要在 1—2 个领域成为创新研发的源头或创新集成应用的中心。上海最有可能形成龙头效应的两大前沿技术创新领域是在信息化基础上的智能产业、生物科技以及其衍生的应用融合领域，如医疗养老服务。

（4）创新空间布局战略。上海应成为兼具科技发明、产业创新与文化创意的全面创新城市。依托科技发明提高创新源头地位、依托产业创新提高产业分工地位、依托文化创意提高创新需求引领能力，形成“科技—产业—创意”的创新产业链。不同的创新产业链环节及产业化环节可以在中心城区、园区、郊区甚至长三角周边城市实现布局。围绕张江、杨浦、闵行三个创新热点区，打造三条创新轴线，形成上海未来创新与产业发展向东、向北与向南三个扇面。建设创新示范镇，形成创新走廊。

5. 高端人才全球战略

我们这里特提出“人才全球战略”的战略思路。这一战略的内涵可概括为：紧紧把握国家的现代化建设和全球化战略部署，牢牢服务于上海建设全球城市和全球影响力科技创新中心的发展大局，进一步加大改革开放力度，进一步构建良好创新创业生态系统，进一步优先保障人才发展，积极实施全球一流、全球引进、全球配置、全球接轨的人才全球战略。

（1）集聚全球一流人才。要勇于瞄准全球一流人才，坚持高端引领的战略导向和扎实行动，通过长期不懈的努力，着力引进和培养具有全球影响力的企业家和科学家人才，同时也要高度重视和积极引进培养具有全球影响力的投资家和创意家人才。

（2）实施人才全球引进。在一个比较长的时期内，必须坚持以引进为主导，以引进为发动机，以更大的开放度和政策竞争力在全球范围内物色和引进建设全球科技创新中心最急需的高端人才。同时还要坚持海纳百川，既要大力引进发达国家的各类人才，也要积极引进其他国家的各类人才，海纳五湖四海人才。

（3）培育全球配置功能。就是要构建发自上海的全球人才配置体系。这个体系要具备两大功能：一是集聚功能，配合上海及周边地区企业、机构的海外人才需要，建设全球人才信息和引进网络，形成全球性的人才集聚中心；二是调配功能。配合中国经济全面走出去战略，配套本土跨国公司跨国布局需要，从上海出发，对人才实施全球范围的调配。

(4) 加快环境全球接轨。就是要与全球最先进的创新创业环境接轨，包括创新创业人才激励的接轨、创新创业人才培养的接轨、风险投资机制的接轨、创新创业服务体系的接轨、创新创业文化的接轨。

(二) 构建科技创新生态系统

创新是一项系统工程，针对上海城市创新的瓶颈问题，更要从创新服务、创新文化、创新设施、科技金融、知识产权五个核心内容出发，进一步完善科技创新生态体系，构建区域创新体系。

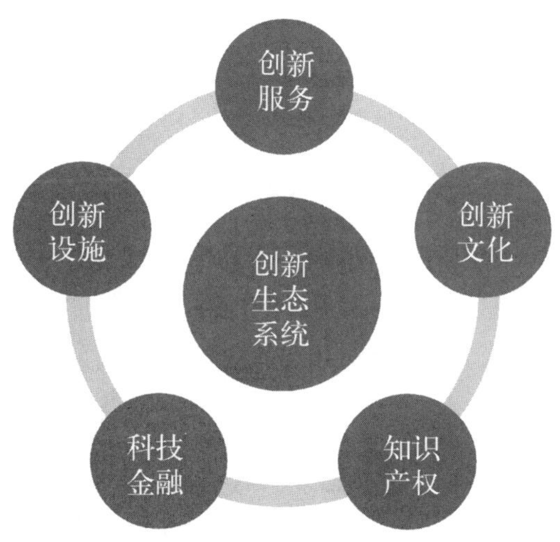

图 2 上海科技创新生态系统建设

1. 创新创业服务系统

创新服务是指运用现代科技知识、现代技术和分析研究方法，以及经验、信息等要素向社会提供智力服务的新兴产业。创新服务既是科技创新中心建设的必然结果,也是促进科技创新的重要市场支撑体系。建设科技创新中心离不开创新服务业的先行发展,科技创新中心的形成也将促成创新服务经济的产业化。

(1) 发达的创新服务业。创新中介在促进技术创新成果转化过程中具有重要作用,创新中介服务机构包括技术转化、科技信息、风险投资、企业咨询等创新创业全过程的服务体系,是科技创新生态系统的核心内容。创新服务业在美国硅谷是仅次于软件业的第二大产业。在世界主要科技创新中心,创新中介服务已呈现集群式、产业链式成长态势。上海科技创新建设与创新服务业是一个互动发展过程,政府可以通过扶持创新中介,服务创新企业。上海亟待发展创新中介服务机构,形成创新服务经济,提升创新服务业对科技创新和产业发展的支撑能力。

(2) 政府科技管理社会化。将政府的科技管理职能,通过市场化、社会化,转变创新服务功能。创新政府公共技术服务平台,转变政府科技管理职能。通过公共服务平台建设,推动政府职能转变,缓解社会科技公共服务资源相对短缺的问题,从制度创新层面营造区域竞争新优势,为实体经济快速发展提供科技动力支撑。

(3) 科技创新孵化功能。科技创新孵化是创新服务的核心环节。上海存在的各类科技孵化器、加速器数量不少,但是发挥显著作用的仍然不多,关键还在于孵化器、加速器的体制机制与经营管理方式的转变,要更加突出经营的市场化、所有制的开放化和创新网络的国际化。实现科技孵化平台的市场化、开放化、国际化转型。

2. 创新创业文化系统

上海具有多元、包容、开放的创新文化特点,但缺少敢闯、敢干、务实的创新基因。通过创新文化的培育战略逐步扭转上海缺少创新基因的文化土壤、制度束缚。创新文化的形成不只是口号,要有实质性的改变。

(1) 创新文化的舆论支持。具备激励创新的制度保障与创新氛围作为上海创新文化形成的基础。从宣传、话语、体制等多角度形成激励创新的大环境。形成对科技创新者、创业者充分尊重的体制机制,让创新创业者成为社会中坚力量。

(2) 创新文化的体制支撑。上海创新文化突破关键是“体制内行为传统”对创新活力的束缚。重要的一项战略任务是要解放思想,释放体制内创新资源。鼓励体制内的创新人才、资金、空间向市场释放,形成市场化的创新文化氛围。

(3) 创新文化的多元融合。通过户籍人才制度、公共服务体系等改革,创造多元包容文化环境,吸引多区域、多国籍、多层次创新创业人才的集聚。

3. 创新创业设施系统

建设具有全球影响力的科技创新中心,必须使新一代的创新设施布局符合信息化、全球化、生活化的发展趋势与潮流。上海也需要充分发挥信息化时代的创新规律与特点,构建创新基础设施,加速科技创新中心建设。

(1) 全球互联的创新高速公路。美国创新管理专家戴布拉·艾米顿 2003 年首次提出“创新高速公路”(Innovation Superhighway)的概念,其是以信息高速公路作为基础设施,将来自全球不同领域的思想家和知识实践者联系在一起,进行知识的创造、转移、商业化,使全世界的所有领域、部门或地区得以受益的共享平台。

(2) 合理的城市创新空间布局。在城市功能区中嵌入满足中小企业创新需要的公共创新服务区,降低大都市高成本对创新的抑制,同时实现创新人口的多元化。设置自由创新区,服务国际人员的自由往来交流,提供国际化服务设施及其产业,加速创新全球化。

(3) 全球影响力的公共创新平台。公共创新平台是不可缺少的科技基础设施,上海必须要具备全球影响力的公共创新平台,解决重大科技基础设施总体规模偏小、数量偏小,学科布局系统性、前瞻性不够等问题。建立世界实验室、国家科学中心、跨国公司核心研发中心、全球性创业创新孵化器都是全球影响力公共创新平台建设的重要途径。

（4）优越的创新生活服务环境。全球化人才的日益注重工作所在地城市生活品质，综合营造与发展有利创新的生活服务环境是科技创新中心建设的重要内容。

4. 科技金融创新系统

（1）完整科技金融产业链。科技金融全产业链融资体系包括财政贷款贴息、科技银行、政府引导基金、天使投资基金、PE风投、科技保险、互联网金融、证券市场“四新板”等不同科技创新环节的金融制度保障与市场机构发育，助推不同类型、不同发展阶段的科技创新型企业发展壮大。

（2）形成科技与金融“双中心”。科技与金融是上海经济中心与金融中心建设突破的新方向。依托上海国际金融中心地位，进一步实施科技金融发展战略，形成多层次的科技金融市场。上海有条件成为全球科技创新中心与国际金融中心的“双中心”国际大都市。

5. 知识产权服务系统

中国知识产权保护取得巨大进步，全球科技创新中心需要知识产权保护的更进一步国际接轨，这有利于加速全球技术专利的转移与合作。

（1）国际接轨的知识产权保护法律制度。知识产权问题是国际技术进入中国市场的一个重要屏障，充分利用自贸区平台进行知识产权保护开放试验，建立与国际接轨的知识产权保护与法律制度，有利于国际先进技术在上海地区的优先落地，促进研发合作与产业化。通过知识产权保护法律制度的国际接轨，形成技术开发转化应用热点区。

（2）全球知识产权数据与交易中心。具备迅速检索跨部门、跨学科间创新成果的数据库平台，促进全球知识产权的知识共享与合作创新。

（3）便利的知识产权市场开发机制。创造有利于知识产权转化为生产力的体制机制,促进知识产权的交易、转化、转移。

三、重大科技创新工程与项目建议

重大科技创新工程与项目是推进全球影响力科技创新中心的重要抓手和载体。这是事关长远、事关资源配置的战略决策。要围绕全球影响力科技创新中心的功能定位和战略目标,积极选择和实施影响全局,且涉及多个科技创新领域,涉及基础研究、应用研究、成果转化、产业化等多个科技创新环节的科技创新工程系统工程。要围绕科技创新重大工程,在构建重大科学装置、关键技术实验室、科技成果孵化和新产品应用推广等方面形成一批科技创新项目。

(一) 重大工程与项目遴选原则

重大科技创新工程与项目具有引领性和基础性,是推进全球科技创新中心建设的重要抓手和载体。在开展院士问卷调查、访谈及梳理的基础上,我们提出三项原则:

1. 引领世界先进水平:全球视野、国际标杆

以世界前沿科技为基准,高水准推进发展具有前瞻性的工程与项目,特别在新兴产业和改造传统方面具有重大影响的前沿科技方面要积极参与全球竞争与合作,争取引领世界先进水平。本课题选择的新一代信息技术、生命健康、重大装备及智能制造、能源与环境、材料等五大领域基本覆盖了发达国家到2020年及更长一个时期的科技预见与科技规划布局。

2. 大幅提升中国科技水平:国家战略、国内优势

选择符合国家意志、落实国家战略的工程与项目。围绕国家的现代化建设和全球最大经济体建设,在提升国家自主创新能力方面充分发挥上海的排头兵、先行者作用。要充分利用国内大资源、大市场优

势和长三角全球最大城市群优势，推进科技创新的大工程、大项目建设，形成特有的国家比较竞争优势。

3. 夯实上海核心竞争力：创新先导、服务实体

不单要形成科技创新成果的全球影响力，还要有力支撑上海的产业创新力和竞争力，并在建设智慧城市、对应老龄化社会等方面形成领先布局和优势。要符合科技前瞻性、产业引领性、社会需求性、城市标志性等战略要求。所选的科技创新工程与项目本身具有高成长性，并能带动新产业、新技术、新业态、新模式的培育和推广。

（二）重大工程与项目遴选基准

首先要遴选科技创新重大工程，然后按照培育类、基础设施类和产业类三个方面遴选科技创新重大项目（详见图3）。

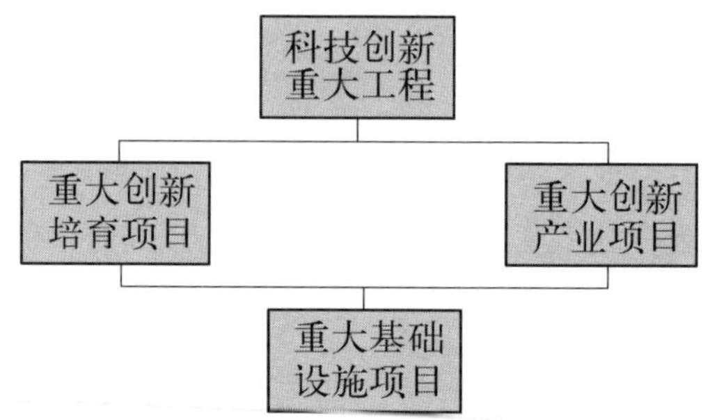

图3　重大科技创新工程与项目遴选结构

科技创新重大工程应符合以下条件：一是瞄准科技前沿和国家重大战略需求，为实现科技创新中心建设的总体目标，需逐步完善和建设的重大基础设施，以及为上海重点产业的自主创新和产业发展提供共性技术服务的全市性公共服务平台；二是必须符合国家和上海市的产业导向，重点攻克能带动上海产业跨越发展的共性关键技术、工艺、材料及设备，对上海的支柱产业和战略性新兴产业具有强有力的助推作用；三是必须符合国家和上海市的创新需求，具有前瞻性、标志性和影响力，工程的实施使上海持续产生有机会、有能力在全球创新中领

跑的原始创新成果。

重大创新培育项目应符合以下条件：一是具有战略意义及比较优势，以原始创新成果为目标，有望取得重大突破的前沿性基础研究；二是以产业关键技术突破为目标，具有重要影响或有重大应用前景的应用基础研究或重大应用示范作用。

重大创新产业项目应符合以下条件：围绕国家和上海市产业发展要求，以研制具有核心自主知识产权的重大技术装备、系统为目标，对上海市支柱产业及战略性新兴产业具有明显推动意义。

重大基础设施项目应符合以下条件：瞄准科技前沿和国家重大战略需求，为实现上述重大科技创新工程的总体发展目标，需逐步完善和建设的重大基础设施，以及为上海重点产业的自主创新和产业发展提供共性技术服务的全市性公共服务平台。

图 3 中的三个层次分别为：一是顶层的上海重大科技创新工程，具有全市性、综合性、统领性和长期性等特征，本课题研究提出了“五个一工程”的设想；二是中间层的重大创新培育类项目和产业项目，本课题分别提出了具有前瞻性和现实性的工程与项目建议；三是基础层和支撑性的科技创新重大基础设施项目，主要通过科学工程、技术中心、科技园区等一大批支撑科技创新发展的基础设施与环境类项目。

（三）重大工程与项目遴选内容

课题组研究认为，应该举全市之力在“十三五”乃至更长一个时期，集中有限资源和通过资源整合，集中力量办大事，做成几件具有全球影响力、具有科技水平提升价值、具有社会价值和意义的科技重大工程。为此，提出上海实施以下“五个一”的重大科技创新工程建议。

1. 科技创新重大工程

以创新驱动发展为战略要求和需求导向，我们认为上海的科技创新重大工程应充分考虑平台经济、健康经济、绿色经济、智能制造（“三经济—智造”）四大领域的发展需要。根据我们对117位院士的问卷访谈，本课题组提出五项重大工程（简称“五个一工程”）：互联网（一张网）、生命健康（一个人）、汽车（一台车）、航空航天（一架机）、智能制造（一座工厂）。

表2　科技创新重大工程（“五个一”）

序号	工　程	主　题
1	互联网（一张网）	新一代信息技术、智慧城市互联物联、智慧楼宇、分布式电网等
2	生命健康（一个人）	脑科学、人类基因、生物医药、医疗器械、养老机器人等
3	汽车（一台车）	新能源汽车、自动驾驶汽车等
4	航空航天（一架机）	大飞机、无人驾驶机、太空飞行器、新材料等
5	智能制造（一坐工厂）	智能装备、工业机器人、工业4.0模式等

资料来源：课题组整理。

2. 科技创新重大培育类项目

院士、专家共提出14项科技创新重大工程和项目建议，具体见表3。

表3　科技创新重大培育类项目

领　域	序号	主　题
互联网（新一代信息技术）	1	大数据重大创新项目
	2	微电子创新中心项目
生命健康	3	医疗器械重大创新项目
	4	药物创新中心项目
	5	脑科技创新中心项目
	6	合成生物学上海国家科学中心项目

续 表

领 域	序号	主 题
汽 车	7	新能源汽车项目
	8	无人驾驶汽车项目
航空航天	9	商用大飞机项目
	10	航天飞行器项目
智能制造	11	智能制造重大创新项目
	12	海洋装备重大创新项目
	13	燃气轮机重大创新项目
	14	材料基因组创新中心项目

(1) 大数据重大创新项目

围绕城市大数据协同融合、人本人数据计算分析、行业大数据智能处理三大类共性关键技术攻关;推动泛金融、航运物流、科技服务、文化创意、产业互联网等的发展,推动上海传统产业的升级转型;研制国际领先水平的大数据关键战略设备、产品和系统,建设国家自主可控的大数据验证与成果转化基地、国家生物信息大数据中心、国家互联网金融大数据工程中心和上海城市大数据融合与服务平台。

(2) 微电子创新中心项目

围绕半浮栅器件(SFGT)原始创新成果,开展系列研究,解决动态随机存储器芯片面临的世界难题,打破 300 亿美元 DRAM 芯片市场被国外公司垄断的局面。开展 FPGA 芯片核心技术的研究,与工业界合作开发下一代 FPGA 产品,满足国防和民用的巨大需求。同时,解决集成电路领域国家重大需求和学科前沿问题,培养国际一流的集成电路高端人才,建设国际领先的集成电路技术创新与人才培养相结合的平台,实现我国集成电路技术创新能力世界领先、设计与国际同步发展的历史跨越。

(3) 医疗器械重大创新项目

集中优势资源,围绕早期发现、精确定量诊断、微无创治疗、个体化诊疗、智能化服务等方向,加强生物电子学等基础理论研究,加强新的理论、方法、材料、技术用于医疗器械的应用研究,加强精密机械、生物医用材料改性等工程制造研究,在高端医疗影像诊断、微创植(介)入器械、精密治疗和康复设备等领域突破一批共性关键技术和核心部件,开发一批自主产权、高性能、高品质的医疗器械产品;培养一批高端复合型科研技术人才;建立医疗器械研发创新链,加强产品应用示范,提高产业核心竞争力。

(4) 药物创新中心项目

以上海新一轮《生物医药科技产业发展行动计划(2014—2017年)》为指引,以张江国家自主创新示范区为核心,建设一批国际一流的药物研发机构和管理团队;发现一批药物作用新机制、新靶标和新标志物;产出一批有国际影响的原创新药;培育若干家有国际竞争力的大型制药公司,推动上海建设成为亚太地区生物医药高端产品制造中心、商业中心和创新研发中心,实现生物医药产业新一轮跨越式发展。

(5) 脑科技创新中心项目

上海脑科技创新中心将面向世界科学前沿,针对国家和上海市重大创新需求,充分利用上海已有研究基础、脑疾病样本资源和非人灵长类动物模型的优势,开展"脑疾病诊断治疗"和"脑机智能技术"两个前瞻性重点领域研究,以期在帕金森症、老年痴呆症等脑疾病早期诊断和治疗以及新一代脑机智能技术原始创新方面取得标志性进展,产生具有全球影响力的成果。

(6) 合成生物学上海国家科学中心项目

合成生物学上海国家科学中心的目标是要建立适用合成生物学

理论和技术在医药领域应用的基础和产业转化平台，建成具有国际特色的国家级研究中心，发展多学科交叉融合的新策略和新技术，解决重要生物医药品、能源分子及高附加值化学品的绿色高效合成制造中的应用基础问题。

（7）新能源汽车项目

上海在混合动力、纯电动、燃料电池和电池、电机、电控方面加强研发布局，通过产学研合作突破了一批关键技术，形成了整车及关键零部件产业链。上海可以依托城市新能源汽车的需求，通过公务车采购新能源汽车的方式，完善新能源汽车城市服务体系，率先推动新能源汽车量产，促进新能源汽车创新产业创新集群的形成。

（8）无人驾驶汽车项目

无人驾驶汽车集自动控制、体系结构、人工智能、视觉计算等众多技术于一体，是计算机科学、模式识别和智能控制技术高度发展的产物，也是衡量一个国家科研实力和工业水平的一个重要标志，在国防和国民经济领域具有广阔的应用前景。上汽集团已规划将在 2020 年左右推出能在高速公路、公园道路、崇明岛环岛公路等结构化道路上无人驾驶的汽车。到 2030 年前后，无人驾驶汽车有望大规模应用，促进汽车产业自主创新。

（9）商用大飞机项目

上海拥有中国商用飞机有限责任公司、中航商用飞机发动机有限责任公司、中国航空无线电电子研究所、中航第一飞机设计研究院上海分院、上海航空器适航审定中心等一批航空骨干企业和研发机构，建立了相关民用航空技术基础性科研中心、工程技术研究中心和专业实验室，以及信息中心、档案中心、适航工程中心等延伸机构。大型飞机研发已有一批关键技术获得突破，取得了不少阶段性成果。但同世界发达国家相比，在技术研发水平和技术创新能力方面还存在着不小的差距，需要建立自主研发平台，整合基础研究力量，提高原始创新能力。

(10) 航天飞行器项目

上海航天科技工业以中国航天科技集团公司上海航天局(亦称上海航天技术研究院)为主体,上海市300多家科研院所、工厂、大专院校等配套协作单位组成。军民结合推动航天产业的民用化与市场化发展,依托国家民用航天产业基地,重点发展民用航天主导产业、航天技术应用产业两大领域,加强民用卫星通信、卫星遥感、卫星导航等领域的技术开发和应用示范,形成民用卫星及其应用产业发展的区域优势,带动航天新材料、新能源、特种装备、先进制造等相关高技术产业和航天服务、人才培养、中介服务等产业的发展,形成新兴民用航天高技术应用产业集群。

(11) 智能制造重大创新项目

结合大飞机、航空发动机、汽车制造业及其他制造装备的发展需求,利用物联网、智能化、柔性个性化生产等技术,构建适应多品种大批量生产的智能工厂和供应链体系,带动机器人等智能制造装备产业和应用系统,同时研制新一代的智能制造高端母机装备、机器人等智能制造操作装备,以及智能制造母机和操作装备构成的智能制造系统和单元,以期占据智能一代的制造和操作装备产业的先机,提升企业自主创新能力,大力推进高端制造技术和产业的发展,重拾上海制造优势。

(12) 海洋装备重大创新项目

海洋工程装备制造业要成为工业互联网的先行者,要以互联网思维创新工作思路和机制,推动互联网技术与船舶和海洋工程制造业的深度融合。在全球制造业转向以智能制造为核心的工业4.0时代的大背景下,我国及上海造船业应在数字造船实施十余年富有成效的基础上,逐步转向以智能制造为基础的智能造船,打造智能造船研究平台,实施以打造智能船厂为核心的智能造船工程。

（13）燃气轮机重大创新项目

上海是我国燃气轮机重要的研制、生产、应用基地，具备较好的自主研发及产业发展基础，应立足现有长三角区域合作机制，成立燃气轮机发展领导机构，统筹长三角地区燃气轮机发展；同时出台并完善燃气轮机产业发展的相关配套政策；加强国际合作，推动开放式自主创新。

（14）材料基因组创新中心项目

组建上海材料基因组研究院，围绕对上海区域性产业有重要影响的功能材料、能源材料和结构材料 3 个领域具有重大产业需求的重要方向，统筹利用现有研究设施，逐步建立网络状的资源共享平台，为材料学研究的新模式和产学研一体化运行管理机制探索提供基础，奠定上海作为我国乃至世界材料学研究和教育中心的地位。

3. 科技创新重大基础设施类项目

围绕创新环境建设，课题组提出 8 项科技创新重大基础设施类项目。

（1）科学中心项目。包括同步辐射光源（综合性）、蛋白质中心（生物医药）、材料基因库（材料）、超算中心（信息）等。

（2）科技实验基地项目。包括风洞实验装置、海洋实验装置、汽车实验装置等。

（3）创新服务体系项目。包括上海科技技术服务平台、上海创新创业服务体系、上海产业技术联盟体系等。

（4）园区创新环境项目。着眼于知识产权、技术服务、创业孵化、技术情报等跨行业及智力密集型领域而不是传统土地、资源型资产领域，参考国际案例，研究相对应的风险投资、资本运作和证券化模式。

（5）城市管理创新应用项目。包括城市信息管理网格化平台、装配式建筑工程、地下空间开发利用工程等。

（6）民生服务创新应用项目。包括老龄化现代服务工程、可穿戴式医疗服务工程。

（7）智慧城市创新示范项目。包括无人驾驶汽车道路与车库、智能汽车互联网、城市新能源物联网、第五代无线宽带服务网络等。

（8）城市绿色化项目。包括土地修复工程、城市垃圾与能源无害处理工程等(具体见表4)。

表4　科技创新重大基础设施项目

序号	工程	主题
1	科学中心项目	材料基因组工程
		同步辐射光源、蛋白质中心、超算中心等
2	科技实验基地项目	合成生物学
		脑科学
		风洞实验装置、海洋实验装置、汽车实验装置等
3	技术开发与创新服务体系项目	上海科技技术服务平台、上海创新创业服务体系、上海产业技术联盟体系等
4	园区创新环境项目	知识产权、技术服务、创业孵化、技术情报风险投资、资本运作和证券化等
5	城市管理创新应用项目	城市信息管理网格化平台、装配式建筑工程、地下空间开发利用工程等
6	社会服务与民生创新应用项目	健康管理
		老龄化现代服务工程、可穿戴式医疗服务工程
7	智慧城市创新示范项目	无人驾驶汽车道路与车库、智能汽车互联网、城市新能源物联网、第五代无线宽带服务网络等
8	城市绿色化项目	土地修复工程、城市垃圾与能源无害处理工程等

资料来源：课题组整理。

4. 科技创新重大产业类项目

（1）紧跟国际前沿的重大项目

紧跟国际产业转型升级的最新趋势，在人工智能、基于大数据的生物基因、MEMS(微机电系统)、微技术等方面进行重点突破。

一是人工智能工程重点发展的项目。包括智能机器人的核心装备制造;软件控制系统、智能遥感系统;集成电路母机装备的研发和制造;自主研发拥有知识产权的高端智能机械装备。

二是生物基因工程重点发展的项目。包括转化医学平台建设,实现在实验室研究和临床、人类基因组和 4P(预测、预防、个体化、参与)医学、科学发现和社区卫生之间架起快速通道;系统性、均衡性重点发展基因工程项目、细胞工程项目、酶工程项目、蛋白质工程项目和微生物工程项目等,使上海的基因工程通过各系列性项目形成一个较为完整的整体。

(2) 大幅提升中国科技水平的重大项目

一是重点发展工业互联网项目。上海要及时抓住工业互联网的巨大机遇,成为全球高技术制造、高技术服务高地。以马云为代表的浙商,在消费互联网领域领先于全世界。上海必须抓住工业互联网即工业 4.0 时代到来的巨大机遇,成为全球高技术制造、高技术服务高地。

二是信息工程项目。重点发展的项目有:继续扩大集成电路装备芯片设计和生产的优势,力争在先进传感器、核心控制芯片等物联网应用方面取得重大技术突破;在移动通信、数字电视、RFID 等重点应用领域积极引入整机研发商、系统集成商及渠道销售商等产业链终端企业;打造智能手机、手提电脑等消费电子领域的技术交易平台和最新产品展示展销和推介中心;加快半导体照明、新型显示、光通信、光传感等信息光电子领域的技术创新和产品升级。

三是健康产业项目。重点发展的项目有:加强国际合作集成创新,加强产学研合作联系攻关,重点推进抗体药物、重组蛋白药物、疫苗、生物芯片、基因工程等方面的研发和产业化,并在心脑血管、抗肿瘤、抗类风湿关节炎等重大疾病防治领域实现重大突破;支持高端医疗器械发展，聚焦治疗器械、诊断试剂以及超声、核磁共振器械等领域的发展；大力发展中药国际化产业化，重点推进心脑血管治疗、肿瘤防治和清热解毒等现代中药的发展；发展张江医药研发服务外包(CRO)和合同外包(CMO)，聚集一批国内一流、国际竞争力强的 CRO 和 CMO 企业群体，打造国际及国内生物医药产业、服务、价值链覆盖性最完整的区域；加快推动一批项目的产业化。

四是民用航空项目。重点发展的项目有：以中国商飞设计研发中心为核心，联动祝桥大飞机总装基地和临港产业大飞机零部件产业基地，积极推动国际合作；通过引进、消化、吸收、再创新方式加强对航空发动机等核心部件的研发，大力引进和培育航空产业原材料供应商；引进发动机、飞机结构、航电设备、控制系统等关键航空设备供应商；支持从事航空售后服务的技术服务商在上海设立分支机构，支持开展维修、检测和培训等业务。

(3) 提升上海产业科技水平的项目

一是新能源和环保项目。重点发展的项目有：依托现有研发中心，加大技术开发和推行力度，走差异化的高端发展路线，将张江、漕河泾等园区打造成低碳产业的企业总部、研发中心、运营中心、营销中心集聚地；大力推进光伏发电、清洁煤技术、新能源装备的研发和应用，突破产业发展技术瓶颈；建立国家级光伏公共测试平台，积极参与推动制定光伏应用的国家标准，建设专利池，占据产业制高点，打造新能源产业专利和行业标准发祥地；支持发展智能电网、水处理、生物燃料、生物脱硫、节能环保设备研发及环保服务业务。

二是动力科技项目。动力科技是推动我国军事、工业、交通发展的核心技术，属于重大战略性科技，是国家级的核心科技。应以中国工程院、上海交通大学、711 研究所等为重点单位，对核心动力科技进行集中攻关。重点发展的项目有：汽轮机项目；热气机项目；燃气轮机项目，上海应该将其作为最重要的科技攻关项目；喷气式发动机项目，上海应该成为喷气式发动机的研发基地和制造基地，推动我国军事和航天事业的大踏步发展。

三是新材料项目。重点发展材料基因工程、高强度碳纤维工程。结合上海现有产业基础，上海特别要发展以下重点项目：

信息材料项目：重点发展信息传感材料和高性能封装材料等。

能源材料项目：包括专用薄膜、先进光电材料、碳纳米管、金属氢化物浆料、高温超导材料、低成本低能耗民用工程材料、复合结构材料、超高温合金、陶瓷和复合材料、抗辐射材料、抗腐蚀及抗压力腐蚀裂解材料、机械和抗等离子腐蚀材料、高能储氢材料、聚合物电池材料等。

生物材料项目：包括组织工程材料、仿生材料、纳米生物材料、生物活性材料、介入诊断和治疗材料、可降解和吸收生物材料、新型人造器官、人造血液等。

汽车材料项目：包括高强度钢和超高强度钢、铝合金、镁合金、塑料和复合材料；汽车材料的回收利用；电动汽车、代用燃料汽车专用材料以及汽车功能材料的开发和应用。

超导材料与技术项目：包括低温超导材料，高温超导材料产业化项目推进，高温超导带材和移动通讯用高温超导滤波子系统项目等。

(4) 促进上海金融贸易航运中心建设的科技支撑项目

强调科技创新与国际金融、航运和贸易功能的紧密结合，以市场核心应用为导向，推进技术研发。重点发展的项目有：加强大数据和云计算等技术与互联网金融的互动；发挥银行卡产业园金融数据后台优势，强化其对上海建设人民币在岸结算中心的支持，以及对跨境电子商务中的大数据中心建设的支持；以商飞研发服务上海国际航运中心的建设等。

本课题归纳出科技创新产业类中包括大飞机在内的15个亮点项

目(具体见表5)。

表5　科技创新重大产业类项目

序　号	主　　　题
1	大飞机及总装与试飞技术
2	海洋工程
3	新能源汽车及车联网
4	高端装备与智能制造(核岛等)
5	燃气轮机及能源互联网
6	先进传感器
7	航天火箭与卫星技术
8	大数据
9	量子通信与量子计算机
10	集成电路设计与制造
11	医疗器械
12	创新药物及服务产业
13	养老与服务机器人及应用技术
14	装配式建筑及配套技术
15	石墨烯等新材料开发与应用技术

资料来源：课题组整理。

四、把握现实与目标的差距

纵观全球科技创新能力较强的城市，它们大多具有一个共同特征——大城市。但从内部结构上分析，尽管我们看到了大部分创新往往发生在一些大城市的事实，但在某种程度上，创新之所以发生，乃是取决于这个城市中的人口结构、往来人群、人们之间的互动和交流状况、有没有以及有多大的促进人们实现梦想的机会。由此，下面以国际上知名的创新型大城市为参照系，尝试提出上海距离这些科技创新城市存在的十大差距。

（一）城市功能与创新配套

一是城市综合功能和生活娱乐配套存在明显差距。

大城市往往具有更多的就业机会和创业选择，大城市多是开放的产物，多元的思想碰撞比较激烈，人才的聚集也更为紧密。因此，吸引和留住有技能的人是一个城市综合素质的表现，也是实现其高创新力的根源。美国的经验表明，消费设施是促进技能型劳动力集聚的最有效方式。显然，如果城市设计着眼于社会文化环境、福利设施和城市美学，该城市就拥有优势，因为它吸引着人才和各种知识工作者，有些可能会留下来。

表 6　全球城市的聚合与分类

第一类城市	第二类城市	第三类城市	第四类城市	第五类城市	第六类城市	第七类城市
台北	危地马拉城	约翰内斯堡	布拉柴维尔	台中	纽约	金斯顿
旧金山	圣多明各	圣保罗	金沙萨	基隆	巴黎	贝亭市
华盛顿	加拉加斯	墨西哥城	哈拉雷	新竹	伦敦	波哥大
休斯敦	奇瓦瓦	曼谷	罗安达	圣何塞	东京	杜克卡西亚斯
洛杉矶	基多	莫斯科	哈瓦那	奥克兰(美)		盛波尔南多德坎
芝加哥	蒙特雷	布宜诺斯艾利斯	金边	新奥尔良		德班
亚特兰大	萨尔蒂约	马尼拉	拉各斯	波士顿		圣若泽杜斯坎普斯
迈阿密	太子港	孟买	仰光	西雅图		麦德林
巴塞罗那	瓜亚基尔	德里	洛美	沃斯堡		开普敦

续 表

第一类城市	第二类城市	第三类城市	第四类城市	第五类城市	第六类城市	第七类城市
首尔	圣胡安	广州	的黎波里	奥罗拉		比勒陀利亚
赫尔辛基	达累斯萨拉姆	上海	科纳克里	丹佛		瓜鲁柳斯
蒙特利尔	克雷塔罗	吉隆坡	阿比让	阿灵顿		巴西利亚
多伦多	坎帕拉	北京	吉布提	达拉斯		马瑙斯
……						

注：第一类包括31个发达的国际中心城市；第二类包括61个有潜力待开发的城市；第三类包括23个新兴的国际中心城市；第四类包括13个最为落后的城市；第五类包括154个发达的专业性国际城市；第六类包括4个世界顶尖城市；第七类包括211个新兴国家的主流城市。这七类城市竞争力影响因素构成差异明显，而同类城市明显相似。

可以肯定，上海具有规模优势和特定的文化特色，并因此吸引了很多来访者，但上海的城市综合素质依旧不高。中国社会科学院全球城市竞争力聚类分析显示（表6），全球497个城市可以聚合为7个类别，其中上海属于新兴的国际中心城市，与世界顶尖城市还有很大的差距。特别是由于城市规划缺乏前瞻性，上海的功能区域还比较单一，多年来过于强调中心摊大饼的发展方式，使得城市空间无限向外扩展（形成郊外住宅区）。城市中有许多高架快速路，没有娱乐设施的塔楼、购物中心以及门禁社区。这些情况与未来充满活力的国际化都市形成鲜明对比。澳大利亚创新研究机构2thinknow机遇城市排名显示，上海在生活质量（84）、住房状况（91）、交通与通讯服务（83）、消费者服务（96）、社会服务（104）、中介和商业服务（87）、法律体系与财产权（90）、商业信用与信息（91）等反映生活配套质量方面的指标与其他城市还存在显著差距。

二是技术储备和智力资源存在明显差距。

目前，上海在全球科技创新中心、创新城市的排名中位于中游水平。在2thinknow机遇城市等排名中，上海均位于欧美主要全球城市之后，但在新兴经济体主要城市中仍居于前列，且在东亚区域的创新竞争力排名中处于不断上升阶段。总体上看，上海属于区域性、中等影响力的科技创新中心。

目前，单从与科技直接相关的全球创新城市布局来看，北美与欧洲城市占据绝对优势地位，东京、首尔、香港、新加坡是亚洲翘楚，上海与第一第二梯队城市还差距甚远。特别是其技术储备与智力资源比起来，处于明显劣势的地位。例如，全球城市竞争力排名的分指标数据显示，反映上海技术储备和智力资源的许多指标均位居 80 名以后，如科技和技术专家指数（95）、创收效率（88）、创新与技术（86）、R&D 投资（85）、公共教育（91）、信息基础设施（90）。

三是文化开放度和创新文化氛围存在较大差距。

文化是一个城市保持其独特性和竞争优势的核心资源，要建成全球科技创新城市必须要充分利用城市的各项创新资源，特别是应该发挥创新文化的积极作用，加强对中心型企业以及高新技术企业自主创新能力的培育和扶持，营造有利于企业自主创新的社会环境和文化氛围。国外这些典型的创新型城市的成功与其开放包容、崇尚竞争、宽容失败的创新文化是密不可分的。比如，纽约市的居民有 800 多种语言，纽约海外人口占到 37%，伦敦 24%，东京也超过 3%，而上海占比仅为 0.7%。硅谷创新文化的开放性特征更为显著。在硅谷这个创意的大熔炉里，有着不同母语和不同文化背景的工程师、科学家和企业家成为联结硅谷与其母国科技中心的纽带，使得硅谷的企业接触到其他地区的技能、技术和市场，这是硅谷始终保持创新活力的重要源泉。正是在这种开放的商业环境中，硅谷各公司技术人员相互间常常有着广泛的正式或非正式的交流，使得知识、信息和技术在不同公司间快速传播，表现出十分显著的溢出效应，激励各类创新的产生。相对而言，上海的创新环境与之相比还有巨大差距。主要问题是，上海崇尚对外开放，但较为排斥对内开放文化。上海是“高大上”的文化，但是对草根不太包容，而创新要从草根开始。另外，根据全球城市综合竞争力排名，在创新环境竞争力前20位城市中，[①]上海不在名单之列。

四是城市经济活动率居于落后水平，有着较大差距。

经济活动率是指正在工作和想要工作的人在15—64岁劳动人口中的占比。亚太知识竞争力指数显示，在亚太地区33个区域经济体中，上海在经济活动率方面位居倒数第八。这表明上海日益严峻的城市老龄化问题及劳动力市场和福利制度的局限性，同时也说明上海的未来发展存在后劲乏力的风险。此外，在人均初等和中等教育公共支出方面，上海排在第21位，仅相当于北京的60%；如果把初等、中等、高等教育人均公共支出全部加总，上海也只排在第19位，与拥有66所高校、近200万在校大学生的数量优势不相称。在劳动生产率和人均收入方面，上海分别排在20位和21位，位次上多年来没有明显进步，甚至有所下降。比如，上海职工人均收入仅相当于亚太第一位爱知的26%，也只相当于韩国平均水平的32%。正是因为在收入方面的巨大差距，报告提出，“上海须提供具有世界竞争力的薪酬水平，才能不断吸引世界一流人才”。

表7　上海经济活动率及相关指标排名

指标	2010年排名	2011年排名	2012年排名	2013年排名	2014年排名
经济活动率	18	16	11	28	26
人均初等和中等教育公共支出	21	20	20	21	21
劳动生产率	16	20	20	20	20
人均收入	20	20	20	20	21

① 前20位城市分别是：纽约、洛杉矶、华盛顿、西雅图、波士顿、费城、东京、巴黎、芝加哥、柏林、圣弗朗西斯科、巴尔的摩、多伦多、休斯敦、赫尔辛基、明尼阿波利斯、伦敦、蒙特利尔、匹兹堡、哥本哈根。

(二) 研发与企业集聚水平

五是有影响力的高科技企业数量有明显差距。

硅谷每3—5年就会新产生一家对全球产业格局产生重要影响的企业,谷歌、惠普、苹果、思科、英特尔、甲骨文等进入世界500强的行列。英特尔主宰全球芯片市场,所占份额超过80%;思科是全球路由器与交换器市场的领军企业,所占份额超过65%。目前,中关村有联想、百度、京东方等在业界具有一定影响力的大企业,但无论是从企业规模还是从市场份额看,距离全球性行业领军企业还有较大差距。相较而言,无论是从企业规模还是从市场份额看,上海距离全球性行业领军企业还有较大差距,直到目前还尚未出现在国际上具有较强影响力的本土高技术企业。2013年12月6日,德勤公司发布了2013年《亚太地区高科技高成长企业500强》名单,这是全球科技、传媒和电信行业(TMT)较权威的排名之一,上榜企业被誉为"全球高科技、高成长企业的基准"。2013年中国大陆地区上榜的128家企业分布在7个省市,其中上海仅有10家企业上榜,排在全国第5位,与北京(51家)存在显著差距。虽然前100强中上海的企业数量有所增加(从2012年的1家增加到2013年的4家),但前20强中,北京始终占据主导地位,上海无一家企业上榜。同时,值得关注的是,2013年广东、四川、辽宁三省份的高科技高成长企业增长迅速(分别达到26家、23家和16家)(见图4)。

六是高端科技创新成果数量存在明显差距。

硅谷是世界电子信息技术创新和产业化的基地,许多新产品和新技术都诞生在这里。从专利注册的角度来看,硅谷注册的专利数量位居世界第四。拥有高科技公司近2万家,提供技术岗位65万个(2011年)。入驻的企业包括私人公司(如 Calicnt Networks, INKRA Networks)和上市公司(如 Apple Computer, Siebel Systems, Sun Microsystems)。

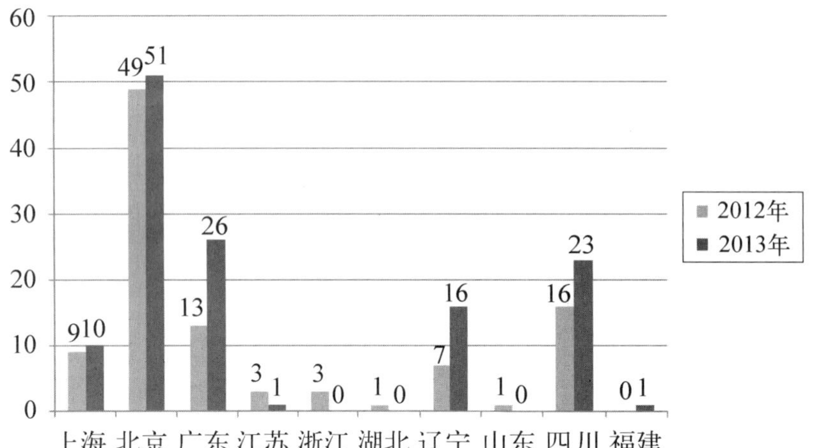

图4　中国大陆上榜《亚太地区高科技高成长企业500强》所在省市分布(2012—2013年)

资料来源：德勤公司。

数据显示，从发明专利来看，2011年，上海市所获得的发明专利授权量为9 160件，硅谷2010年的专利授权量约为1.3万件，总量上差别不大。但从PCT(国际专利)看，上海的数量比较少，2010年，硅谷有惠普和应用材料两家企业入选全球PCT申请量前50强，惠普PCT申请564件，应用材料为313件，两者之和约相当于上海市2011年PCT申请量的110%，其差距之大十分显著。更为悬殊的是，上海专利转化率很低，2012年，该指标还不到10%(国内为6%)，而国际发达城市基本都在30%左右。另外，华大基因、腾讯入选美国麻省理工学院《科技创业》杂志2013年全球最具创新力技术企业50强显示，上海无一家企业入围。

(三) 产业转化与市场配置

七是企业和个人从事自主创新动力严重不足，差距较大。

据调查，在以合资方式引进的技术中，属于硬件技术的成套设备的进口占了绝大部分，技术许可和技术咨询服务等软件技术引进所占比例不超过20%，反映出企业普遍存在技术依赖心理。同时，国内用于消化吸收引进技术的资金只占技术引进资金的1/3,而日本、韩国的情况正好相反,用于消化吸收的资金三倍于技术引进资金。此外,《2014亚太知识竞争力指数》显示,在研发投入方面,上海企业在R&D中的人均支出(427.01美元)虽在中国大陆位列第一,但在亚太地区却名列第18位,这仅相当于日、韩等发达国家企业R&D投入的34%。从总量上看,政府和企业R&D投入合计在22个地区中只排在第19位,不仅大幅落后于第一名的滋贺县(仅相当于其30%),也比北京和中国台湾都落后(还不到两个地区均值的80%)。

表8 上海企业人均R&D排名

指　　标	2010年排名	2011年排名	2012年排名	2013年排名	2014年排名
企业人均R&D	19	18	19	19	18

八是高科技成果产业化进程存在较大差距。

高技术服务业的发展水平是影响产业结构高度化的重要因素,也是影响高科技成果产业化水平的重要原因。一般而言,高技术服务业发展越充分,高科技产业的成长质量就越好。《2014亚太知识竞争力指数》显示,上海高技术服务业发展虽然较为迅速,但距离全球大都市差距还比较大,每千从业人员中高技术服务业从业人员数仅相当于东京的1/3,这在一定程度上也制约着上海高技术产业的发展。具体来看,多年以来,上海高技术产业对经济增长的促进带动作用并未充分显现。比如,2001年,上海的高技术产业对GDP的拉动率是0.27%,即在10.5%的GDP增长率中,高技术产业贡献了0.27个百分点;经过十多年的发展,2010年的高技术产业对GDP的拉动率又回到了2001年的水平,并未显著提高,而在2012年,高技术产业对GDP的拉动率则呈现出负作用。由此足见,上海较好的科技创新能力并没有真正转化为高技术产业发展能力,在产业规模快速扩张的同时,上海高技术产业的质量和效益也没有与之实现同步增长。此外,国家科技部对全国31个省级地区科技活动水平的监测结果(2010)显示,上海高技术产业增加值全国排名第4,总产值全国排名第5,但增加值率排名却全国倒数第一。其中一个重要的诱因就是上海的高技术服务业发展水平严重滞后。

表9　每千从业人员在高技术服务业中就业人数排名

区　域	指　数	排　名	区　域	指　数	排　名
东京	170.83	1	京都	111.67	8
中国香港	128.67	2	中国台湾	110.69	9
北京	127.04	3	维多利亚	110.26	10
神奈川县	119.66	4	上海	108.09	11
大阪	118.42	5	西澳大利亚	108.07	12
滋贺县	117.22	6	首尔	107.94	13
新南威尔士	113.16	7	福山	102.54	14

九是上海科技园区的创新效率及其溢出效应有很大差距。

经验研究表明,科技园的产业集聚能够产生思想的溢出效应,从而提高生产率,减少重复研究造成的浪费,并激励先进驻园区的公司不断努力获得专利。成功的科技园还会加强公司之间的联系,这也是参与创新的一种方式。应当说,上海有很多科技园,其不但提供税收和金融方面的优惠,还设置了孵化器。这类机构为公司提供场地、种子基金和扩展服务,为不同类别的公司提供多种专用资金,对发明者给予津贴和奖金,给研究人员发放专利补助、奖学金以及拨款。当然,孵化器还会对研发费用和高科技企业给予免税期和折旧津贴。但从这些园区所产生的实际效果来看,却是与发达国家或地区的同类园区存在较大差距。

以新竹科技工业园区的高新技术企业为例,既有研究结果表明,园区内公司研发的产出弹性(即每增加1%的研发投入所带来的产出增加百分比)大于园区外公司,且园区内公司研发投资效率更高。尽管无法取得上海的数据进行验证对比,但从相关调研中可以看出,上海的科技园会经常改变目标,并且更重视吸引公司进驻园区、实现出口最大化，而不是技术进步。张江高科技园区的公司和高校的联系不紧密，其中一个原因是大部分高校离浦东较远，只有上海中医药大学临近科技园。公司间的合作也十分有限，因为中资公司不信任外资公司，也不信任有海外教育或工作背景的人经营的企业。中国人开办的公司喜欢自己来做大部分研发工作，以防失去知识产权，竞争压力似乎比合作优势更为突出。从技术和创新角度去衡量，科技园的创新效率距离国际水平还有不小的差距。

十是市场力量推动科技创新的作用有着较大差距。

相对于其他国际大都市，上海拥有着人口和地理空间的优势。如上海的人口大约相当于纽约和大伦敦的近 3 倍、大巴黎和东京都的近 2 倍；上海的面积大约分别相当于纽约的 8 倍、大伦敦的 4 倍、东京都的 3 倍、大巴黎的 2 倍多。但一个显著的问题是，上海的这一优势并未发挥出来。一个重要的原因是，政府对创新的强势干预，只是带来了投入的增加，但在创新效率上却没有显著提升。比如，在亚太 33 个地区中，上海的单位面积产出强度仅排第 8 位，相当于第 1 名首尔的 14%，相当于前 5 名首尔、新加坡、东京、香港、大阪 5 个城市平均值的 1/5。不仅如此，从上海郊区与江浙近沪县市的对比看，上海 5 个郊区的劳动生产率只相当于全部 15 个区县市（其中上海、江苏、浙江各 5 个）平均值的 82%，相当于江苏 5 个县级市的 52%，仅比浙江 5 个县市均值略高。再如，上海的科技类中介机构大多数都带有一定的官方色彩，且不是以市场对接为目标，在主办单位利益驱动的背景下发展起来的，这类中介机构的独立性、公正性差。实际结果是，这些机构的服务效率相当低下，与国际大都市和国内先进城市相比仍有巨大差距。例如，从国内来看，上海的科技服务业劳动生产率还略微落后于广东和江苏等省区。[①] 从国

① 李柏洲、孙立梅：《创新系统中科技中介组织的角色定位研究》，《科学学与科学技术管理》2010 年第 9 期。

际来看,2001 年,纽约市专业科学与科技服务业的人均收入为 7.4 万美元,以当年兑换利率折合人民币 61.2 万元/人,远高于上海当前水平。

表 10 主要发达国家科技中介机构基本情况

	目 的	内 容
美国	适应科技成果产业化和中小企业发展需要	非营利性机构,运行经费来自联邦政府、州政府和其他收入,其中不超过 50%的经费来自联邦政府
日本	实施“产业再生”、推进科技成果快速转化的过程中,进行咨询服务	委托开发:国立机构把重大战略性基础技术开发委托给企业,并提供费用;开发斡旋:通过“契约”征集“技术”,交至开发性企业实施“产业化”,从利润中提取偿还金;独创性研究成果育成事业:通过独创性开发和协调企业之间各种关系,获得新的商业化的技术;支援成果专利化:对产业化程度较高技术,通过专利申请代理,对成果所有者提供咨询和评估报告,代理专利申请
英国	多元目标,已形成多层次、全方位、结构合理的完整的科技中介服务体系	政府层面:促进当地企业与大学、研究机构以及金融机构等的联系;公共层面:科技咨询的职能,在国家的科技政策和重大工程项目咨询中起着最主要的作用;私人公司:以营利为目的独立的科技中介机构

五、必须突破的瓶颈制约

与正在大力推进、即将在 2020 年基本实现的“四个中心”战略相比,建设具有全球影响力的科技创新中心,是对“四个中心”战略的战略升级,是一个更高目标的战略定位,是一个支撑国家 2050 年战略的重大战略决策。也正因为如此,实施这一战略,更要深刻认识可能面临的各种瓶颈制约,以更大的改革开放力度突破和解决一系列不利于建设全球影响力科技创新中心的瓶颈问题。

（一）思想认识瓶颈

当前的上海，成绩显著但又面临一系列新挑战，其中小富即安、墨守成规，还有表面轰轰烈烈，最后不了了之是最大的挑战。建设具有全球影响力科技创新中心是一项影响长远的重大战略部署，必须用创新的理念、行动予以落实。认识决定行动，必须在思想认识上解决四个问题：

一是把这项战略仅仅看作中央的部署、国家的要求，把推进的思路仍然停留在如何向中央要项目、要政策层面。可以说这是一项比建设国际金融、航运、贸易中心更具挑战的重大战略，更要用科技实力、产业实力说话，更要用实实在在的改革和创新努力集聚全球创新资源，夯实城市核心竞争力。

二是把这项战略仅仅看作是建设一批科技重大项目，把推进的思路仍然停留在选一批项目、挂一批牌子、验收一批成果上。必须改变这样一种传统的思维方式和做法，科技创新不只是科技的创造和发明，其实质是要造就创新驱动发展的动力，其推进必须建立在深化科技体制改革、确立企业主体地位、发挥市场决定性作用这样的新思路和新机制基础之上。

三是把这项战略仅仅看作是政府的中心工作，把推进的思路仍然停留在动员体制内的大学、科研院所和国有企业走自主创新之路。民营企业更应该是科技创新的主体，但在上海，民营企业更容易受到强大国企、外资的竞争排挤，而且在科技创新的项目安排和政府的倾力服务上，也没有得到主体的地位。

四是把这项战略仅仅看作上海一家的事情，把推进的思路仍然停留在面向本市域、争取全套型。但离开了最具成长性的长三角地区和长江流域，上海就会成为孤军，就会缺少最重要的科技创新需求动力，就会大大降低集聚全球创新资源的动能。

（二）商务成本高企瓶颈

当前，上海创新创业营商环境中最大的瓶颈是商务成本过高问题。过去30年上海一直是投资驱动与财富驱动为主导，推高了上海的商务成本。众多中小企业面对过高的土地和人工成本，宁愿从事赚快钱产业，或去异地发展；众多科技创新项目“开花多，结果少”。上海孵化的创新项目，一旦进入产业化阶段，基于成本考虑就会选择周边地区落地生产。为此，商务成本问题不解决，即便创新主体具有创新意愿，也难以落地发展。高企的商务成本成为上海科技创新中心的创新陷阱。

必须看到，高企的商务成本对于创新创业是一大致命伤。比如上海中心城区的房价已经接近纽约、伦敦、东京、香港、新加坡等国际大都市，郊区的房价也因轨道交通建设上升很快，明显超过了周边的一些城市，如果考虑到人民币进一步升值的趋势，以及我们对土地财政、房地产市场的路径依赖短期内又难以改变，这一块的商务成本压力会越来越大。另外上海的薪酬成本上升很快，不仅明显高于周边地区，而且也因人民币升值，与日本、韩国和我国的台湾地区等越来越接近。在一个全球竞争性的科技创新氛围中，一方面，我们的创新创业环境总体来说没有人家理想，特别是雾霾、食品安全等因素已经明显影响到上海引才聚才的竞争力；另一方面，在我们的基础设施、生态环境、生活便利等还没有达到发达国家水平时，我们的房价、薪酬却已提前接近发达国家水平，这是必须予以高度警惕并要着力解决的瓶颈问题。当然，要全面降低商务成本可能不现实，但我们可以通过一些特殊的政策打造一些特殊的商务成本洼地。

2013年福布斯发表的全国城市商务成本排行榜显示，上海综合商务成本仅次于北京，其中，企业险金负担指数全国排名第一，劳动力成本指数全国排名第二，办公成本指数全国排名第三（见表11）。

表 11　全国商务成本最高 20 个城市排名

排名	城　市	劳动成本指数	办公成本指数	能源成本指数	税收成本指数	企业险金负担指数
1	北京	1	1	112	2	19
2	上海	2	3	124	6	1
3	天津	7	8	79	27	3
4	杭州	3	6	1	24	80
5	南京	14	7	48	30	16
6	乌鲁木齐	8	16	131	18	16
7	宁波	6	9	1	39	87
8	大连	22	4	36	40	24
9	武汉	26	20	18	37	24
10	深圳	9	2	29	21	121
11	广州	4	5	25	53	80
12	沈阳	41	17	36	33	24
13	厦门	4	27	96	12	110
14	合肥	13	60	42	49	24
15	珠海	17	10	23	29	130
16	太原	9	23	115	45	49
17	长春	29	30	21	60	38
18	西安	18	18	72	42	65
19	舟山	15	34	1	32	120
20	哈尔滨	43	22	46	58	2

资料来源：2013 年福布斯。

(三) 主体创新动力不足瓶颈

上海大量的科技创新资源集中配置在大学、科研院所、国企三类体制内机构，而且政府科技创新项目的每一轮布局也以这些体制内机构为主体。但多年的实践表明，由于这些机构受到体制机制的严重约束，那么多的创新资源配置并没有形成理想中的溢出效应，产学研合作始终没有得到突破，没有像北京中关村那样在大学和科研院所周围溢出一批有影响力的高科技企业，也没有像深圳那样，从体制内走出的一批创新创业者借助特区环境造就了一批立足自主创新的高科技领先企业。导致这一局面的，是我们的大学、科院院所、国企创新动力普遍不足，而其背后，则是我们的管理体制机制仍然存在比较严重的问题。比如，对于大学和科研院所，一方面是行政化的事业单位管理体制，校长、院长、所长，等等，更多关注行政级别和政府考核、财政经费，而轻视市场需求和产学研合作；另一方面对教师、研究人员的评价和考核，以论文、获奖为导向，大量科技创新投入，主要以论文和获奖为关键绩效评价，对于科技创新成果转化，或者与企业合作开发，或者自己下海创新创业，得不到鼓励，甚至还有很多不允许的条条杠杠约束。又如，对于国企，有领导人任期制，加上重在保值增值考核，对于带有风险，又是需要坚持多年才见成效的科技创新，在任的国企领导人是缺乏积极性的。同时我们对草根性的创新创业活动关爱不够、管制较多，甚至不屑一顾，结果就是在这一波的互联网新经济浪潮中，上海没有培育出若干引领性的民营高科技标杆企业和有影响力的创客集群。

(四) 创新创业人才紧缺瓶颈

建设全球影响力科技创新中心需要各类人才的支撑，其中最重要最关键的，也是上海目前来看最为稀缺和不足的，是企业家人才、科学家人才、科技创业人才和风险投资人才四类人才。这也带来了四大结构性瓶颈问题：

一是缺乏面向全球、引领创新驱动发展的企业家人才。上海的企业家队伍存在一些明显的结构性弱点，如大企业的企业家多数属于国有企业和外资企业，民营企业家力量较弱；又如愿意扎根于实体经济领域的企业家人才这些年流失比较严重，或者转做房地产，或者很容易被周边地区吸走；能够走出国门谋篇全球发展的企业家更是凤毛麟角。只有企业家队伍强大了，上海才能把建设全球科技创新中心变为现实。

二是缺乏具有全球影响力、引领科技创新前沿的科学家人才。由于上海目前的创新平台级别不够高、管理体制不够活、创新氛围不够浓，在引进海外顶尖科学家方面仍然缺少竞争力。即使上海已经拥有的院士和国家千人计划专家数量在全国排名第二，但其中能够真正进入全球前列的科学家屈指可数。上海企业层面的研究院或研发中心，较多为国企和外资企业建立，自主前沿的创新研发较少，也没有建立储备科学家的体制机制。而深圳的华为、光启、华大等高科技民营企业，都已吸收到若干位全球顶尖科学家的加盟，华为更是积极实施战略科学家计划。

三是缺乏掌握最新科技知识、怀揣创新创业梦想的科技创业人才规模化群体。从硅谷、深圳的成功经验看，它们都形成了规模化集聚的创客簇群，这是一批受过理工科学历教育，很多都有高科技企业从业经验的科技人才，他们为追求创新创业而来到一个城市、一个园区，甚至环绕一所大学、一家高科技先锋大企业形成集聚。这样的创客簇群在上海的张江、杨浦等已有雏形，但影响力还不大，与深圳、北京比已有差距。

四是缺乏能够调配资源、助推创新驱动发展的风险投资人才。风险投资目前存在风险投资人才严重不足、风险投资的政策不够灵活，以及风险投资退出通道不够畅通三大制约。其中对于既能调配资源又具丰富行业经验的风险投资家和天使投资人，最为稀缺。以往对这类人才我们不够重视，基本没有专门的人才政策或举措进行引进和培养，而且即使现在已经集聚了一些风险投资家和天使投资人，但其中的相当部分或者只在寻找有上市机会的成熟项目，或者在全国各地寻找投资项目，并没有在上海的创业发展中发挥出他们应有的作用。

（五）创业投资不足瓶颈

发挥创业投资的作用是解决创业融资难问题和创业者经验不足问题的重要路径。创业投资是一项风险性投资，所以必须构建有更大收益激励，有更多风险分担的配套政策。这些年上海对创业投资已经形成了一些积极政策，但总体来说政策创新的力度还不够大，与硅谷相比更有较大差距。比如对创业投资的税收政策不够灵活，缺少投资抵扣和分期延付的配套政策；对创业投资最为关键的退出通道，创业板上市门槛还比较高，新三板和股权托管也有一定的门槛；对创业投资的风险承担尚未建立健全相应的分担和保险机制。另外政府背景的创业投资机构仍然受到国有资产保值增值的约束，往往不敢做风险投资的事情。银行、券商等正规金融机构做投行业务，仍然受到某些特定管制。特别缺乏善于调配资源、熟悉行业发展的风险投资家和天使投资人才。

（六）政府管理体制机制瓶颈

所有各种制约科技创新的瓶颈问题，都可以归结到政府推进的体制机制瓶颈问题。其中有的是国家层面的，更多属于地方层面。从地方层面看，重点要突破四大瓶颈：

一是条块分割、缺乏整合。科技创新、人才培养和产业发展等分属不同政府部门，部门之间仍然缺乏有效的联动协调机制，创新资源存在明显的条块分割，难以形成全市性的拳头出击。“十二五”规划明确提出了“创新驱动发展”的主线，但在全市层面也没有构建一个强有力的政府协调机构来全面负责统筹工作。特别是，市科委抓科技创新，却管不到信息化，对信息化也不够重视；市经信委推科技创新，更多集中在“四新经济”与智慧城市建设项目上，但对支撑这些建设项目的科技创新研发却不太关心。两个核心部门的两张皮问题必须予以解决。

二是管制较多，放活不够。比如时常用管理党政机构的办法管理大学和科研院所，在科研经费管理、人事管理、项目管理等方面过于僵硬，不利于激发人才的创新创业积极性。又如对服务创新创业的科技金融、专业服务等，对外开放不够、政策专业性不够、市场机制培育不够。

三是审批繁琐，管理薄弱。在审批立项阶段，有一整套看似规范严密的程序规定，但实际很容易引起部门扯皮、边界模糊的事情。反过来在日常监管和最终绩效评估中，却程序简单、内容简单，导致普遍的重申报轻结果现象。

四是生产导向，供需脱节。政府过度主导科技创新，较多采取项目资助、财税优惠、政府补贴等方式，容易导致为科技而科技的弊端，也容易导致一些企业和机构采取谋取政府资助为生存之道的不良行为。

六、对“十三五”时期推进工作的若干建议

建设具有全球影响力科技创新中心是一项中长期战略，其中“十三五”期间是构建框架、破除瓶颈、布局重大项目的关键期。这里提出九点建议：

（一）必须进一步解放思想，瞄准全球科技创新制高点

把上海建设成为具有全球影响力科技创新中心是一项国家战略。要落实好这项国家战略，必须先从三个方面解放思想、深化认识：

1. 深化“四个中心”战略框架的认识

在中国已经成为全球第二大经济体，上海即将发展成为长三角这一全球最大规模城市群首位城市的现实背景下，要增强发展自信，把“国际金融、航运、贸易中心”提升为全球能级的“全球金融、航运、贸易中心”，还要敢于瞄准全球科技创新制高点和创新驱动发展的策源地，把“国际经济中心”提升为全球能级的“全球科技创新中心”，更加突出地体现国家和城市核心竞争力的战略布局。

2. 深化对科技创新实质内涵的认识

科技创新不仅仅是科技研发，不仅仅是科技管理部门主导，它更多体现的是创新驱动发展的模式和动力，是上海迈向全球城市的必由之路。要把握新一轮科技革命趋势，加快集聚全球创新资源，在新一轮产业革命大潮中推动上海跨越发展，站在全球创新最前沿。

3. 深化城市改革和发展推动力的认识

浦东开发开放和筹办世博会为上海的城市改革和发展提供了两个阶段的巨大动力。今天的上海自贸区建设，以开放促改革，以开放促发展，为当下的城市改革和发展提供着积极的动力。而全球科技创新中心建设可以为上海的改革和发展提供更具能量、更为长期的动力。

（二）构建科技创新战略特区，与上海自贸区形成双轮驱动格局

建设全球科技创新中心，要聚焦全球前沿科技、全球先锋企业、全球科技创业三个关键元素，并为三个元素的成长和集聚构建一个完整的创新生态系统。现在世界各国都把硅谷作为创新生态系统建设的模仿学习标杆，而且大多通过高科技园区或科学城模式营造接近硅谷的产学研合作载体和创新环境、营商环境。上海的创新生态系统与硅谷比还有很大差距，甚至与北京中关村、深圳比也有一定的差距。即使是张江、漕河泾、紫竹、临港、杨浦 5 个国家级科技创新园区，其关键

元素也都存在一些明显的短腿和弱项。比如张江，目前缺从事全球前沿科技研究的大学和科研院所；紫竹，目前缺具有全球影响力的先锋企业；杨浦，目前缺科技创业的孵化和产业化空间载体。要较快构建出先进的创新生态系统，培育壮大三个元素，必须以特区的方式营造特定的环境，可借鉴上海自贸区和海外高层次人才创新创业基地的做法，在一些国家级的园区、大学、科研院所、大企业进一步构建科技创新战略特区（或称科技创新特别试验区），并与上海自贸区形成双轮驱动格局。这个战略特区，特在四个方面：

1. 任务特

就是要承担全球科技创新中心建设的重大工程和项目，包括全球前沿科技研究、全球先锋企业的培育、全球科技创业人才和风险投资的引进等。承担任务的有国家级高科技园区，有大学、科研院所，也有大企业。

2. 政策特

就是要提供更加宽松、更有吸引力的一系列政策支持，有的可以复制硅谷、新加坡、中关村、深圳等的政策做法，有的可以积极创新，保持政策的领先性，使其在引进机构、引进人才、培育项目方面可以获得更加有力的支持。要坚持放权，让各个战略特区有更大的改革发展自主空间。要积极开展地方立法，给这些战略特区赋权保障。

3. 环境特

就是要营造与国际接轨、有竞争力的创新和营商环境。在全市范围短期内还很难做到与国际接轨的状况下，要借鉴上海自贸区的做法，在科技创新战略区域内先行先试、赋予特殊，如降低住房成本、降低创业成本，优先保障交通和基础配套建设等。

4. 布局特

以区域板块为核，形成多核联动机制，构建科技创新区域性战略轴线。重点打造四条轴线：从张江到临港，带动浦东中部城镇的浦东轴线；从张江到紫竹，再到松江，进而连接嘉兴、杭州的沪杭轴线；从虹桥枢纽，带动嘉定、青浦，进而连接昆山、苏州工业园、无锡、南京的沪宁轴线；从杨浦到外高桥再到崇明的北部轴线。

（三）积极谋划世界级实验室建设计划，打造重大工程和项目的有力载体

要把建设世界顶级实验室作为建设全球科技创新中心的一项硬指标和重要抓手，通过这样的顶尖载体，在一些科技创新前沿领域集聚全球顶尖的科学家，开展全球领先的科技创造和发明，进而可以影响全球的科技创新和产业发展。同时要把建设世界顶级实验室作为推进科技创新体制机制创新的重要试验区，构建与国际接轨，更加符合科技创新特点和需要的体制机制。这里提出三点建议：

1. 围绕明确下来的科技创新重大工程和项目领域，研究制订世界级实验室建设计划

比如按照我们课题组提出的新一代信息技术、生命健康、汽车、航天航空、智能制造五大领域，可以考虑先行建设 5 个世界级实验室项目。这些实验室，有的依托大学，有的依托大型企业，有的就是一个独立的研究院所，不是我们传统概念上的一个研究院所下面的实验室，而是有规模、有完整研究链条的实验室。比如贝尔实验室在 1925 年建立时共有 3 600 人，其中 2 000 人负责研发，1 600 人负责运营并为研发服务，远大于通用电气公司(GE)的工业研究实验室1 600人的规模；在其 2008 年之前的存续期间，主要设有基础研究部、技术发展部、质量监督部、运营部四大单元；到 1981 年，贝尔实验室有 19 个实验室，有 22 569 人，近 16 亿美元的研究经费。

2. 要坚持体制机制创新，建设新型的超级实验室

这些实验室是科技创新战略特区体制机制创新的重要对象，甚至

一些新的体制机制和政策配套，就是为这些实验室配套的。要学习借鉴全球最优秀实验室的成功经验和做法，努力建设新型实验室。比如要重视基础科学领域的前沿研究，形成“基础研究—技术开发—新产品生产—市场营销—信息反馈”的创新链条，每个环节都可按其所需组建一定数量相对独立的部门，可以自由拆分和组合；要有宽松的管理体制，打造自由、和谐、有序和思想活跃的科研环境，确保研究人员始终成为其运行的中心，避免因“权与利”结合导致的权力成本上升；实行专家治院的管理模式，每一层的领导都应由某个领域被认可的权威来担任，没有太多的硬性考核指标，允许长期不出任何成绩，等等。

3. 加大科技创新资源保障，确保这些实验室沿着既定目标持续努力

建设世界级实验室，必须要有雄厚的经济基础作保障，这样才能使研究人员用上最好的研究设备，保证实验室自身的仪器工厂有条件及时制备新的研究仪器，让所有包括仅仅是刚刚萌发的科学构想能最快速地付诸实验，也才能使科学家和工程师有充裕的课题经费和最好的薪酬待遇，不要到处申请经费，解除他们的后顾之忧，并成为世界各地英才的向往之地。在资金投入保障上，政府财政要舍得投入、敢于投入，同时要动员社会力量投入，特别要鼓励大企业参与建设世界级实验室计划，政府要为其提供积极的配套政策，如对这部分投入予以税前列支等。

(四) 大力引进第三代跨国公司研发中心，打造面向全球的科技创新基地

第三代跨国公司研发中心是跨国公司顺应经济全球化和信息化发展进程而进行的研发功能再布局。第一代的研发中心力量基本集中在母国；第二代的研发中心总部在母国，同时在全球重点区域设立分支机构，总部主要从事原创，分支机构主要从事市场应用；而第三代

的研发中心，跨国公司在全球形成若干个总部型研发中心，每个研发中心都具有面向全球的功能和能力。上海集中了较多的跨国公司地区总部和跨国公司研发中心，这支力量也是上海建设全球科技创新中心的重要力量，为此要采取一些更加积极的措施加大吸引力度。

1. 提供积极的国民待遇促进第三代跨国公司研发中心集聚、生根上海

对这类研发中心要一视同仁，不带国别歧视，与我们的体制内机构及民营机构等享有同等的参与项目、使用公共平台、获得公共服务、享受各项政策扶持的权利。特别是有些第三代跨国公司研发中心既有基础研究也有技术开发，集中了较多来自国内的科技精英，在很大程度上已成为无国别界限研发中心，可以支持其承担上海科技创新重大工程和项目，支持其与国内的大学、科研院所和其他企业开展产学研合作，同时通过项目支持和政策配套，支持其更好地发展壮大，对上海及周边地区产生积极的溢出效应，对全球提供最前沿的技术输出和服务。

2. 构建良好创新生态环境保障第三代跨国公司研发中心发展

以张江、紫竹为主，积极提供好的区位空间吸纳和集聚第三代跨国公司研发中心；尊重创造，对其提供与国际接轨的知识产权服务，争取上海成为国际专利申请的重要城市；尊重人才，专门为其提供低租金的人才公寓房、国际学校和其他生活设施配套；鼓励设立博士后工作站，甚至招收博士生，吸引海内外的青年科研力量加入研发活动。

（五）释放“四个中心”能量，大力推进科技金融创新发展

要充分发挥上海“四个中心”的功能优势，在集聚创新资源上争取更多突破。其中最关键的是要深化科技金融改革，提高全球科技创新资源集聚力和配置力，建设具有全球影响力的科技金融中心。

1. 构建更加积极的创业投资政策和法规体系

与美国相比，我们的风险投资还刚刚起步，现在一些发展成功的高科技上市公司更多依赖于国外的风险投资。要学习和借鉴美国硅谷的经验，积极为风险资本行业的成长创造条件。比如必须深化科技金融体制机制改革创新，建立更加有利于各种类型创业投资机构发展，更加有利于创业（风险）资本基金成长，更加有利于社会资金投向创业资本的专门政策。其中也涉及一些具体的政策，如对创业投资机构股权投资获得的收益，要区别于一般服务业税收；对创业投资机构投资所形成的损失等应允许作为成本进行税前扣；对大学设立的发展基金、社会养老金、社会慈善基金等，可以学习美国等国家的做法，允许其投向创业基金或直接投向创业企业，并给予税收上的优惠，等等。还要研究制订相应的保护性法规，加快与国际的接轨，营造更加良好的风险投资土壤。

2. 大力发展各种新型的创业投资机构

鼓励和支持各类金融机构发展创业投资机构，充分释放其资金能量和投资经验。放宽限制，促进证券机构发展投行业务，更多服务实体经济和创新驱动发展。推进互联网金融在上海的集聚发展，充分运用大数据技术和互联网公司在掌握、分析企业大数据方面的优势，为广大小微企业和科技创业者提供及时、到位的科技金融服务。争取建立混合所有制的上海科技金融集团，形成创业投资、科技信贷、科技担保、科技保险等为一体的科技金融促进机制。

3. 建设更加发达、更加规范的企业股权转让市场

这是创业资本和风险投资家得以成长的前提条件。除降低沪深两市上市融资门槛外，还要进一步扩大新三板市场，让更多的创业企业获得股权转让通道，形成风险投资便捷的退出机制。加强股权托管中心建设，更好地服务于创业企业的股权流动和管理，逐步形成与新三板不同的股权交易平台。加快建立健全股权交易法规，更好保护创

业者和风险投资者的利益。

4. 建立健全以知识产权为核心的投融资服务体系

组建知识产权并购基金，在全球范围内并购有价值的知识产权资产；创新知识产权融资模式，推动知识产权证券化发展，试点知识产权售后回租等金融创新业务；完善知识产权质押融资服务体系，鼓励商业银行参与知识产权质押融资业务，建立知识产权价值评估体系。

5. 优化科技金融各环节的税收激励政策

对科技金融机构投资、贷款、保险产品所形成的营业税给予减免优惠；对创投机构投资所形成的损失、银行机构贷款形成的坏账等允许作为成本进行税前扣除；对科技金融机构以投资、贷款等形式对科技型中小企业提供融资支持后，将科技型企业所得税增长的一定比例奖励科技金融机构。

6. 大力引进和培养风险投资家队伍

高度重视风险投资家以及天使投资人在创业中的积极作用，加大引进和培养力度。鼓励那些已有财富积累，并有丰富创业和行业经验的成功人士乐做天使投资人，积极帮助青年科技人才的创业活动，并通过股权投资实现财富增值。营造良好的创新创业生态环境，出台积极的激励和保障政策法规，吸引风险投资家到上海设立创业投资机构或加盟上海的创业投资机构。支持大学商学院开设风险投资专业MBA或EMBA，吸收一批工科背景并拥有管理经验的工程师进行深度培训，培养一批风险投资家后备人才。

（六）努力降低商务成本，造就创新创业区域竞争优势

商务成本高，必然会削弱上海的创新创业区域竞争优势。面对居高不下的商务成本，要吸引创新创业、留住孵化成果，可以在一些特定的区域或产业通过采取一些特殊的政策手段造就商务成本优势。

1. 切实降低创新企业财务运行成本

完善科技创新相关的税收抵免优惠政策。鼓励企业加大科技创新投入,对连续两年企业研发投入增幅超过一定比例的科技型企业,实行所得税减免;提高研发投入、研发设备折旧、研发人员工资等成本的税前抵扣比例,允许企业自由采用研发设备折旧方式;对企业或研发机构以知识产权等科技创新成果出资创办企业所获得的投资回报,可延迟缴纳税款;科技型中小企业转让知识产权或科技创新成果所获得的收入免征或减征企业所得税。推进资本利得税征收试点,创新股权激励税收模式。建议围绕张江激励十条政策,率先在张江试点征收资本利得税,对股权投资机构投资于高科技企业增值后的转让收益按国际同行管理实行20%左右的资本利得税税率;针对股权激励实施中的收付实现制,可设立定向的专项资金,代个人先行付清所需缴纳的相关税款,待股权激励制度正式施行后,由个人返还先期垫付的相关税款。

2. 努力降低创业空间载体的建造成本

在各个国家级高新区和市级工业开发区、高科技园区,规划布局更多的空间用来建造创业楼宇,并减免土地出让金、提供财政建造资助。改造郊区小城镇闲置或低效利用的建设用地,对建造创业楼宇的,一方面要放宽用地转让、转性审批,另一方面可提供一些财政资助,切实降低建造成本。

3. 进一步完善租金减免政策

市、区两级设立财政专项资金,专门用于创业用房租金减免补贴。分类实施租金补贴,对海外高层次人才创业、大学生创业,在规定提供的创业用房面积内可实施3年免租金的补贴优惠。对一些特定孵化项目或产业化项目,可特事特办,提供更大面积,实施更长年份的租金减免优惠。

4. 积极帮助科技创业者降低用工成本

对符合规定的科技创业孵化企业,可提供社会保险费补助政策、政府廉价集体宿舍政策。对雇佣本地大学生就业或引进人才的，还可提供收入补助政策。

5. 提供廉价的公共服务设施

比如在创业孵化基地、产业化基地建造公共食堂、公共咖啡馆、公共医疗室、公共活动中心等，降低企业内部的配套成本。

（七）实施更加积极的人才政策，增强引进聚才竞争力

要打造优质的创新创业生态环境，实施更加积极的人才引进政策，真正使天下英才来得了、留得住、用得好、流得动，真正使上海成为海内外各类人才纷纷向往的创新创业之地。要聚焦两类创新创业人才队伍的建设，并相应构建更加开放、更有竞争力的两大人才政策。

1. 进一步深化海外高端人才引进政策

必须坚持高端人才海外引进的主导性，将其作为长期战略进行部署，这方面需要好好向韩国、新加坡和我国台湾学习。应着力创新五个方面的政策措施：一是创新海外高端人才工作平台政策。进一步创新现有的高科技园区政策和海外高层次人才创新创业基地建设政策、创新工作平台投入政策和激励政策。二是建立与国际接轨的绿卡政策。参照美国、加拿大等国家的做法，进一步降低绿卡申请门槛，消除就业限制，赋予其更多的国民待遇内涵。争取国家下放绿卡审批权限，在上海设立第二总部等级的机构，便于海外人才申报绿卡。三是完善引才专项基金政策。设立两类引才专项基金。一类是专门针对引进全球一流人才的引才专项基金。要增加财政安排，动员大企业支持，扩大资金盘子，创新基金运作。四是建立健全科学的人才评价机制及其配套政策。充分运用竞争法则，与全球人才市场接轨。构建社会化的评价体系，支持评价机构建设大容量的人才信息数据库和专业评价指标体系。对创业人才的评价或项目资助，要发挥创业投资机构及风险投资家的作用。五是实施积极的综合配套政策。包括赋予其

国民待遇的政策、提供特定小环境加快与国际接轨或提升引才竞争力的政策、以开放为动力上海着力先行创新的政策等。

2. 进一步创新高科技创业人才引进政策

把吸引并留住怀揣梦想、闯荡上海的青年科技创业人才作为创业人才引进政策的聚焦重点。要以更加开放、开明的心胸和更加贴近、扎实的关怀，打造出“创业上海”的形象和人文，吸引海内外科技人才到上海创业。要进一步创新和加强五项政策，即解决创业者有所居的安居政策、解决科技成果更快转化的创业孵化政策、解决创业更易起步的创业融资政策、解决低成本用工的社会保险补助政策、释放创新创业动能的激励政策。特别要设计出具有全球竞争力的激励政策，吸引更多的海内外人才选择上海创新创业，鼓励更多的上海科技人才更有勇气、更有激情地投身于创新创业，形成浓厚的大众创业、万众创新的新格局。

（八）加快事业单位体制改革，激发大学和科研院所创新活力

大学和科研院所是上海建设全球科技创新中心的重要力量，但这支重要力量绝大多数属于事业单位，按照目前的体制机制，很难承担起这样的重任，所以必须加大改革力度，激活内在活力。要积极争取国家科技体制改革和国家实施创新驱动发展战略的试点任务，对大学和科研院所在四个方面先行推进改革：

1. 深化行政管理体制改革

健全法人治理结构，淡化行政级别，引入市场机制，鼓励大学和科研机构通过产学研合作筹集发展资金。在财政资金的预算管理方面，要加大产学研合作、科技创新溢出方面的考量力度，并与财政资金的预算分配挂钩。特别在科技创新的财政支持方面，要进一步完善科技创新项目资金的申请、使用、考评等管理机制，进一步提高用于调动科研人员积极性的智力资本支出。

2. 深化知识产权管理体制改革

可以借鉴美国斯坦福大学的做法，允许和鼓励科研人员把在大学、科研院所获得的科技成果向企业转移，所获知识产权收益，多数归参与科技创新的科研人员及其团队，包括那些担任行政职务的团队负责人；在大学和科研院所设立知识产权服务机构，配置更多的专业人员，促进科技创新成果及时转让，并更好地引导科技创新与社会需求的对接。鼓励大学和科研院所通过产学研合作和知识产权入股获取发展资金，并增强这部分资金使用的分配自主权。

3. 深化人事制度改革

应允许和鼓励科研人员离岗创业，创业期间保留其原有身份和待遇；允许和鼓励科研人员在完成本职工作前提下在职创业，或到企业兼职，并可获得相应的个人收入或股份。贯通大学和企业工程师的职业通道，吸引有丰富经验的高级工程师到大学担任教授、副教授或从事研发工作。

4. 深化分配制度改革

应进一步放宽分配自主权，推行年薪制、高薪制。这方面可以借鉴北京生命科学研究所的做法，对实验室主任，提供具有国际竞争力的高薪，并赋予其对团队成员的年薪分配决定权。对科研人员在企业中获取的股权收益，应给予一定的个人所得税优惠，对他们使用这笔资金继续创新创业的，应给予更有力度的税收减免。

（九）改进政府推进方式，有效组织社会资源

既要加强政府的组织领导，又要更好地发挥市场机制的作用。当前最重要的是要形成合力，以重大工程与项目为抓手，破除体制机制瓶颈，集中战略资源，构建政策体系。

1. 加强领导，整合部门力量

成立建设全球科技创新中心领导小组，由市主要领导担任组长。

成立更具协调能力的科技创新委员会，加强牵头抓总职能，统筹相关部门工作。建立健全部门协调机制，促进政策衔接、协同创新。在相关的委办局，还有重点园区、大学和科研院所等成立专职工作部门，真正形成力量聚焦、改革聚焦。

2. 设立重大工程和项目专项资金

对于认准的科技创新重大工程和项目，要敢于投入、长期预算，为创建一批全球一流的大学、世界实验室、科技创新团队和科技成果提供更好的资金保障。从“项目导向”转向“功能导向”，并引入社会化、市场化经营管理。重新评估政府科技创新投入的规模、领域与方式，优化整合各类科技计划（专项），建立市级科技创新投入决策和协调机制，资金安排从按部门分配向建立全市统一项目库和政府相关部门联合会审转变。投入方式改变为由原来的经费拨付，向重点资助基础性科研项目研究和产业化过程转变。

3. 放宽社会组织科技创新基金和团体的政策限制

要鼓励企业、大学、科研院所和个人出资设立科技创新基金，降低申请审批门槛，放宽资金使用限制。鼓励社会创办更多的科技创新类非政府组织，减少条件设定，推行备案制。

4. 加强地方立法工作

要通过法制化手段提高政府推进的合法性和有效性。积极借鉴发达国家和地区在推进科技创新方面的一些法规条文，组织各方力量研究和制定由基本条例和专项条例构成的促进上海全球科技创新中心建设的法规体系。

5. 改进政府财政资助评价机制

邀请全球一流的专家组成项目评价专家组，建立与国际接轨的评价标准和评价机制，建立健全以国际前沿科技、关键技术自主创新、科技成果转化、创新驱动发展为导向的评价。

总报告组

组　长：王　战

副组长：王　振

成　员：戴晓波、胡晓鹏、于蕾、陆军荣、陈建勋

专题报告一

关于内涵与目标研究

伴随着新一轮科技革命和产业变革的孕育兴起，创新越来越成为当今世界发展与竞争的制高点。建设具有全球影响力的科技创新中心不仅是中国经济转型发展赋予上海的使命所在，更是上海实现创新驱动，提升城市功能的重要依托。本部分研究通过梳理国内外学者、机构及权威报告对科技创新中心的相关认知及表述，界定科技创新中心的基本概念、归纳具有全球影响力的科技创新中心的基本内涵。以国际技术创新中心、世界知识竞争力领先地区和全球创新城市等权威排名入手，分析当前世界科技创新中心的实力分布与发展格局。通过考察美、欧、日典型科技创新集群和地区的发展动态，揭示世界科技创新中心的不同模式及其特征。进而在概要分析上海科技创新实力与优劣势状况的基础上，提出建设具有全球影响力的科技创新中心的总体目标、目标导向和目标重点。

一、科技创新中心的概念界定及其内涵

（一）创新中心概念提出的经济社会背景

从科学技术的演进角度看，人类社会的发展史是一部创新史。自人类诞生至今，随着采集与狩猎技术、灌溉与耕种技术、能源与机械技

术的创新与发展，人类社会依次经历了畜牧业社会、农业社会、工业社会的周期性演进。当前，信息技术正将人类引入信息社会。

随着信息化、网络化与全球化日益深入发展，创新资源在时空维度和经济维度上集中与融合的趋势日益增强，创新越来越成为推动和引领新的经济繁荣的关键因素，创新成果表现出显著的外部经济特征。随着现代科学技术为核心的知识经济日益上升到主导地位，科技创新研究正成为学术界、企业界和政界关注的热点。

2000年，《连线》杂志列举了若干技术创新中心，此后这一概念被广为引用，但是人们并未就技术创新中心这一概念的内涵达成共识。但创新及其空间聚集的研究却有着更为悠久的渊源。实际上，创新中心概念与创新集群概念有着密切的关系，我们不妨从创新集群的研究基础上总结出创新中心的合理内涵。

（二）创新集群的概念界定

1. 创新集群的两大研究维度

从创新集群的相关文献来看，学者的研究工作主要围绕技术经济维度与地理空间维度两个视角展开。其中，技术经济维度强调创新主体间的连接方式和互动关系，地理空间维度强调地理空间分布对创新集群的重要作用（钟书华，2008）。

技术经济维度研究的代表人物是熊彼特。熊彼特于1912年在《经济发展理论》一书中最早提出了“创新理论”，他认为“创新”是指建立一种新的生产函数，即把一种从来没有过的关于生产要素和生产条件的“新组合”引入生产体系。这种“新组合”包括引进新产品，引用新技术，开辟新市场，控制原材料的新供应来源，实现企业的新组织。

地理空间维度的研究可追溯到马歇尔和韦伯。马歇尔在1890年出版的《经济学原理》一书中考察了工业的地区分布问题，提出了规模经济的概念，被认为是最早的产业集群思想。继马歇尔之后，韦伯在

1909年出版的《工业区位论：区位的纯理论》一书中指出工业集聚可分为低级阶段和高级阶段，低级阶段主要表现为企业规模的扩大，高级阶段则表现为许多在生产上、销售上存在密切联系的企业向一个地点集中。

2. 波特的创新与集群思想

波特(2002)的研究起到了承前启后的作用。在《国家竞争优势》一书中，他分别从产业和国家两个层面探讨了创新、竞争力、产业集群之间的关系。在产业层面，创新包括改善技术和改进操作方法，是企业获得竞争优势的重要手段。产业集群效应会促进研发与创新。在国家层面，波特根据每个国家的产业表现及竞争优势的来源，将一国经济竞争优势的发展分成四个阶段：生产要素导向(factor-driven)阶段、投资导向(investment-driven)阶段、创新导向(innovation-driven)阶段和财富导向(wealth-driven)阶段。前三个阶段是国家竞争优势的主要来源，一般伴随着经济上的繁荣，而第四个阶段则是个转折点，可能由此开始衰退。

在创新导向阶段，国家的创新和竞争优势都达到了巅峰状态。在此阶段，创新提升了产业的竞争力，并促进产业集群向纵向和横向两个方向发展。另一方面，产业集群的发展也产生了更多的创新。

在财富导向阶段，一国经济开始走入衰退。创新的动力已经丧失，经济依赖前期积累的财富而得以勉强维系。因创新活动停滞，产业集群中的优势产业变成上游产业的负面客户，也不再是下游客户的创新媒介，产业的竞争优势不断丧失，规模开始缩小，最终导致既有的产业集群发生解构。

需要指出的是，波特认为一国经济的发展阶段并不一定是遍历性的，也不一定是单向演进的。例如，有的国家可能会发生跳跃，如意大利直接从要素导向跳跃到创新导向模式。而有的发展中国家则长期停留在要素导向或投资导向阶段，难以向创新导向阶段迈进，如新加坡和韩国。波特在继承传统创新理论的基础上，提出了产业集群理论，强调了创新与产业的互动关系，极大地启发了后来的研究。

3. 技术经济维度下创新集群概念的界定

2001 年，OECD 在《创新集群：国家创新体系的推动力》中指出，集群是企业通过相互作用逐步聚合以提高竞争力的经济现象。这一研究吸收了波特对集群的解释，并拓展了集群的外延，强调集群是一种通过创新形成竞争优势的集聚经济（钟书华，2008）。值得注意的是，OECD 认为，“创新是基础科学研究进步过程的结果”这种早期观念是片面的，强调创新主体间互动的重要性（OECD，2003）。利亚纳盖（Liyanage）指出，创新集群既不是产业集群也不是科学领域的集群，既不是描述成功的产业也不是描述科学领域的增长变迁，而是指在研究机构和产业间形成的创新技术网络和连接。布罗尔斯玛（Broersma）认为，创新集群是彼此间具有创新强连接的产业群体，但是与产业的其他剩余部分存在创新弱连接。普赖斯尔（Preissl）指出，创新集群是一个在经济部门或产业中有助于创新实现的、相互依赖的组织集合。这一概念强调了创新集群的物理连接和虚拟连接。钟书华（2008）则将创新集群明确定义为：是由企业、研究机构、大学、风险投资机构、中介服务组织等构成，通过产业链、价值链和知识链形成战略联盟或各种合作，具有集聚经济和大量知识溢出特征的技术—经济网络。

4. 地理空间维度下创新集群的特征

哈特（Hart）拓展了新经济地理理论，在生产的地理集中特征的基础上，进一步考察了创新活动的地理集中特征。创新地理学理论认为，创新集聚具有以下三方面的特征：第一，创新集聚在知识溢出密集的区域；第二，知识的默会程度越高，地理集中度就越高；第三，在产业生命周期的不同阶段，创新集聚程度也不同。研究型大学倾向于在生命周期的导入阶段促进创新集聚；产业的研发机构主要在生命周期的增长阶段发挥促进创新集聚的作用。此外,在生命周期的成熟和衰退阶段,提高生产的地理集中度将导致创新活动进一步分散。

(三)国内外机构和学者提出的科技创新中心相关概念

2000年,美国《连线》杂志率先提出了全球技术创新中心(Global hubs of technological innovation)的概念,《连线》认为,构成全球技术创新中心的要素包括四个方面,即地区高等院校和研究机构创造新技术和培训技术工人的能力、能带来专门知识的老牌公司和跨国公司的影响、创办新企业的积极性、获得风险资本以确保好点子成功进入市场的可能性。

这一研究得到了世界银行专家的认可,并在2001年《人类发展报告》中进一步深化提出了"技术成长中心"(Technology Growth Hubs)的概念,认为技术成长中心就是将众多研究机构、创新型企业和风险投资集聚在一起的地方。

2002年起,英国罗伯特·哈金斯协会(Robert Huggins Associates)(现为知识竞争力中心)编制的全球知识竞争力指数排行榜(WKCI)聚焦于城市或以城市为中心的区域层次的"知识经济领先地区"(World Knowledge Competitiveness)。哈金斯将"知识竞争力"用于衡量将知识资本和人力资本转化为知识经济产出以及社会财富的能力,而将"知识竞争力领先地区"定义为创造新想法、新程序和新产品,并且将其转化为经济价值和财富的生产力及能力的领先地区。

近年来,麻省理工学院用世界创新集群的概念(World Innovation Cluster)来描述硅谷、波士顿、伦敦、巴黎—萨克雷、以色列、北京、班加罗尔等创新企业和风险资本集聚的地区。

澳大利亚创新研究机构2thinknow构建的全球创新城市(Global Innovation City)排行榜是目前为止覆盖面最广的城市创新能力考察报告。该报告对创新采取了一个广义的认识,把科技创新能力、科技成果产业化能力和文化创意能力都纳入了考察范围。认为影响城市创新能力的基本要素包括文化资产、人力基础及市场网络(分享创新的能力),其评判标准包括文化资产、人力资本、市场网络三大领域。

国内学者黄鲁成(2004)提出了国际研发中心(R&D hub)的概念,认为国际研发中心就是国际研发资源与活动的集聚区域。杜德斌(2005)提出了国际产业研发中心的概念,认为国际产业研发中心是跨国公司全球性、区域性研发机构集聚的城市或地区,因而成为世界新产品和新技术的创新源地。张仁开(2012)认为国际创新中心是一个全球新知识、新技术、新产品的创新源地和产生中心。

表 1　创新中心相关概念的来源、核心要素与评估指标

概念	倡议机构	核心要素	核心评估指标
Global hubs of technological innovation	《连线》杂志	创新动机 创新资源 创新载体 创新环境	高校和科研机构 知名公司和跨国公司 创业意愿 风险资本
Technology growth hubs	UNDP《人类发展报告》	同上	同上
World Innovation Cluster	MIT 技术评论	风险投资 顶级公司 顶级高校 高技术人才	—
World Knowledge Competitiveness	全球知识竞争力中心	人力资本 金融资本 知识资本 地区经济产出 知识可持续能力	人均私人股本投资 五大高技术产业就业 人均 R&D 支出 公共教育支出
Global Innovation City	2thinknow	文化资产 人力资本 市场网络	科技创新能力 科技成果产业化能力 文化创意能力

(四) 科技创新中心的要素构成

科技创新中心与传统的科技园区不同,也与高科技产业集群不同,国际相关智库的研究表明,其内在结构主要包括四大构成要件,即技术要素、经济要素、物理空间要素、网络要素。

1. 技术要素(Technology Assets)

技术要素包括技术研发部门和技术传播扩展两个部分。

(1) 技术研发部门:实验室、高校等科技原创部门。

(2) 技术传播扩展部门:技术平台、创业企业部门。

2. 经济要素(Economic Assets)

经济要素包括驱动并培育与支撑创新性环境的企业、机构与组织等。这一要素可分为三类主体:创新驱动者、创新培育者以及社区便利设施。

(1) 创新驱动者主要为以市场化为目标,开发前沿技术、产品、服务的研发机构、医疗机构、大企业、小微企业、创业企业与企业家等力量。由于区域的产业结构各有不同,因此不同创新城区的创新驱动者的组成情况也大相径庭,从而形成了各自的特色。

(2) 创新培育者主要是为创新个体、企业以及其创意的发展提供支持的公司和组织,以及相关群体。这些主体包括为创新性经济服务的孵化器、加速器、概念论证中心、技术交易平台、业务共享空间、地方高校、就业培训企业、促进专业技能的社区学院等。在部分创新城区,法律咨询机构、专利律师以及风险投资公司也投入创新领域的服务。高科技产业的快速发展创造了对于服务性产业的需求,从而带动了高教育水平的就业机会。创新培育者的高度集聚也成为创新城区区别于传统商务区与研发园区的重要特征。

(3) 城市服务体系,为创新中心的居民与创业者提供重要的服务,其包括城市对创新的专业性服务体系以及对创新环境塑造的服务体系。

3. 物理空间要素(Physical Assets)

物理空间要素包括三类主体:公共领域的物理空间、私人领域的物理空间、连接创新城区与大都市区的物理空间。

(1) 公共领域物理空间是对公众开放的空间资源,如公园、广场、街道等具有活力的地方性空间。创新城区的公共空间经过重新规划创制,具有数字化的可通达性,即在空间内嵌入式配备高速互联网、无线局域网、计算机与数字播放设备等。其空间属性可归纳为“数字化空间”,空间内融合了环境技术、数字系统与物理空间模式等特性。公共空间中的街道被灵活地转化为创新技术的实验场所。如在波士顿、巴塞罗那、埃因霍温、赫尔辛基、汉城等城市,街道与公共空间被用于测试新型街灯、废弃物收集、交通管理系统以及数字技术。

(2) 私人领域物理空间是私人拥有的以新手段促进创新行为体的建筑与空间。这些私人空间往往源于传统类型资产,如多阶层住房、社区服务零售店、研发与商务复合体等,经过了重新设计改造以服务创新型人群。以商务楼宇为例,此类建筑往往针对初创企业规划提供更具弹性的工作空间和实验室空间以及更小、成本可负担的区域。

(3) 连接创新城区与大都市区的物理空间是一系列旨在消除区域间壁垒,增进区间联系与连通性的空间资源。对于部分创新城区而言,消除先进研发机构与城区其他区域之间的物理阻隔十分关键,相关手段包括建设自行车专用道、步行道、步行街以及具有活力的公共空间等。

4. 网络要素(Networking Assets)

网络要素的包容性是创新中心多方主体关注的重点,网络提升创新经济集群的价值与产出的能力已经得到各界的认可。从类别上看,网络要素主要分为强连接与弱连接两种,其判别的标准主要来自行为体之间的联系频度、相互关系的情感强度、互动行为的互惠度等。

(1) 强连接网络要素主要指推动强化相似领域的相互联系。此类要素包括技术常客(tech regulars)、工作室以及专业科技人员的培训会、创新集群专业会议、产业会议与月度例会、地方企业与企业家的博客平台等。

（2）弱连接网络要素主要指推动建立新兴、特别是跨领域间的创新联系。其形式包括：网络早餐会、创新中心、跨产业的黑客马拉松、技术创业课程班，甚至包括为增强管不同创新群体交流，在不同创新项目承载楼宇之间精心设计的公共空间。

（五）具有全球影响力的科技创新中心的内涵

综上所述，尽管国内外学术界尚没有就“技术创新中心”这一概念的内涵达成共识，也还没有关于“科技创新中心”的统一称谓。但从与创新中心相关的各种论述中可以发现，创新中心与创新集群之间有着紧密的内在关系。一方面，在技术经济维度下，两者均强调创新主休间的连接方式和互动关系，强调创新成果转化为经济价值；另一方面，在地理空间维度下，两者均强调创新活动的空间集聚与扩散溢出，强调创新能力集聚、转化与扩散的空间载体。可以说创新中心的形成恰是创新集群效应发挥作用的结果，而创新中心又能够进一步促进创新集群发挥显著的辐射外溢效应。

综合以上分析，我们认为具有全球影响力的科技创新中心既是全球领先的创新思想、创新技术的原创地，更是全球领先的创新产品、创新商业模式的先锋实验地。其内涵至少应该包括以下五个方面：具有全球性创新技术和创新经济要素集聚的能力；具有产生大量全球领先的原创性科技创新成果、知识性产品和创新思维及标准的能力；具有将全球领先的科技成果产业化，形成高技术产业集群规模的能力；具有在世界范围内产生影响力的领军企业；具有对全球科技创新活动产生示范和引领作用的能力。

而支撑这些能力的基础在于具备良好的生活环境和宽松的创新文化，能够吸引并促进创新主体的不断集聚；拥有较高的科技教育发展水平，以及有利于科技创新和产业创新的制度环境；拥有对研究与开发进行高强度投入和吸引风险投资不断参与的优势；拥有使创新成果得到广泛共享的国际化网络及作用平台。

二、科技创新中心的评价标准与发展格局

（一）技术创新中心的评价标准与地区分布

2001年，联合国开发计划署（UNDP）在《人类发展报告2001》中公布了全球46个技术创新中心名单，引起了广泛反响。该名单是《连线》杂志根据被评估地区在四项指标上的表现得出的。这四项指标分别是：当地高校和科研机构开发新技术和培育技术工人的能力；提供专门知识、促进经济稳定的知名公司和跨国公司的数量；人们的创业意愿；风险资本把创意转化为商业模式的能力。这四个评估标准对应着四个核心要素：创新的动机、创新的资源、创新的载体、创新的环境。其中，当地高校和研究机构培训熟练工作人员或创造新技术的能力对应着创新的资源；能带来专门知识和经济稳定的老牌公司和跨国公司的影响对应着创新的载体；人们创办新企业的积极性对应着创新的动机；获得风险资本以确保好点子成功进入市场的可能性对应着创新的环境。

表2　国际技术创新中心评分表

序号	城市或地区	评分				
		地区高等院校和研究机构培训熟练工作人员或创造新技术的能力	能带来专门知识和经济稳定的老牌公司和跨国公司的影响	人们创办新企业的积极性	获得风险资本以确定好点子成功进入市场的可能性	合计
1	阿尔伯克基（美国新墨西哥）	4	3	3	2	12
2	奥卢（芬兰）	3	2	3	2	10

续 表

序号	城市或地区	评分				
		地区高等院校和研究机构培训熟练工作人员或创造新技术的能力	能带来专门知识和经济稳定的老牌公司和跨国公司的影响	人们创办新企业的积极性	获得风险资本以确定好点子成功进入市场的可能性	合计
3	奥斯汀(美国得克萨斯)	3	4	4	2	13
4	巴登—符腾堡(德国)	3	3	2	2	10
5	巴伐利亚(德国)	3	3	2	3	11
6	巴黎(法国)	3	2	2	2	10
7	班家罗尔(印度)	3	4	3	3	13
8	波士顿(美国)	4	4	3	4	15
9	东京(日本)	3	2	3	3	11
10	都柏林(爱尔兰)	3	3	3	3	12
11	弗吉尼亚(美国)	3	3	2	2	10
12	弗兰德斯(比利时)	4	2	3	2	11
13	盖扎莱(突尼斯)	1	1	1	1	4
14	格拉斯哥—爱丁堡(英国)	3	3	1	1	8
15	硅谷(美国加利福尼亚州)	4	4	4	4	6
16	豪登(南非)	1	1	1	1	4
17	赫尔辛基(芬兰)	3	4	4	3	14
18	吉隆坡(马来西亚)	2	3	1	2	8
19	剑桥(英国)	4	3	3	2	12
20	京都(日本)	4	1	3	3	11
21	旧金山(美国)	3	3	3	4	13

续　表

序号	城市或地区	评　　分				
		地区高等院校和研究机构培训熟练工作人员或创造新技术的能力	能带来专门知识和经济稳定的老牌公司和跨国公司的影响	人们创办新企业的积极性	获得风险资本以确定好点子成功进入市场的可能性	合计
22	坎皮纳斯(巴西)	4	3	1	0	8
23	昆士兰(澳大利亚)	2	3	2	2	9
24	伦敦(英国)	4	3	3	4	14
25	罗利—达勒姆—查伯尔希尔(美国北卡)	4	4	3	3	14
26	洛杉矶(美国加利福尼亚州)	3	3	2	3	11
27	马尔默(瑞典)——哥本哈根(丹麦)	3	3	2	3	11
28	蒙特利尔(加拿大)	3	4	2	3	12
29	墨尔本(澳大利亚)	3	2	3	2	10
30	纽约(美国)	3	3	3	3	12
31	仁川(韩国)	2	2	2	2	8
32	萨克森(德国)	3	2	1	2	8
33	圣保罗(巴西)	1	3	3	2	9
34	圣菲(美国新墨西哥州)	3	2	2	1	8
35	斯德哥尔摩—基斯塔(瑞典)	3	4	4	4	15
36	索非亚·安蒂波利斯(法国)	2	3	2	1	8
37	台北(中国台湾省)	4	3	3	3	13
38	泰晤士河谷(英国)	3	3	2	2	10

续 表

序号	城市或地区	评分				
		地区高等院校和研究机构培训熟练工作人员或创造新技术的能力	能带来专门知识和经济稳定的老牌公司和跨国公司的影响	人们创办新企业的积极性	获得风险资本以确定好点子成功进入市场的可能性	合计
39	特隆赫姆(挪威)	2	1	2	1	6
40	西雅图(美国华盛顿州)	3	4	3	2	12
41	香港(中国)	3	2	2	2	9
42	新加坡	1	2	2	2	7
43	新竹(中国台湾省)	3	1	4	3	11
44	盐湖城(美国犹他州)	3	2	2	1	8
45	以色列	4	4	4	3	15
46	芝加哥(美国伊利诺伊州)	3	2	2	2	9

资料来源：根据 The United Nations Development Programme, Human Development Report 2001 整理。转引自：《上海形成国际技术创新中心城市的战略研究》课题组：《上海形成国际技术创新中心城市的战略研究》，http://www.stcsm.gov.cn/ 09/23/2003。

在上述排名的基础上，《上海形成国际技术创新中心城市的战略研究》课题组还根据各城市的经济发展特点将46个科技创新中心分成了以下6类：① 发达国家的老牌都市，以巴黎、东京、伦敦、纽约等城市为代表。发达国家的新兴地区以硅谷、波士顿(128号公路)等为代表。② 新兴工业化国家或地区的大城市，以新加坡、中国的台北、香港等为代表。③ 发展中国家中的高新技术密集区，以印度的班加罗尔、中国台北的新竹、巴西的坎皮纳斯等为代表。这些城市不大，都是20世纪70年代以后因IT产业发展而迅速崛起。④ 发达国家的老工业基地，以德国的巴伐利亚、美国的芝加哥等为代表，这些都是老的工业技术中心。⑤ 特殊的地区，以美国的阿尔伯克基、英国的剑桥等为代表。

表 3　46 个国际技术创新中心的分类

分类	城市	分类	城市
发达国家的老牌都市	巴黎	发达国家新兴地区	圣菲
	东京		斯德哥尔摩—基斯塔
	伦敦		索非亚·安蒂波利斯
	纽约		特隆赫姆
	赫尔辛基		盐湖城
	洛杉矶		以色列
	蒙特利尔	新兴工业化国家或地区大城市	吉隆坡
	墨尔本		仁川
	西雅图		台北
发达国家的新兴地区	奥卢		圣保罗
	奥斯汀		香港
	波士顿		新加坡
	都柏林	发展中国家中高新技术密集区	班家罗尔
	弗吉尼亚		盖扎莱
	弗兰德斯		坡尔纳斯
	格拉斯哥—爱丁堡		新竹
	硅谷	发达国家老工业基地	巴登—符腾堡
	豪登		巴伐利亚
	京都		萨克森
	旧金山		泰晤士河谷
	昆士兰		芝加哥
	罗利—达勒姆—查伯尔希尔	特殊地区	阿尔伯克基
	马尔默——哥本哈根		剑桥

资料来源：《上海形成国际技术创新中心城市的战略研究》课题组：《上海形成国际技术创新中心城市的战略研究》，http: //www. stcsm. gov. cn/ 09/23/2003。

（二）知识竞争力领先地区的评价标准与地区分布

知识竞争力中心公布的世界知识竞争力指数（World Knowledge

Competitiveness)由人力资本、金融资本、知识资本、区域经济产出和知识可持续性五方面指标组成。具体来说,人力资本指标又包括每千个雇员中的IT和计算机制造业的就业人数;每千个雇员中的生物化学业就业人数;每千个雇员中的汽车机械工程业就业人数;每千个雇员中的仪表和电气设备业就业人数;每千个雇员中的高技术服务业就业人数;经济活跃程度;每千个雇员中的经理人员数。知识资本指标包括政府的人均研发支出;私营部门的人均研发支出;每百万居民的专利注册数。区域经济产出指标包括劳动生产率;月收入均值;失业率。金融资本指标包括人均私人股权投资。知识可持续性指标包括初级和中级教育的人均公共支出;高等教育人均公共支出;每百万居民拥有的服务器数量;每千人拥有的网络主机数;每千人宽带接入数。

因为世界知识竞争力指数更注重对目标城市的知识竞争力现有实力的评估,而未来非发展潜力的评估。所以从排名情况看,排在前列的仍然是欧美国家的城市,而中国、印度和东欧的城市则排名靠后。2008年,上海在145个城市中排在第110位,香港排在第120位,天津排在第130位,广州排在第131位,北京排在第135位。

(三) 全球创新城市的评价标准与地区分布

1. 全球创新城市的评价指标

澳大利亚创新研究机构2thinknow构建了一套指标体系对全球创新城市进行评价,其评判标准包括文化资产、人力基础、市场网络三大领域,由31个指标组,162个指标构成。具体评价指标体系的162个指标项中文化资产包括艺术、文化、体育、音乐、环境、公园、场地和等要素;人力基础则包括产业、商务、制造、技术、创意、零售、交通、流动性等设施;市场网络包括经济、军事、贸易及其他全球网络联系。

2thinknow 于 2010—2011 年连续两年发布了《全球最具创新力 100 城市排行榜》，2012—2014 年，连续发布全球 445 个城市的《全球创新城市指数》。相关城市被划分为创新核心城市（Nexus）、创新枢纽城市（Hubs）和创新节点城市（Nodes）。创新核心城市占全部城市数量的 10%左右，指在城市社会经济的多个领域具有较强创新能力的城市；创新枢纽城市约占全部城市数量的 20%左右，指在城市经济和社会的关键领域具有较强创新能力，同时适应未来全球社会经济发展的趋势；创新节点城市是在城市某些领域具有一定创新能力，但是在大多数的社会经济部门只具有一般的表现。

2. 全球创新城市的地区分布

2014 年前 5 名城市中，3 个在美国，分别是旧金山—圣何塞大都市区、纽约大都市区和波士顿大都市区，分列 1、2、4 名，伦敦和巴黎分列 3、5 名。从整体上看，全球创新城市主要集中在欧洲、北美和东亚地区。统计显示，排名前 100 位的创新城市中，欧洲拥有 45 个全球创新型城市，其中德国 11 个、法国 8 个、英国 4 个、意大利 3 个、荷兰 3 个；北美拥有 34 个全球创新型城市，其中美国占 29 个，加拿大 5 个；此外，东亚拥有 12 个全球创新型城市，其中日本 5 个，中国 5 个，韩国 2 个。被评为全球创新型城市的中国城市有香港（第 20 位）、上海（第 35 位）、北京（第 50 位）、深圳（第 74 位）和台北（第 87 位）。

（四）“机遇之都”的评价指标与国际排名

著名咨询公司普华永道的《机遇之都》（City of Opportunity）是关于全球城市的重要排名体系，该排名始于 2007 年，每年发布。该指标体系聚焦全球 30 个城市，以 10 个指标组进行系统评测。其中科技与创新指标被列为第一及第二位，指标组构成如下。

1. 智力资本与创新（Intellectual capital and innovation）：公共图

书馆、数学—科技素养、文化与培训条件、高等教育人口比例、世界大学排名、创新城市指数、知识产权保护状况、企业环境

表 4　2014 智力资本与创新最新综合排名

排　　名	城　　市
1	巴黎
2	伦敦
3	旧金山
4	斯德哥尔摩
5	多伦多
6	纽约
7	洛杉矶
8	悉尼
9	芝加哥
10	东京
11	柏林
12	首尔
13	香港
14	新加坡
15	马德里
16	上海
17	米兰
18	莫斯科
19	迪拜
20	北京
21	墨西哥城
22	吉隆坡
23	布宜诺斯艾利斯

续　表

排　　名	城　　市
24	约翰内斯堡
25	伊斯坦布尔
26	圣保罗
27	里约热内卢
28	孟买
29	雅加达
30	内罗毕

2. 技术成熟度(Technology readiness)：学校互联网普及率、宽带质量、数字经济、软件开发与多媒体设计水平

表 5　2014 技术成熟度最新综合排名

排　　名	城　　市
1	伦敦
2	首尔
3	斯德哥尔摩
4	香港
5	纽约
6	旧金山
7	洛杉矶
8	新加坡
9	芝加哥
10	东京
11	巴黎
12	柏林
13	多伦多

续　表

排　　名	城　　市
14	悉尼
15	吉隆坡
16	马德里
17	米兰
18	迪拜
19	莫斯科
20	北京
21	布宜诺斯艾利斯
22	上海
23	孟买
24	约翰内斯堡
25	雅加达
26	伊斯坦布尔
27	墨西哥城
28	圣保罗
29	里约热内卢
30	内罗毕

（五）科技创新中心的发展趋势

一是科技创新的形态从点状创新发展为集群创新。从早期贝尔实验室、马普实验室的单一研究机构带动向硅谷、硅巷、硅森林等多类型及多层次创新源的网络化创新互动体系转变。

二是科技创新的目标从注重科研成果的知识化水平到注重科技成果的产业化成就。当今，科技创新中心的目标导向日益从科技探索导向的成果趋向发展为产业化需求引导。

三是科技创新的手段从技术部门线性推动发展为多主体互动的包容性创新。从研发主体依托科技研究机构的单一方向推进，发展为研发、政府、社会、市场、文化多主体之间以创新环境为依托的多向性包容性创新。

四是科技创新的空间分布从科技园区的点状、有边界布局，向创新城区的面状、多中心、无边界布局转变。

五是科技创新的开放度从以国内创新主体为主的封闭式创新，向国际创新要素集聚为主的开放性创新转变。

六是科技创新的资源保障从政府政策—市场环境的二元保障体系，向创新环境—风险资本—技术平台—宜居环境—产权保护等多元保障体系转变。

（六）国际科技创新中心的主要发展模式

1. 政府主导推动型

此类创新中心的创新互动中政府扮演规划者和指导者的角色，以政府的推动为主导，创新要素形成有机互动。法国巴黎的 Paris-Saclay、波士顿 128 公路、日本东京大田区产业综合体、新加坡工业园、韩国大德科技园等为此类型创新中心的典型代表。

2. 产业需求驱动型

此类创新中心主要依托于若干高科技产业集群或企业群体的带动。产业发展对于创新体系的建设具有重要的牵引作用。印度的班加罗尔、韩国首尔为此类型创新中心的代表。

3. 创新环境塑造型

此类创新中心的创新体系十分注重长时段的良性创新氛围培养，对于创新的基础因素有很强的塑造能力，从而使创新区域形成一种自下而上的推动和联动机制。在此类区域当中，声名显赫的美国硅谷无疑独执牛耳。

三、上海建设具有全球影响力的科技创新中心的目标与方向

（一）上海科技创新中心水平与国际对比的主要特点

1. 当前上海科技创新的国际地位

目前，上海在全球科技创新中心、创新城市的排名中位于中游水平。在2thinknow、机遇城市等排名中，上海均位于欧美主要全球城市之后，但在新兴经济体主要城市中仍居于前列，且在东亚区域的创新竞争力排名中处于不断上升阶段。总体上看，上海属于区域性、中等影响力的科技创新中心。目前，单从与科技直接相关的全球创新城市布局来看，北美与欧洲城市占据绝对优势地位，东京、首尔、香港、新加坡是亚洲翘楚，上海与第一、第二梯队城市还差距甚远，特别是其技术储备与智力资源比起来，处于明显劣势的地位。但是，除去单纯科技创新条件，综合考虑城市经济、城市首要度、城市创新环境等因素，上海在科技创新方面的潜力仍有较大提升空间。

2. 上海科技创新的优势与不足

综合主要科技中心的国际排名，上海在科研机构、科技研发人才、高素质人口等科学研发基础的硬实力方面具有一定优势。这种优势在国内显得格外突出。相对于国内其他城市，上海在技术、产业、企业、思想方面具有不可比拟的综合优势。就技术本身而言，上海科技创新资源高度密集，在科技创新投入、科研基础设施建设、专利拥有量和高端人才拥有量等方面积累了绝对优势。国家科技部与国家统计局联合发布的《2013全国科技进步统计监测报告》显示，上海综合科技进步水平指数已连续5年排名全国榜首。

但上海在一流高校、市场环境、本土全球性科技企业方面的表现仍有不足。上海世界知名大学和高水平研究机构匮乏。国际高等教

育调查机构公布的2010年世界大学排名榜显示，中国(含港澳台地区)进入世界大学前50名的共有4所，大陆地区只有1所(北京大学)，上海空白。上海交通大学世界一流大学研究中心公布的2011年世界大学学术排名榜显示，2011年我国内地进入世界500强的大学共有23所，上海只有2所，且均在200名之后。

上海科学家和研究人员的国际影响力也较弱，上海只有极少数的科学家和研究人员在国际重要科研社团担任重要职务；我国本土科学家在国际权威科学院中出任外籍院士的数量不仅大大低于发达国家，而且还低于印度；获得国际性权威科技奖的人数寥寥无几。

同时，上海本土技术创新龙头企业数量少，有利于本土企业科技创新的机制尚未完全确立，支柱产业关键核心技术对外依存度仍然偏高，重点产业仍缺乏自主技术体系。

表6　上海“智力资本与创新”得分(满分30)

	公共图书馆	数学-科技素养	文化与培训条件	高等教育人口比例	世界大学排名	创新城市指数	知识产权保护状况	企业环境	总分(满分240)
上海	14	30	5	16	13	17	12	10	117

3. 上海创新中心建设的特点

(1) 创新资源的全面性

与国际、国内创新中心或创新城市相比。上海创新中心建设的突出特点在于，城市拥有较为全面的创新要素，其综合性及综合配套能力带来创新水平进一步发展的潜力。尽管水平上参差不齐，但上海拥有研发、制造、销售、应用、全球要素配置能力等创新链上的几乎所有功能。

(2) 具有城市群的产业依托

上海与周边长三角城市群长期积淀形成的服务于全球的制造能力，使得上海在具有全球影响力的创新集群的建构方面具有独特的优势。上海所依托的长三角制造业基地及其科技研发能力和产业技术能力基础十分雄厚。区域内具备发达的高端服务业、商贸流通业,较为完善的科技市场和服务环境,在自由贸易区设立以后制度优势的确立、效应示范以及外溢,都为上海建设全球科创中心提供了良好的基础和机遇。

(3) 具有与国际创新资源的融合基础

上海"四个中心"与世界城市地位,使其具备全球要素资源配置的门户与中心地位。上海本地的研发机构及跨国企业的研发部门与国际资本、人才、市场的互动能力较强。虽然上海本土科技原创企业数量较少,但拥有一大批以跨国公司为代表的科技创新企业,尤其是跨国公司研发总部集聚,截至2013年底,在沪外资研发中心有366家,其中世界500强有120多家,分别占全国的1/4和1/3,这是在全国范围内独一无二的优势资源,上海已具有基于跨国公司研发中心基地的全球研发网络节点功能。

(二) 上海建设具有全球影响力的科技创新中心的目标方向

1. 总体定位

依托长三角,建设全球领先的、政府引导与需求导向相结合的科技创新中心。努力使上海成为全球高端人才创新创业的集聚区、世界前沿技术研发和先进标准创制的引领区、国际性领军企业的发展区、具有全球影响力的高技术产业的辐射区、体制改革与机制创新的试验区。

2. 目标导向

(1) 形成瞄准世界科技前沿,勇于自主创新的主体思维

上海建设具有全球影响力科技创新中心,应着力聚焦在全球科技的前沿领域取得突破及话语权,在关键核心技术领域占有一席之地。把握新产业革命发展趋势,注重超越国外研发力量的约束性影响,形

成勇于推动自主创新的“主体思维”，进而在原创技术领域形成以本土创新力量为核心的整体突破态势。

(2) 形成以技术应用为先导、基础科学创新为突破的创新发展格局

市场需求是创新发展的核心动力。上海应在深化理解未来城市发展需求的基础上，以技术的应用为核心，布局一批体现未来中长期全球城市发展最新理念的创新项目。特别是对接智慧城市、生态城市、先进制造业的发展，构建以城市技术应用为牵引，基础科学研发和突破为保障的创新格局。

(3) 成为国内、国际创新型人才创新创业的乐土

上海应聚集国际、国内两个领域的高素质创新创业人才，成为原创思想的发源地和汇聚地。上海应营造创新生态系统。鼓励金融和科技创新服务机构集聚中心城区，建立产业互助系统，形成良性的科技圈生态环境，给创新公司一个良好的空间，整合金融、时尚、媒体、出版社和广告商为科技产业开路。

(4) 成为国内外跨国企业研发机构的集聚地

上海将不仅仅是外资跨国公司研发机构的集聚地，更是本土跨国公司全球总部、研发机构的集聚地。产业创新活动知识创新型机构多来自面向全球的企业，这些机构的集聚将使得上海成为国际知识和国内知识互动和交流的重要枢纽：海外市场需求传递至上海总部和研发机构，研发机构研发新产品和技术，长三角的试验工厂进行小批量试生产，上海庞大的多元化消费群体体验新产品，最后，上海总部再将新产品新技术传递至国内其他地方或海外进行制造和推广。在这一动态创新过程中，由于全球总部和研发机构的集聚，上海及其周边的长三角地区就将成为产业技术创新的核心地带。

(5) 成为产学研互动紧密、不同主体知识信息和技术交流的重要枢纽

挖掘城市的人力集聚、知识集聚、文化多元的创新性特质，围绕校

区的科研和人才优势来设计新产业方向，依托中央智力区的三区联动来引导知识创新与经济增长方式的转变。建立高等教育自主权下放和柔性流动机制，鼓励高校培养企业家精神、实施开放式办学，使研究开发和教育培训机制响应与社区和产业联动的态势。使企业、大学和研究机构、消费者、政府、第三方中介服务机构以及金融机构互动活跃，不断促进产品、技术和商业模式的创新。

(6) 形成高技术产业对上海城市功能升级的核心支撑

上海需要集聚一定数量的有全球影响力的科技型企业，具有能对全球创新格局产生重大影响甚至是颠覆性影响的企业。上海应形成以研发型、总部型、服务型为特征的高端、高效、高辐射力产业。形成一批技术集成度高、功能齐全、配套能力强、产业带动力强的高技术产业集群，培育一批具有国际竞争力的领军企业和自主知识产权的国际品牌，从而提升上海的城市竞争力。

3. 目标重点

(1) 吸引和聚集国内外创意、创新、创业的高端人才

结合重大科技专项和重点创新项目，重点依托研究型大学，深入推进“千人计划”、“长江学者奖励计划”等高层次人才培养和引进计划，面向国内外吸引、汇集一批具有国际领先水平的顶级专家和学科带头人；创新人才培养模式，加快培育领军型人才和战略科学家，加快建设高水平创新团队，形成一支学风优良、富有创新精神和国际竞争力的具有世界一流水平的创新人才和团队，成为我国攀登科技高峰和解决重大科技问题的主力队。

(2) 大力提升高校、研究机构的科研创新和国际化水平

上海高校应能跻身世界百强高校，上海应建设一批冲击世界领先水平的科学研究基地和创新人才培养基地，带动全市科技原创能力的大幅提升。高校和科研院所以重点学科、优势学科为依托，积极参与和设立国际学术合作组织、国际科学计划，主动与境外高水平教育、科

研机构建立联合研发基地，培育和发展应用技术研究机构，推进符合条件的转制科研院所开展新型科研院所改革试点，促进科研院所创新管理体制和运行机制，增强应用技术创新、产业共性技术研发和公益性技术服务能力。

（3）确立一批优先发展的战略性基础科学项目

把握新产业革命动向，整合现有科研资源，在生命科学、信息技术和新能源、新材料等领域着力研发一批具有国际领先水平的核心技术。深入实施知识产权战略，促进知识产权的创造和运用，完善知识产权资助政策和奖励制度，重点支持企业、研究院所和高校创造自主知识产权，培育和形成一批产业核心专利和重大技术标准，形成对全球创新价值链的掌控能力。

（4）扶持一批响应市场需求和应对全球共同问题的高技术产业

立足使科技对经济社会发展的贡献度进一步提升，聚焦环境能源、健康等相关产业，涵盖节能技术、环境技术、医疗设备制造、医疗服务、医药研发和制造等行业。这类行业不仅涉及国内民生需求，更是全球老龄化和全球气候环境恶化趋势下无法回避的国际问题，加速科技成果产业化步伐，推动新兴产业和新型业态不断涌现；促进科技成果与商业模式创新融合发展，促进战略性新兴产业和高科技产业成为上海经济发展的主导力量，带动研发服务、科技服务等知识密集型服务业充分发展。核心指标：高技术产业增加值占工业增加值比重、知识密集型服务业增加值占 GDP 比重、战略性新兴产业产值占全市工业总产值的比重达到，甚至超过同期国际先进城市水平。

（5）加快培育创新型跨国龙头企业，提升本土企业的创新竞争力

由于海外研发机构多为适应东道国需求而进行的产品改进和研发，从战略重要性看，本土企业研发活动对上海科技创新中心建设更加关键。聚焦重点行业、优势产业，引导企业跨行业、跨区域兼并重组，提高企业的规模和质量，鼓励企业加强自主技术创新，加快企业技

术研究部门和研发人才队伍建设，支持企业建立工程技术（研究）中心、企业技术中心、实验室和产业化基地，提升本土企业创新竞争力。

(6) 形成与上海全球城市地位相适应的科技创新影响力

从未来的发展趋势看，全球城市的战略功能依托逐渐从流量枢纽的单一属性，转向"流量—创新"双重驱动的新格局。在这一背景下，上海应着力构建成为创新知识的国际生产源头，形成社会创新意识强烈、创新氛围浓厚、有利于创新的社会制度健全、创新成果、平台对国际创新资源集聚和辐射作用明显的全球创新城市。

（三）上海建设具有全球影响力的科技创新中心的二十大核心指标

表7　上海建设具有全球影响力的科技创新中心的二十大核心指标

五大功能中心	预期目标(2030年)	预期目标(2050年)	参考依据
全球领先知识的创造与传播中心	争取1—2家高校进入世界前50强大学	争取1—2家高校进入世界前10强大学	根据上海交通大学2014"世界大学学术排名"，上海没有高校进入前100名
	拥有国家重点实验室50个	拥有国家重点实验室70个，其中5—10家进入全球顶尖实验室行列	目前，上海拥有33个国家重点实验室
	在基础学科领域，拥有世界级科学家(如诺贝尔奖获得者)科研团队10个	在基础学科领域，拥有世界级科学家(如诺贝尔奖获得者)科研团队20个	如东京大学有8名诺贝尔奖获得者
	在某个知名专业领域(如医药)拥有1—2份国际顶级学术期刊	在多个知名专业领域(如医药)拥有1—2份国际顶级学术期刊	拥有顶级学术期刊是话语权和学术地位的体现

续　表

五大功能中心	预期目标(2030年)	预期目标(2050年)	参考依据
技术研发机构的全球领先集聚中心	世界500强企业研发中心300家	世界500强企业研发中心500家	截至2014年底,上海有500强研发中心120余家
	研发专业服务平台达到200家	研发专业服务平台达到500家	目前,上海市技术创新服务平台12家,专业技术平台61家
	研发人员30万人	研发人员45万人	大巴黎地区研发人员15万人(再考虑上海总人口基数)
	国际专利占总专利数40%	国际专利占总专利数50%以上	2001—2005年,新加坡专利有53.5%归外国企业或外国人所拥有
高科技领先企业的全球性集聚中心	拥有全球500强企业总部30家	拥有全球500强企业总部50家	2014《财富》500强总部,东京43家,上海8家
	拥有跨国公司地区总部600家	拥有跨国公司地区总部1 000家	截至2014年底,上海有跨国公司地区总部484家,新加坡2012年已有4 200家
	全球百强创新企业15家	全球百强创新企业30家	汤森路透2014全球百强企业,22家总部位于东京,上海为0
	高技术产业增加值占工业工产值40%	高技术产业增加值占工业工产值50%	上海2014年为21%

续　表

五大功能中心	预期目标(2030 年)	预期目标(2050 年)	参考依据
科技创新资源的全球性配置中心	成为全球前五大风险投资集聚地	成为全球前三大风险投资集聚地	2012 MIT“全球风险投资集聚地”,上海排名第 11 位,硅谷排名第 1,纽约排名第 4,前 5 强集聚的风险投资金额占全球 52%,达 220 亿美元
	金融服务市场规模位列全球前 10 名	金融服务市场规模位列全球前 5 名	《2014 全球金融中心指数》显示,在全球 83 个城市中,上海位列第 20 位,而东京位于第 6 位
	每万人常住人口,理工科类(包括理学、工学、医学)大学本科毕业生 50 名	每万人常住人口,理工科类(包括理学、工学、医学)大学本科毕业生 100 名	目前,上海市每万人常住人口,理工科类(包括理学、工学、医学)大学本科毕业生 15 名
	拥有亚太区域性交易机构,如技术交易市场、期货市场、人才市场、股权交易市场等	拥有全球性交易机构,如技术交易市场、期货市场、人才市场、股权交易市场等	拥有全球性交易机构是纽约、新加坡、东京等国际性创新中心必须具备的基础条件
科技创新成果的全球性转化中心	技术合同进出口交易金额达到 400 亿美元	技术合同进出口交易金额达到 500 亿美元	2012 年,新加坡技术进出口额达到 323.3 亿美元
	每万项专利成果转化率达到 50%	每万项专利成果转化率达到 80%	美国科技成果转化率达 80%以上

续　表

五大功能中心	预期目标(2030年)	预期目标(2050年)	参考依据
科技创新成果的全球性转化中心	高技术企业出口额占总商品总出口额的60%	高技术企业出口额占总商品总出口额的70%	2012年上海为43.8%
	国际创新企业孵化器15个	国际创新企业孵化器30个	纽约有超过12个以上的孵化器

附件

全球科技创新中心的典型案例及其发展特征

(一) 美国科技创新中心的典型案例

1. 波士顿创新城市发展特点

波士顿作为美国重要的工业都市区在20世纪20—80年代经历了持续的衰退,直到20世纪末基于产业领域的知识创新和以坎布里奇市为核心的高等教育人才与机构创新势能的释放,方才实现城市转型发展,成为美国领先的创新城市。

波士顿大都市区是美国东海岸新英格兰地区的重要都市区之一,根据美国联邦政府"大都市标准统计区"的口径,波士顿大都市区共包括波士顿市、坎布里奇市(Cambridge MA)、萨莫维尔市(Somerville)、沃顿市(Waltham)、列克新敦市(Lexington),人口近86万。这5个城市在城市形态和城市功能上高度融合。其中,坎布里奇是蜚声全球的大学城(哈佛大学和麻省理工学院等4所高校的所在地),是波士顿大都市区的创新心脏。

爱德华·L. 格莱泽(Edward L. Glaeser)研究了17世纪中叶到21世纪初波士顿发展的历程,发现波士顿在此期间经历了3次大的发展危机,但都因其雄厚的人力资源优势使城市得以再造,化危机为机遇。早在19世纪初期,波士顿作为海事和渔业人力资源的提供者,成为美国主要的贸易口岸和渔港。随着与内陆地区河运与东海岸地区海运的贯通,波士顿的海事竞争力逐渐落后于纽约和芝加哥。但到19世纪末期,波士顿地区又因为移民输入和本地资本的发展而崛起成为工业城市;在20世纪20—80年代,由于国际国内发展背景的变化,波士顿地区高新技术产业受到巨大影响而处于持续的衰退期;到20世纪末,波士顿再次因高等教育人才与机构的集聚,实施最新一轮的转型,并成功成为美国金融、教育及高科技中心城市之一。在城市经济转型进程中,波士顿利用全球化大力发展高科技产业,参与最高层次的全球城市竞争与协作。这种高端定位使波士顿成为全球最重要的高科技产业城市之一,美国主要高科技创新中心和最大医疗研究中心,同时也是全美的第二大生物科技中心。波士顿高科技产业三次转型发展的经验,特别是依靠大学城坎布里奇推动城市创新发展的经验,具有重要的启示意义。

(1) 波士顿以创新推动城市经济转型的经验

总结波士顿高科技产业发展的经验,一流高等大学的集聚,激励政策和基础设施,创新文化与实践,受过高等教育、熟练且多样化的劳动大军等是波士顿创新发展的主要优势,这构成了波士顿富有竞争力的发展基础。

① 产学研融合是推动创新与高科技产业发展的基本机制

把智力优势转化为产业优势,是波士顿高科技产业发展的重要特征。据统计,128地区的发明中麻省理工大学占到57.3%,麻州1 000多家科技企业是由麻省理工的教授或毕业生创办。可以说良好的产学研融合机制发挥了重要作用,具体包括三个方面:一是政府、社会与高校合力推进,政府设立产业基金来鼓励高校教师开展产业技术研究,所研发技术快速产业化以服务社会;二是市场机制起到基础性资源配置作用;三知识产权成为科技创新的最大激励。知识及创新成果在产学研各个环节流动的主要形式就是专利、版权等,学校、企业工作的主要抓手也是知识产权。

② 非政府组织是推动创新型企业发展的重要依托

非政府组织是市场经济条件下弥补政府职能和市场失灵的十分有益的途径,在波士顿高科技产业发展中发挥了不可替代的作用。波士顿地区有三个组织对地方高科技产业发展作用突出,麻省技术领导委员会(Mass Tech Leadership Council)、麻州发展公司(Mass Development)、多切斯特海湾经济发展公司(Dorchester Bay Economic Development Corporation)。除此之外,麻州港务协会、麻州经济技术咨询委员会等非政府组织都从不同的角度,为当地产业升级和社会发展服务。

③ 风险资本是推动创新要素发展的动力引擎

美国各级政府都十分重视发展风险资本市场,出台优惠的税收政策鼓励风险资本的发展。波士顿地区大约有40余家专门从事高技术风险投资的公司,100多名专门投向初创科技企业的天使投资人,超过10个天使投资联盟。在麻州2 000多家软件企业中,有32%的企业有风险资金注入。正是在风险投资推动下,波士顿的科技成果转化率、中小科技企业成长速度都遥遥领先于美国其他城市。

④ 创新政策是推动创新发展的内生源泉

近些年波士顿提出三大战略措施,支持波士顿知识经济和创新活动的发展。一是波士顿1/3计划(One in 3 Boston),敦促政府重视年轻成人群体的问题与意见,涉及领域包括经济投资、住房、就业等;二是波士顿后街计划(Back Streets),目的是解决波士顿企业发展所需的土地问题。此外,波士顿后街计划还支持企业培训员工、支持企业建立网络联系、帮助企业升级关键的基础设施等;三是波士顿生物科技计划(Life Tech Boston)。波士顿发展管理局设立该计划的目的是充分利用波士顿丰富的教育、医药、制造资源,引导生物科技产业发展。

(2) 以大学城为中央智力区驱动城市创新发展

早期新英格兰的开拓者将产业经济活动布局在港口,因港兴市建立了波士顿市,同时为了让学生安心向学,远离城市喧嚣,将大学设立在当时还远离波士顿市的僻静乡村,建设起大学城坎布里奇。因此,坎布里奇在初期是根据一个独立卫星城市目标来规划建设的。但是随着城市化的发展和坎布里奇高校对于整个大波士顿都市区的发展影响,今天在波士顿市与坎布里奇市之间已基本融为一体,在空间上两市内部构成一个共同的城市公交系统,外部共享一套共同的海陆空交通系统;在功能上,坎布里奇担当整个大波士顿地区的中央智力区角色(作为一项佐证,坎布里奇的房价在1980—2000年的20年间上涨了549%,是美国541个统计城市中最高的),提供高教、研发等服务,而波士顿市中心主要扮演中央商务区角色,提供各种高等级金融、商业零售服务。在城市驱动力意义上,今天大波士顿的城市空间已然呈现出波士顿市中心和坎布里奇的双重心的格局,呈现独特的金融与创新双驱动的发展模式。在2thinknow发布的2011年全球100个最具创新力的城市中,波士顿名列榜首。

有调查指出高校为大波士顿担当着经济引擎的作用,每年引资达70亿美元(相当于每年举办一届奥运会的经济收益);直接和间接创造8.5万个工作岗位;每年为劳动力市场新提供3.2万个毕业生;每年平均获得264个专利、授权280个技术商标、创办41个企业。另一项调查发现,麻省理工学院在本地的关联企业超过1 000家,全球销售额为530亿美元(占麻省企业总销售额的7%),直接创造当地就业12.5万个(占麻省总就业的5%),还间接带动就业12.5万个。正是在这样的智力源支撑下,大波士顿自20世纪90年代起成功转型为全美重要的智慧都市。当前大波士顿的产业形态是直接以坎布里奇的高校资源为根本基础的,以大波士顿为经济重心的麻省成为全美人均专利第一位(每10万人3.32个)和人均创办企业第三位的州。

坎布里奇市作为大波士顿的中央智力区，其本身的产业结构、社会构造、文化生态、公共治理、空间规划等诸方面，充分展示了围绕创新展开的城市构造特征。

① 创新城市直接充当产业结构调整的驱动力

高等教育产业是坎布里奇最大的产业，其中哈佛和MIT分别成为波士顿第一、二大雇主；高校科研成果转化应用是城市新兴产业的主要催生方式。波士顿超过160家生命科学及相关技术的企业全部脱胎或得益于当地高校；MIT校友在本地创办了上千家企业，其中在电子行业雇员全行业占比达60%。地方服务业也通过间接服务于创新活动获得自身发展。比如地方银行直接提供创业天使基金，或通过为产业者和关键岗位人才提供当地住房按揭而间接支持创新。

金融业是波士顿的传统支柱产业，每年提供18万个就业岗位，385亿美元GDP。大波士顿商会在2015年愿景(A Vision for 2015)中提出，要基于世界级的大学、领先的企业和产业来构造技术领先地位，成为世界知名的金融创新枢纽，成为金融界的“全球性人才和创新中心”。

生物技术产业是波士顿最为重要的新兴支柱产业。2010年就业岗位达15万个。麻省生物科技理事会委托波士顿顾问公司撰写的《麻省生物科技2010》报告特别呼吁官—产—学多方合作投资于科学教学，为生物技术产业培养人力资源。

② 依托大学城全面改造都市区社会构造

超过7成的坎布里奇成年市民受过高等教育，大量的高校相关人士(教职工、学生、访问学者、毕业生、服务于高校的当地人士)都以哈佛广场和MIT的Kandell广场为轴心，放射状地散布居住在各个社区中，构成名副其实的大学城。创新人群的居住和工作地还持续向周边社区扩散，比如2008年统计有超过4万名哈佛校友生活在波士顿市的75英里交通圈内。

在坎布里奇市与波士顿市中心之间已基本融为一体，在功能上坎布里奇提供高教、研发等服务，而波士顿市中心扮演中央商务区角色，提供各种高等级金融、商业零售服务。

③ 以知识基因重塑城市文化生态

坎布里奇拥有大波士顿都市区密度最高的文化设施。三大图书馆系统(哈佛图书馆、MIT 图书馆和坎布里奇市立图书馆)共 20 余个图书馆；十几家博物馆、收藏室和画廊(包括世界级的哈佛大学 Peabody 博物馆)；一大批科学人文出版社和杂志社(哈佛出版社、MIT 出版社以及坎布里奇科学文摘社)；一大批权威的科学人文社团(美国艺术与科学院、国际天文联合会)；每年大量学术论坛会议在校园内外召开；大学和地方社区合作举办一系列节庆活动(如坎布里奇科学节、Art First 艺术节)。

哈佛广场和 Kandell 广场是城市创新文化生态的典型案例。其中哈佛广场是国际性的旅游和访问目的地，大波士顿的市级文化中心，区级(坎布里奇)购物中心，拥有约 90 万平方英尺的零售空间。21 家书店报亭(最早的哈佛合作社书店建于 1882 年)，30 家表演娱乐场所机构，大量餐饮场所。每年游客人流为 800 万人次。Kandell 广场是坎布里奇研发市场化的运作中心，也是大波士顿的市级创新中心，经过 30 年建设已经转型为一个技术广场，拥有坎布里奇中心、技术广场、坎布里奇研究园等研发地标。

④ 培育校区与社区联动的公共治理模式

坎布里奇市政当局和当地社团(包括社区自治组织和商会等)同高校都保持经常性沟通。沟通方式包括高校校长或教授进入社区社团介绍高校发展情况；社团商会支持联邦科研经费投入当地高校；当地社团通过委托第三方全面分析高校对当地经济发展与就业增长的贡献。

哈佛 Allston 新校区开发是一个公共治理方面的典型案例。哈佛在早期通过匿名收购方式，以较低成本获得坎布里奇 Allston 地区土地，但在项目公开后即受到当地社区的批评，认为其以隐秘的手段掩盖校区扩展的企图，是对当地社区的“不尊重和侵略”。为此，哈佛在进入新校区开发期之后，十分重视与当地社区沟通，具体通过专门设立开发网站、参与社区会议、规划方案发布、对校区发展的经济社会溢出效应介绍、支持当地社区活动等工作，获得居民对于学校拓展的理解和支持。

⑤ 空间规划响应和引导创新活动

坎布里奇市政当局积极配合高校的发展。为进一步放大 Kandell 广场作为研发商业化运作中心的效应，坎布里奇在2007通过调整城市规划与土地用途，引导 Kandell 广场工业厂房改建，新开辟 180 万平方英尺的研发空间。坎布里奇在 20 世纪 90 年代还接受了哈佛 Allston 新校区的扩展。在哈佛大学建设“科学中心”(2.7 万平方米实验室空间)期间，为保证师生在科学中心和教学区、生活区之间方便而安全地通行，同时合理组织交通，坎布里奇市政当局配合哈佛大学，将该地段的坎布里奇大街改为地下道。所有这些体现了空间规划、市政建设响应和引导创新活动的实践案例。

2. 纽约：全球城市中心城区创新集群模式

“硅谷”(Silicon Valley)作为互联网兴起后该产业的地域品牌，为众人熟知。但新兴的开设在大都市中心城区中的无边界科技园已成为新一种互联网产业集聚地的地域品牌，如纽约“硅巷”(Silicon Alley)，但并未引起足够的关注。事实上，位于纽约曼哈顿下城区的“硅巷”，在老宅中的高科技企业群已成长为纽约市经济重要的新的增长点，成为美国发展最快的互联网中心地带之一，仅次于硅谷。其迅速发展的经验对推进我国创新城市的建设有着重要的参考意义。

(1) 美国大都市中心城区无边界高科技园区的新趋势

中心城区无边界高科技园区并没有确定的边界，但却相对集中于中心城区的某一个区域。这些中心城区无边界高科技园区相对于郊区或远郊的科技园区，能提供完善的基础设施、生活环境、聚会机会和丰富的集中于城市中心的青年创新人才以及风险资本。虽然，硅谷作为全球杰出的高科技产业中心一时仍难以撼动，但所在市中心的帕洛阿尔托，在其传统的人口集中的城市中心地带也正成为互联网或创新企业的办公地点。处于衰败中的伦敦肖尔迪奇地区(Shoreditch)，现在却被称为科技城或小硅谷(silicon roundabout)，成功转型为一个新的高科技企业集聚地，肖尔迪奇集聚了 3 200 家科技类公司，提供了 4.8 万个岗位。

2012 年 1—8 月，位于纽约的硅巷的新工作岗位数为 8 976 个，仅次于硅谷的 9 874 个，居全美科技岗位数第二位，在硅谷南边新兴起的“硅滩(Silicon Beach)”，凭着 7 368 个就业机会，甚至还无法进入前四名，更是远超知名的传统科技园区如北卡州的科技三角(Research Triangle, North Carolina)和波士顿的 128 公路(Route 128, Boston)。

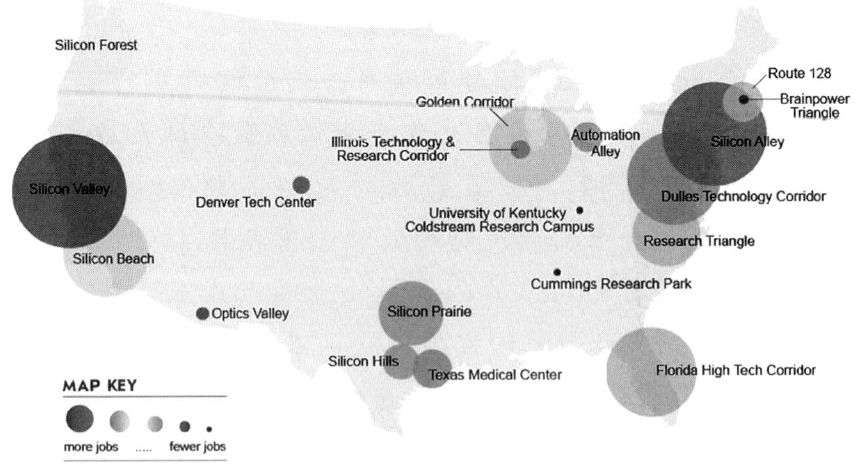

图 1　美国主要科技企业集中区域新增岗位排名(2012. 1—8)

资料来源：www. bright. com/labs。

从图1可以看到，具体前10位排序为：第1位是硅谷（silicon valley）；第2位是硅巷（silicon alley）；第3位是Dulles科技走廊（Dulles TECH Corridor）；第4位是FL高科技走廊（FL High Tech Corridor）；第五位是硅滩（Silicon beach）；第6位是硅森（Silicon Forest，Greater Portland）；第7位是黄金走廊（Golden Corridor，Chicago）；第8位是北卡州科技三角（Research Triangle，North Carolina）；第9位是硅草原（Silicon Prairie，Dallas）；第10位是波士顿128公路（Route 128，Boston）。相对而言，传统科技研发集群的新增就业岗位数增长并不明显。

(2) 纽约硅巷的复兴

① 硅巷的复兴

硅巷（Silicon Alley），位于曼哈顿下城区，通常是指位于该区从熨斗大楼到苏荷区、特里贝卡区等区域的由互联网与移动信息技术的企业集中而成的无边界科技园区，没有固定的边界，并不是传统意义上的科技园区。纽约硅巷在20世纪90年代科技股泡沫破灭时受到极大冲击，但现在已经成长为超过500家全新科技和移动信息技术企业的初创聚集地，如Kickstarter、Tumbler、谷歌卫星中心等。硅巷的兴起也意味着与硅谷的竞争，《纽约观察家》2012年的一份报告报道位于加州山景城硅谷的风险投资公司Y Combinator正在与一些纽约风险投资公司，如联合广场风险投资公司，争先去资助纽约的科技公司。而且在某些情况下，加州风险投资公司希望那些初创企业能离开纽约前往硅谷，但这一想法并没有得到硅巷公司的认可，大多数硅巷公司将纽约的创造力与资源视为全国的媒体与广告首都，不打算搬迁。这样风险现金资本正在流入硅巷，追踪高成长公司的CB Insights说风险投资的交易数量在2012年第三季度激增至44，比2011年同季高出19%，资助总金额上升了5.8%，达2.18亿美元。

硅巷的成功为纽约市重新找到了新的城市标签：美国“东部硅

谷”、世界“创业之都”。

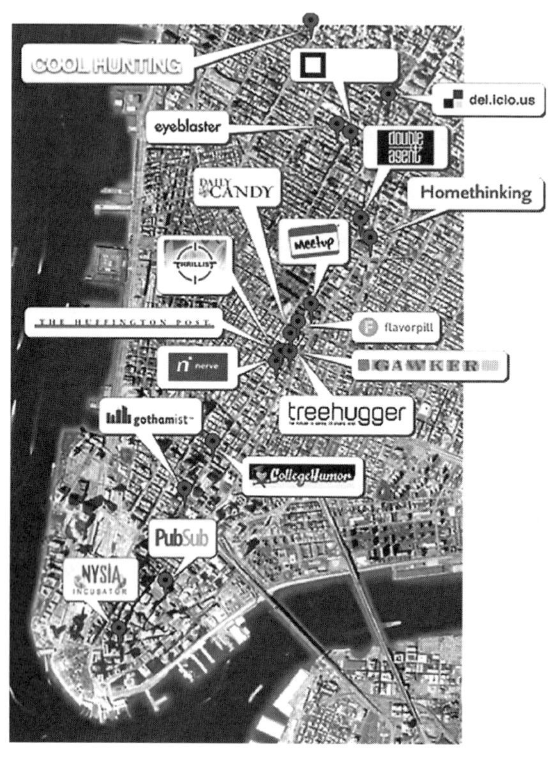

图 2　位于纽约下城的硅巷

② 硅巷的成功

硅巷与硅谷都兴起于互联网科技年代，但其影响力一直不被认可。2008 年的全球金融危机给全球经济带来灾难的同时，却给硅巷带来了新的机遇。主要有三大原因：其一，纽约大量集聚的人才优势。金融业的寒冬降低了华尔街的吸引力，大量青年才俊转投互联网产业；其二，雄厚的资金与完善的服务。纽约是全球金融中心城市，同时也拥有超过 12 个以上的孵化器，吸引大量的风投资本家集聚，吸引初创企业集聚，并帮助其站稳脚跟；其三，优越的政策。2010 年，纽约市提出要把纽约打造为新一代科技中心，愿意提供土地与资金用来吸引一流的院校与研究所。因此，在这些有利因素推动下，纽约市劳工部门的数据显示，2007—2012 年，在出版业、制造业分别降低了15.8%和

29.5%的情况下，互联网以及应用技术企业就业岗位增长了28.7%。而风险投资的数据也同样得到了证明，2007—2011年，在硅谷等美国其他六大高新产业集聚地呈不断下降的情况下，硅巷风险投资总额增长了32%。

③ 硅巷的业态

纽约经济发展公司执行副总裁尤恩·罗伯特森把硅巷这种特性称为“东岸模式”，“其业务大多集中在互联网应用技术、社交网络、智能手机及移动应用软件上”，原因是这些创业者喜欢把技术与时尚、传媒、商业、服务业结合在一起，从而开掘出互联网新增长点。而传统的“西岸模式”硅谷的业态更关注计算机的芯片等硬件的创新。正如城市未来发展研究中心的报告中所说：“或许硅谷将继续在芯片装置、硬件以及某些软件应用上有所建树，但纽约的特性将适合下一代互联网科技企业。”

(3) 推动硅巷复兴的举措

硅巷的成功是政府推动与市场化运作的完美结合。

① 政府推动

减税计划。在20世纪90年代硅巷刚开始建立时，为了纽约市的税收，推出一系列优惠政策：房地产税方面，实行特别减征5年计划(3年减50%，第4年减33.3%，第5年减16.7%)；免除商业房租税(前3年商业房租税全免，第4年免4.7%，第5年免3.3%)；曼哈顿优惠能源计划(期限12年，前8年电费减少约30%，以后每年减电费20%)。

政府、商业区联盟和业主结成公私合作伙伴，成立新媒体理事会。2000年6月，纽约市政府组织成立了新媒体理事会，理事会下设9个小组，主要关注新媒体产业发展的各个方面，其成员代表来自新媒体企业、贸易委员会、教育文化机构和政府部门。

大力改善基础设施。如推行数字化纽约计划，将硅巷的成功模式向其他5个大区推广。推行管线改造计划，通过对曼哈顿旧管道的利用，安装光纤线路，进行高速数据传送。如举办程序评选大赛和“绿色”编程马拉松，通过为提高市民生活质量的数据公开法案，加强地铁站 Wifi 和移动信号建设，将空闲职位在纽约地图上标记，打造“科技地图”。

② 市场选择

大量的创新人才队伍。调查显示，85%的高新技术企业在选择创业地点时优先考虑人才。纽约的人才组合特别受到推崇，比如大量集聚的作家、导演、编辑、设计师和艺术家等都是新媒体发展过程中的重要群体，这些群体又吸引了图像艺术家、作家、软件设计师和电影制片人，成为一个良性循环。

浓郁的交融的文化。国际大都市浓郁的文化氛围也使创业者感到“生活在一个不是一天到晚谈论技术的城市是令人愉快的。”

接近市场和丰富的资金来源。纽约易于取得资金来源，选择机会多。

成熟的科技创新生态系统。纽约是美国 2007—2011 年风投成交数量增加的唯一城市。有纽约科技大会和其他 299 个科技产业组织，帮助资金找到需要资金的公司，建立起了产业互助系统，形成了良性的科技圈生态环境，给新公司一个良好的空间，并让政府事务中科技产业优先级提高，整合金融、时尚、媒体、出版社和广告商为科技产业开路。

3. 美国硅谷创新区域的发展特点

半个多世纪以来，尽管宏观经济多次衰退，全球竞争日趋激烈，IT 产业潮流变幻，但硅谷总是能在起伏间一次次屹立潮头。从半导体、个人电脑、网络搜索到社交网络……在 IT 产业的每次重大技术变革浪潮中，几乎都至少有一家在硅谷诞生和成长的公司成为全球市场的引领者。在成功经受住近年来的经济危机后，硅谷在美国区域经济中已率先稳步复苏。

(1) 特有的区域创新文化背景

硅谷拥有创新必需的完备环境，不少专家学者将其概括为“创新生态系统”。这一生态系统的要素大致包括有利于创新的法律法规、不断产出成果的高校和研究机构、易于流动的高素质人才、充沛的风险资本和配套服务、鼓励承担风险和宽容失败的创新文化，以及鼓励知识共享的开放商业氛围等。

硅谷的成功离不开它特有的文化。硅谷文化认为机会与风险同在，不怕失败，勇于冒险，才能成就自己的事业。这无形中形成了一种鼓励创新、鼓励创业的氛围，使得人人都想一显身手。同时硅谷工作环境宽松，技术和管理人员跳槽或开办自己的公司并不会受到非议。这使得硅谷人才流动频繁，不仅促进了不同企业间的交流和知识技术的扩散，有利于培养企业家和优秀的管理者，也吸引了大量人才来硅谷创业、发展。

硅谷的文化崇尚知识和交流。人们通过团队合作和非正式沟通，交换着自己的想法与创意，相互学习、激发灵感，形成一种拿与给的双向知识交流氛围。而区域内的咖啡馆、俱乐部、餐厅、健身房、展示会等都为这种交流提供了便利。

硅谷接纳多元文化，积极吸纳高学历、高科技人才移民，它32%的人出生在美国以外。外国移民的涌入，为硅谷不断输送新的人才、成果和创意，使得硅谷逐步集中了世界最先进的人才和最尖端的技术。

(2) 完善的风险投资体系

硅谷的文化鼓励创业，而它的风险投资体系保障了个人创业的实施。在硅谷发展早期，美国政府经常充当投资者和消费者的角色，以鼓励硅谷的创新和发展。其后，随着硅谷的发展，风险投资逐步兴起，在斯坦福大学附近的沙丘大街3000号集中了200多家风险投资公司。风险投资者一般具有丰富的经验和广泛的资源网，为企业注入资金的同时，更能帮助企业建立良好的管理团队和治理结构。

硅谷存在高资本可得性。资本可得性对于新建企业来说至关重要。而新建企业是硅谷经济的一个重要驱动力量。根据普华永道和国家风险投资协会“金钱树”报告(Pricewa-terhouseCoopers & National Venture Capital Association MoneyTree Re-port),2012年第四季度硅谷就吸引了风投资金合计25.6亿美元,约占全美该季度所吸引风险投资总额的40%,远超第二名新英格兰(12.35%)。其中,又有38%的风险投资给了软件行业。

(3) 高效的产学结合方式

斯坦福大学对硅谷的成功起着重要作用,不仅是斯坦福的科研水平,更是它鼓励创新的氛围和开放的环境使得其所在的硅谷能够脱颖而出。斯坦福为硅谷培养了大批的创业和创新人才,且与硅谷的创新企业有着广泛的联系与合作,甚至学校的教授、学生直接去创业。硅谷也积极借助斯坦福对新理论、新技术、新工艺的研究,快速将科研成果转化为生产力。目前,硅谷与斯坦福大学有关企业(即斯坦福的师生和校友创办的企业)的产值就占硅谷产值的50%—60%。

(4) 巨大的高素质人才池

硅谷的高素质人才密集度在全球最高,这些人才包括工程师、科学家、咨询专家、用户界面设计师和企业家(包括投资家),而且大量的专业化猎头公司和招聘团队,以及会计和律师为创新者提供创新支持。在硅谷的创新者群体中,有相当一部分是来自外国的技术移民,其中以印度和中国的工程师和科技研究者居多。硅谷技术移民创建并经营的企业占美国硅谷全部高科技企业的1/3多。

(5) 巨大的产学研集群和高端技术集群

自从“硅谷之父”特曼教授于1951年创建世界上第一个科技工业园斯坦福研究园以来,斯坦福大学为硅谷输送了大量的创新人才。惠普公司、苹果公司、太阳微系统公司、硅谷图形公司、雅虎公司等大量的硅谷公司均由其毕业生创建。硅谷是因特网的诞生地。因特网技术作为美国军方的研究成果,在民用化后无意中改变了整个世界的格局,推进了全球的信息化和网络化。

(6) 庞大的面向创新的非正规社会网络

硅谷在企业中往往实行扁平化管理,管理者和员工之间没有严格的等级制度。在企业之间存在经常性的人员流动。大量的技术移民扎根硅谷,与其母国形成各种各样的联系。部分移民还回国创业,又与硅谷形成新的联系。由此形成庞大的非正规社会网络。这些网络成员共享创新理念、信息、技术、人力资源和其他资源。

(7) 高度弹性的工业体系

根据美国硅谷研究专家萨克森宁的研究,硅谷以网络为基础的工业体系,是为了不断适应市场和技术的迅速变化而加以组织的。在该体系中,企业的分散格局鼓励了企业通过技能、技术和资本的自发重组谋求多种技术发展机遇。硅谷的生产网络促进了集体学习技术的过程,减少了大公司和小公司之间的差别,以及工业和部门之间的差别。

(8) 严格的产权保护体系

硅谷对财产权的保护是全方位的,不是选择性的,包括对知识产权采取了严格的保护。

(二) 法国 Paris-Saclay 创新集群案例

1. 历史背景

20 世纪 50 年代初,法国原子能委员会在萨克莱(Saclay)建立了核子研究中心及其附属企业。随后,巴黎第十一大学(理工类)迁至奥赛,汤姆逊公司在戈尔伯维尔建立研究开发中心。随后,又有高等院校、综合工科学校、高等电气学校、高等商业学校、中央工业学校以及法国电力公司和通用电器公司等进入这一地区。这是萨克莱地区科研、教学和工业联合集群的雏形。到 70 年代中期,萨克莱地区逐步在能源、电子、计算机技术和生物技术等领域形成一定规模。

2008 年,法国总统确认萨克莱高地项目作为他的首要任务之一。2008 年,政府出台了三项举措以推动萨克莱地区科学发展计划。第一，巴黎大区的发展计划，其中涵盖了萨克莱地区的发展；第二，由高等教育和研究部长组织实施，对最有前途的法国校园投资50亿欧元补贴支持其发展，其中包括在巴黎萨克莱校区；第三，2008年11月，提出在萨克莱高原建设科学和技术集群的计划，2009年，政府宣布将投资8.5亿欧元用于在萨克莱高原建设一个科学、经济和技术集群。2010年，Paris-Saclay创新集群初步建成。

2. 现状描述

Paris-Saclay创新集群是“大巴黎”的创新中心，法国政府在Paris-Saclay进行了自1960年以来最大规模投资（预计投资50亿欧元），其中25亿欧元用于教学、研究和创新项目建设，其余部分用于基础设施建设（地铁、公交等），以及创新中心的生态系统建设（住宅区以及生活配套设施），旨在将Paris-Saclay创新集群建设成为国际领先的创新中心。从国际经验看，技术和经济活力主要来自从事基础、应用研究的科研院所与企业共同参与的高度互动的集群。Paris-Saclay创新集群正是致力于建成高等教育、公共以及私人研究一体化的研究平台，并且成为法国乃至整个欧洲经济增长的驱动力。

Paris-Saclay基金会科学合作项目（Paris-Saclay Foundation for Scientific Cooperation）是连接学校、企业和政府部门的重要纽带，该项目几乎涵盖法国所有工程领域的院校。2008年，23个专业研究机构，包括两所大学和一所私立高等教育机构，6个研究所，10个法国私人工程或商业大学校（“常春藤联盟”学校），有竞争力的企业研究中心及高等教育决定联手打造的萨克莱合作型校园。主要举措是：首先，改造老巴黎十一大学的楼宇及相关基础设施，其中大部分为20世纪60年代或70年代的重建。2008年，大学董事会决定利用这个重建；其次，另7所高等院入驻萨克莱，它们大多是工程和技术类院校；再次，每个校园包含多个私人或者公共专业机构，例如纳米科学和纳米技术平台，纳米INNOV集成中心以及气候和能源研究中心等。通过组建这样的专业机构共同涵盖广泛的学科领域,从而提高科研人员对公共和私人项目的参与度;充分利用研究平台,为学生提供广阔和富有深度的教育;充分发挥所有研究人员和工程师的能力,以应对集体管理园区内复杂的问题。

一系列数据表明,Paris-Saclay 地区已经建成世界级的科学研究与创新集群。目前,Paris-Saclay 创新集群集中了法国公共研究资源的15%;1.7 万名学术和研究人员;博士人数每年增加 1 400 位;38 项欧洲研究委员会补助项目;3 位诺贝尔物理学奖获得者,以及众多科技公司的全球研发中心,例如雷诺、标致雪铁龙、液化空气集团、泰雷兹与阿尔卡特朗,等等。

Paris-Saclay 创新集群包含众多研究领域,如航空国防安全、新能源、汽车、ICT、工程、建筑和生物医药等。其中,航空国防安全和新能源集群比较成熟。航空国防安全技术集群中入驻了空中客车、THALES、SAFRAN 等一大批行业先锋。类似地,新能源创新集群中包含了 Air liquid(全球领先的工业和医疗气体、技术和服务公司)、Alstom(发电、输电设备和轨道交通基础设施的全球领先者)等 20 家左右新能源领域的知名企业。

3. 远景和目标

根据 Paris-Saclay 年度报告,其计划在 2015 年将园区内科研人员总数提高到 3 万人,同时在校学生数达到 6 万人。为实现该目标,Paris-Saclay 计划在以下几方面加快建设步伐:

(1) 集聚更多高校与研究机构。至少 7 所工程类名校和研发机构将在未来几年入驻。同时,更多项目正在建设或者筹建中。例如,法国电力公司实验室——研究与发展中心(EDF Lab — Research & Development Center)将于 2015 年竣工,致力于新能源技术的研究和开发;占地 6.44 万平方米的专业从事生命科学和环境领域"AgroParisTech / INRA"研究中心计划于 2019 年竣工;占地 8.1 万平方米的生物和化学制药集群"Pharmacy-biology chemistry cluster &

IDEEV"将于2018年竣工。

(2) 改善交通设施。计划从2015年开始，增设一条公交线路，并且计划在园区内接入更多轨道交通线路。

(3) 完善生态居住系统。计划新建更多住宅以及生活配套设施。除此之外，计划建设大规模的学习中心和教学共享中心。

为实现以上目标，政府计划继续投资13亿欧元用于资助技术和科学项目，以及12亿欧元用于改善交通基础设施。同时，引入约15亿欧元用于集群内住宅、校舍、私人研发中心等项目的建设。

(三) 科技创新的东京案例

1. 东京创新活动的特点

日本经济和人口集中于东京都市圈，称为"东京一极集中现象"。东京是日本的政治、文化、经济中心。日本在20世纪作为技术追赶型国家，产业创新有其自身特点：一是在产业上，东京是以制造业创新为主，不同于伦敦这样的服务业创新城市；二是技术性质上，东京以技术应用型创新为主，更多依赖组织内部协作的隐性知识；三是东京制造业创新主要依赖生产驱动，而非基础科学驱动，不同于美国等技术领先国家，生产驱动的创新通常集中于生产流程优化、质量改进和成本下降，而非基础科学领域的突破带来的产业技术改革。这些特点使东京创新活动不同于西方城市，根据世界银行一份研究报告，东京创新能力的支撑因素主要包括七个方面(见图3)。

一是东京是知识创新型机构的集聚地(企业总部、研发实验室及生产总部)；二是东京是新产品新服务的测验市场；三是东京的产业集聚；四是东京为国内知识和国际知识互动的核心纽带；五是城市化的经济基础；六是城市文化因素；七是政府创新政策的支持。

(1) 知识创新型机构集聚东京

以产品驱动和以隐性知识为基础的产业创新，要求企业不同功能

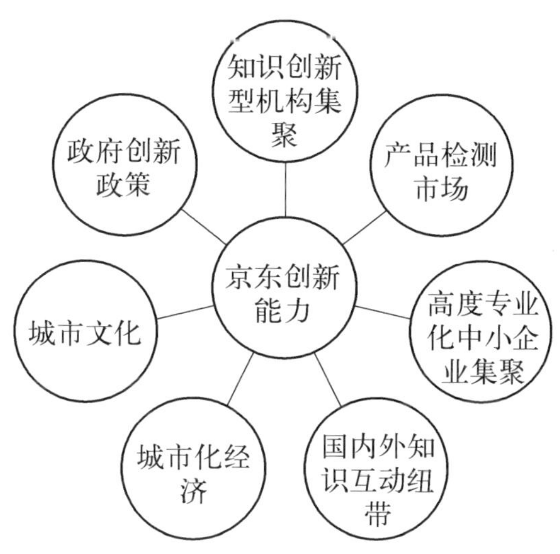

图 3　东京创新能力的支撑因素

团队能够同步互动，需要人与人面对面的接触、需要来自消费者的反馈信息，这要求企业总部、研发实验室、试验生产工厂，以及产品检验市场（test market）能分布于相近区域内，以促进开发的协同性、减少升级产品和商业化产品的时间。因此，企业创新活动以东京圈为核心。

东京都核心区以企业总部办公室为主。东京 CBD 地区拥有企业总部办公室数量最高，如东京大田区制造业总部办公室集聚度非常高，索尼、佳能等总部都位于东京大田区，具有全球竞争力的中小型企业总部，通常是大型企业的供应商，也集聚于东京核心区。

东京都郊区和东京圈周边城市是研发机构、试验生产基地和供应商企业集聚地。多数企业需要研发机构和生产基地在相近的区域内，以适应快速变化的市场，但这一需求与城市高土地价格相矛盾。东京企业一方面将研发中心建在接近东京核心区的地方，另一方面将东京大批量生产基地转换为与研发相关的试验性生产基地，而大批量生产基地转移至首都圈周边地区或日本其他地区。日本企业研发中心主要集中于东京都郊区和周边城市，如东京都多摩地区、川崎市和横滨市等。试验生产基地多集聚东京圈边缘城市和首都圈边缘城市，离东京都核心地区约50公里以上。

(2) 高度专业化的中小型企业集群是东京创新活动的重要基础

专业化企业是复杂劳动分工体系中的中小型生产商，为大企业研发中心和生产总部提供专业化技术和样品。大企业将产品改进和测试任务外包给中小企业，自身着眼于战略性活动，包括新产品开发及高技术研发。专业化企业根据专业不同，集中于特定区域。这些企业紧密合作，能承担相当一部分的项目。这些专业化企业网络在新产品创新和开发方面发挥重要作用。中小企业和大企业的合作，使得日本企业能够在高竞争的市场中快速适应需求的变化。

典型如东京的机械行业。20世纪70和80年代，国内竞争促使日本企业多样化生产和快速开发新产品。企业需要多样化又专业化的设备来试验新产品、测验新材料和新技术。这些试验若全部由企业自身完成，将产生大量成本。许多大型企业转向东京家庭小作坊来承担复杂任务。中小专业化企业在机械行业方面拥有开发和测验样品的手工专业技术。这些中小专业化企业互相合作，能够承担各种订单，也能为大企业生产总部提供小批量产品。东京东部的墨田区和江东区、东京南部的大田区、品川区以及周边城市如川崎和横滨市集聚了高密度的中小规模专业化企业网络，在这些地区，56%以上的企业雇佣人数在4人或4人一下，但却能满足东京电子、汽车、通用机械、精密仪器产业的需求。

(3) 东京是创新产品和创新理念的重要检验市场(Test market)

东京这个城市的庞大规模、高密度、多元化、交通体系、各种服务和知识的汇聚，使得东京是检验创新活动、检验商业新理念的重要市场。例如秋叶原(Akihabara)是日本最大电子产品商业街，银座(Ginza)、新宿(Shinjuku)和涉谷(Shibuya)等都是日本年轻人集聚的商业区域。在这里可以知道什么东西最吸引消费者。这些被称为“触角区域”，在这里能够看到、听到、触到、体验、购买和重新设计最先进和最代表未来发展趋势的产品设计、材料和技术。触角区域是商业文化活动的空间集聚地，通常处于交通枢纽，与特定产业、产品和服务相联系，在这些区域，企业和消费者能够检验其新产品和新服务理念是否符合潮流。一些产业，特别需要与消费者的紧密互动，因此秋叶原成为信息技术、动漫产业、机器人产业等新产品新理念的集聚地，新产品首先在这里出现，生产和消费间的快速互动促进产品的创新和改进。

(4) 东京高度城市化经济有助于提升产业竞争力

东京产业集聚和行业多样化的城市化经济促进了制造业的创新。产业集聚促进企业间的竞争与合作。同业的激烈竞争促进产品创新，缩短产品周期。多样化行业的集聚还有助于促进新旧行业、不同行业之间的合作，产生新的服务创新和产品创新，典型如传统媒体产业和游戏产业、电子漫画产业之间的合作。

(5) 东京是国内外知识互动的核心节点

东京是国内和国际之间知识互相交流和转换的核心节点。日本有着向海外学习和吸收知识的历史传统，再加上日本企业运作趋向全球化，例如大约13%以上制造企业在海外设有机构，而在电子行业、汽车行业，这个比例更高。日本海外机构从东道国获得相关信息时，海外机构将之传递给在东京的功能性总部，东京总部吸收和处理海外信息，通过东京总部，将信息传送至公司在日本国内的下属机构，促进新的产品创新。位于东京的许多机构，如金融业、与政府相关的第三方机构如JETRO，通常会协助跨国企业从海外收集信息，并促进新的产品创新。不过不同于伦敦等国际化城市，东京的外资并不多，因此东京企业在本土学习外国技术和知识方面比较有限。

(6) 东京具备丰富的城市文化资源

东京是日本重要的文化产业基地和文化资源集聚区。在长期的发展过程中，该市构筑了富有魅力和文化历史底蕴的城市景观，积累了丰富多元的文化要素资源。本土文化与外来文化的频繁互动及国际交流，为创新活动提供了良好的环境和支撑。

(7) 拥有全国和东京都政府创新政策的支持体系

与西方城市相比，东京创新活动受国家政策影响较大。国家政策优势在于，政府官员能为未来经济提供长远规划、能支持战略性投资。日本中央政府科技政策从促进技术追赶型演变为促进基础科学技术导向的政策，从1996年至今，已提出4期"科学技术基本计划"，在战略性产业、教育改革、科技体制、产业政策、人才政策等方面提出重要战略目标。

建立产学研合作机制，促进大学技术向产业转移的政策。1998年，日本通过《大学等技术转移促进法》，创建了技术转移机构(Technology Licensing Organization，TLOs)。通过该机构，企业和大学合作，将专利发明所得回馈至大学等研究机构，促进大学科研成果的商业化。从经过认证的TLOs的数量和质量看，排名在前的几乎都在东京，其中东京大学TLO的收入、企业契约数最为领先。

中央政府创新政策和城市开发计划相结合。日本经济产业省(METI)实施产业集聚项目(Industrial Cluster Program)，旨在通过创造产业、大学、地方政府和公共研究机构的网络，创造促进技术创新的环境、形成区域经济并以全球市场为目标。首都圈的产业集聚项目为TAMA(Technology Advanced Metropolitan Area)，包含的区域为东京都西面郊区、神奈川和埼玉县。目前该地区集聚了许多中小型研发中心，许多研发机构是从东京核心区的大企业分离出来的。

评价不一的科学园区政策。从20世纪80年代开始，日本地方大量科学城和科学园区与地方政府的城市开发计划直接相联系，其中位于东京圈周边的筑波科学城以基础研究为重点。日本政府希望筑波科学城在最新最前沿的科技领域能够处于国际领先地位。但根据筑波城在产业创新中的作用来衡量，筑波科学城并没有发挥预期中的作用，政府过于强势的干预、过于注重基础研究的导向以及与产业基地和企业相分离的现状是筑波城未获得成功的主要因素。

支持中小企业发展的创新政策。中央政府和地方政府都有支持中小企业的政策。1948 年，日本就设置了中小企业厅，是负责制定、实施中小企业政策的专门机构。日本政府在中小企业发展方面，在金融支持、协会设立、技术创新，如技术信息传播和技术成果转换、税收优惠和财政补助等方面给予协助。

东京都的创新政策。东京都在企业支持对象上多偏向中小企业，在技术上多偏向应用型技术，在手段上包括为创业企业提供办公场所，为中小企业在环境、医疗、信息等领域的技术创新提供融资支持，为中小企业提供知识产权服务等。

2. 东京都提升科技创新能力的战略要点

东京都提升其科技创新能力的战略和措施体现在各类基本战略设计中，包括《2020 东京前景》、《东京都产业振兴基本战略 2011—2020》、《东京都产业科学技术振兴指南》、东京圈国家战略特区提案。

(1) 战略性产业定位以需求为导向、注重先进技术和高端服务、关注整个产业链

从国内国际需求出发，将战略性重点产业定位于具有技术优势和发展潜力的关联行业。例如《东京都产业振兴基本战略 2011—2020》提出三大类战略性行业，分别为解决城市问题的关联行业、信息传播和文化创意产业、具有先进技术的优势产业，如航空、机器人技术。关联产业实际上覆盖范围非常广，如城市问题的关联产业就涉及健康、环境能源、防灾减灾防范关联行业，而健康行业就涉及医疗服务福利设施等服务性行业，还涉及医疗设备等相关制造业。

产业定位的需求导向具备国际视野，不仅关注国内需求，更关注国际需求。例如东京都在定位健康、环境能源等战略产业时，就以中

国、韩国等各国未来30多年的老龄化趋势，以及全球环境气候问题为背景，表明这类产业具备的巨大增长潜力。

(2) 人才吸引和培育战略在各类计划中占据重要地位

日本通过“亚洲人才育成战略”、“亚洲人才银行”等举措，吸引亚洲其他国家优秀人才和机构；东京国家战略特区将通过公共服务改革，简化外国人就业签证程序，为企业雇佣国际人才提供支持和服务，另外还通过改善面向国际人士的教育医疗服务和生活环境，打造国际化的都市生活环境。

(3) 产业集聚政策重点在于集聚高附加值综合研发功能

东京都政府认为东京优势在于集中了多元化主体，同时基于东京商务成本高的因素，东京适宜集聚的产业为高附加值综合研发功能。产学、产产连携推进机制、企业间连携机制加强不同主体的联系，如金融机构、中小企业、大企业、大学、研究机构等主体，实现共同研究、人才派遣交流、信息情报交换等目标，促进技术商业化运用和企业的创新活动。

(4) 支持中小企业创业、国际化运营和海外扩张

无论是日本中央政府还是东京都政府都特别重视支持中小企业创业和发展，支持企业向海外扩张，具体措施包括支持中小企业创造和培育知识产权、为中小企业提供知识产权服务和技术信息提供服务，支持企业培训、为中小企业海外扩张提供服务。

3. 日本“国家战略特区”下的东京战略——打造全球创新中心

2014年3月，安倍政府宣布设立6个“国家战略特区”，国家战略特区是安倍政府经济成长战略的支柱之一。特区将在城市规划开发、教育、医疗、农业等方面放松限制，如建筑占地面积、外国医生出诊许可、国际学校设置条件。东京圈是国家战略特区中的一个。特区主要由东京都千代田区、中央区、港区、新宿区、文京区、江东区、品川区、大田区及涩谷区、神奈川县、千叶县成田市组成，其中并非涵盖所有东京圈区域，而是仅覆盖9个区。

入选国家战略特区的地方需要提出战略具体内容，目前东京战略特区已提出以打造全球创新中心为总体目标的提案。东京战略特区着眼于2020年举办的东京奥运会，希望发挥国家战略特区政策，打造国际化商务环境，吸引来自全球的资金、人才、企业，同时通过制药领域的技术创新，创造具有国际竞争力的新事业。具体而言，东京提出三大目标：目标一是打造国际化商务环境，包括促进企业设立便捷化，允许用英语申请设立企业，提供集中窗口服务，简化外国人就业签证申请程序等；为创业企业提供支持和服务，鼓励在日本的留学生创业；为企业雇佣国际人才提供支持和服务；规划和开发具有国际水准的商业区域。目标二是形成医疗药物开发创新中心，包括形成药品研发平台、建立东京药物医疗器械机构；目标三是创建友好的国际都市生活环境，包括打造外国人安心居住的生活环境、创建东京香榭丽舍项目（时尚品牌消费集中场所）、打造外国人访游舒适的环境、向外国人提供安心的医疗健康和教育服务。

（四）德国创新中心的发展特点

德国在国际竞争中具有一系列的长处：高效的生产率，文化素质良好的就业人员，技术水平高，具有创新精神的科学家，完善良好的基础设施，社会安定，货币稳定以及可靠的政治环境。德国的科研成果转化率、创新产品商业化程度、科技型创新企业和知识密集型产品比重等都很高。德国的技术创新网络模式是一种非常成功的体制，很值得我们认真学习。

1. 德国科技创新体系的主要特征

（1）工业创新是德国创新体系的直接目标。德国人将创新体系的重点集中于工业创新，这与美国的公共政策完全相反。美国联邦政府没有将工业创新看成是优先考虑的任务，只是把它看作国防花费或基础研究的间接结果。可以说，美国对工业创新的公共支持是支离破碎和没有重点的，而德国却鼓励和支持研究机构和工业组织间建立一个密集的网络。

(2) 把事情做得更好，而不是最好。与美国那种注重突破性的创新不一样，德国的创新体系紧紧咬住现有成熟技术的不断改进。美国希望通过创造众多新的技术来远远领先于其他竞争对手，德国则把精力主要集中在创造高品质的产品、更有效率的生产工艺上。其结果是，用于工业创新的基金大都瞄准于那些能在短期内收回投资的并且已经存在的市场上。

(3) 瞄准传统市场。许多传统的德国工业依然处于世界领先地位。原因在于新的技术和制造过程已经快速地扩散并被工业界广泛吸收。化工、钢铁、机械工程、电力工程、精密机械和光学部门至今仍占德国全部工业 R&D 支出的 80%。

(4) 充分考虑工业界的特别需求。把工业界的特别需求作为研究的重点，是弗朗霍夫协会(Fraunhofer)研究所这些以应用研究为主的研究所的主要任务。弗朗霍夫协会现有 50 个应用研究机构，专门从事促进新技术在德国工业中的应用，从而提高德国的国际竞争力的活动。在由弗朗霍夫研究所所属机构和基金会所开展的各种研究中，工业界都有重要的发言权。研究所通过提供专业知识，扩展了企业的研究能力。它们也通过鼓励研究所与工业间的密切合作以减少技术转化中可能存在的种种问题。

(5) 适应于不同的工业需要。对于不同的工业行业，德国的创新体系采取不同的方式。例如，对于一个以大型企业为主的行业，首要任务也许是一种能促进创新的管理氛围。相反，对于由许多小型的、以技术创新为主的企业组成的行业，其首要任务也许是获得投资资源或交流信息的充足机会。德国创新体系可以为两种不同的工业部门服务，并且为许多不同的工业部门提供交叉技术发展的信息。小企业从信息和资源共享中获益，从而在特定的中介市场中保持竞争力。大企业则从与合约的研究人员及小型的有经验的供应企业的联合中受益。

(6) 合作利用资源,开展合作研究。许多工业部门都已建立了合作的工业研究企业,以开展联合研究项目并为行业成员提供信息。这些联合会的重要作用在于为中小型企业克服由资金短缺、人员和训练不足、技术和设备匮乏所导致的问题提供解决办法。除了利用成员企业的基金去资助那些有利于整个组织的研究计划外,合作者还提供低成本或免费的业务指导、培训和趋势预告。像弗朗霍夫协会一样,工业研究联合会也帮助制定国家研究重点。

(7) 技术扩散是重点。各种工业和贸易协会、工商联合会以及地区性技术转化和创新中心都是德国技术扩散体系的一部分。通过他们的努力,维持研究伙伴间的联系,提供及时的技术和业务支持,培训用于技术实验和测试的人员,及时资助那些需要帮助的新兴企业部门。从而,德国企业得以广泛并迅速接触到那些影响行业的最新的技术发展信息。

(8) 无间断的培训。各种工业协会和专业协会最擅长的就是提供相关的工业培训。工商联合会负责培训和学徒项目,为员工的深入培训提供建议。弗朗霍夫协会也将学生的关注点集中于有关工业应用的技术问题上。工业协会还就职业培训课程为政府官员提供咨询,就专业课程为学院提供咨询,使得员工获得最需要的技艺。

(9) 私营部门也参与公共政策的制定。工业研究联合会、工业团体和商会帮助建立全德国的研究网络。德国政府在起草相关的法案时,要求联邦各私营部门也参与公共政策的制定。工业研究联合会、工业团体和商会帮助建立全德国的研究网络。德国政府在起草相关的法案时,要求联邦各部向工业协会和商会进行广泛的咨询,让它们管理一些政府项目并分配一些政府的 R&D 基金。

(10) 刺激创新。在强调私营部门应是工业 R&D 的主要动力的同时,德国联邦政府借助资助基金和税收优惠来平衡工业界在 R&D

方面的花费。工业创新的刺激机制包括资助金和特别的R&D投资津贴。许多得到政府支持的项目是由学术界、工业界和商会合作进行的。联邦基金还补助中小型企业用于关键技术的研究与开发费用的40%,并且对其提供技术咨询和信息服务。

2. 德国创新中心的主要特点①

20世纪80年代起,建设创新中心成为德国地区和区域科技政策中最普遍的手段之一。1983年,德国成立了第一个创新中心——柏林创新中心,之后,将近有200个城市先后建立了类似的中心。在德国,除了少数例外,其创新中心主要是由公共基金支持和建立的。同时,德国创新中心还具有如有限的占有期、大学的参与程度低、市政的支持力度大等特点。需要指出的是,德国的创新中心并非工业园区,而是一种特定区域的产业群落,设立的主要目的,是使落户其中的新生创新公司可以在一定的时间期限中得益于中心在空间上集中供应的出租、技术服务和咨询服务。德国创新中心主要有以下特点:

(1) 大多数创新中心包含多种行业的企业。一般而言,在德国,多元化经营被认为是创新中心的主流,从事一种或几种产业的专业化创新中心只在非常少的条件下才有可能是合理的。大约有2/3的企业从事以下五大领域的活动:"信息、通信技术,包括软件"、"测量和控制技术"、"生产和进程的管理"、"咨询"、"能源和环境管理"。大多数创新中心的运营者下意识地放弃了把注意力集中在少数特殊技术领域企业的做法上,而是向更多的企业敞开大门。

(2) 新生创新公司的区位同孵化器等科技机构有密切的联系。由于新生的创新公司在区位上具有不可移动性,所以从其他地方吸引合适的租赁者是不可行的。从调查情况来看,3/4的创业者在没有成为老板之前曾在同一城市或地区工作。类似孵化器形式的最初设施是

① 沈玉芳、张之超:《德国创新中心建设的发展概况和有关政策》,《上海综合经济》2002年第10期。

公司的原始形态,56%的新企业家在自主创业之前都先在这类机构中工作过,这同样包括从事技术和自然科学工作的研究机构(如大学、应用科学学院)。所以如果创新中心所在地区没有或很少有这类机构,如地处边缘的乡村地带,则产生这类衍生公司的可能性很低。由于商业关系的存在,甚至在脱离创新中心后,仍有65%左右的公司落户在原城市,另外23%的公司选择在创新中心所在城市的方圆30公里之内。新公司定位的平均断离是离创新中心所在城市方圆35.7公里,只有极少数公司有区际再定位的行为,在这种再定位行为中,资产和租赁价格起了很重要的作用。

(3) 服务取向明显。德国创新中心中有大量的服务提供者。有近2/3的中心企业称服务是其企业活动的功能性业务,这一数字有不断上升的势态。在中心内,服务提供者大多以发明者的成果为样板,提供小规模生产。

(4) 活动由技术驱动向市场驱动转变。自第二次世界大战以来,Frankfurt/Rhine-Mian地区成为德国最成功地吸引外国资本的地区,DuPont、Procter&Gamble、日本的Takeda等公司都在当地投资或是兼并了当地的德国公司,而且都有一定的R&D活动。然而这种R&D活动同当地的知识体系很少有联系,他们主要着眼于企业的全球R&D体系,并负责捕捉技术发展的动向及适应德国市场而进行产品调整。从而在R&D活动中,市场知识变化得比基本技术知识更为重要,R&D活动也由技术驱动向市场驱动转变。

3. 德国科技创新中心的知识竞争力指数排名情况

(1) 根据国际竞争力中心网站(http://www.cforic.org)公布的2008年世界知识竞争力指数,该指数是对一个地区科技创新实力的综合评估。在全球145个地区或城市中,德国的巴登—符腾堡州(Baden-Wurttemberg)位列第55名,巴伐利亚州(Bayern)第63名,黑森州(Hessen)第77名,汉堡市(Hamburg)第88名,不来梅市(Bremen)第

93 名，柏林市(Berlin)第 111 名，北莱茵—威斯特法伦州(Nordrhein-Westfalen)第 113 名，下萨克森州(Niedersachsen)第 116 名，石勒苏益格—荷尔斯泰因州(Schleswig-Holstein)第 129 名，萨尔州(Saarland)第 133 名。从入选城市或地区的数量看，德国共有 10 个城市或州入选，而整个欧洲共有 54 个城市或地区入选，这说明德国的科技创新实力较强。

(2) 知识强度指数。知识强度指数为知识竞争力指数与人均 GDP 之比。该指数反映了一个地区的经济产出的知识基础，衡量了该区的未来经济潜力。在全球 50 个顶尖地区中，德国的巴登—符腾堡州排名第 39，柏林第 49。在这一排名中，中国广东名列第 1，天津名列第 7，上海名列第 15，北京第 20。说明中国城市在科技创新方面具有较大的潜力。

(3) 德国城市在技术密集型产业中的排名。在生物化学行业就业人数前 20 名地区排名中，德国的黑森州名列第 6。在汽车与机械工程行业，德国入选的地区较多，巴登—符腾堡州位列第 2，萨尔州第 6，巴伐利亚州第 9，下萨克森州第 16。在仪表与电气设备行业，巴登—符腾堡州位列第 2，巴伐利亚州第 9，黑森州第 20。在高技术服务业，北莱茵—威斯特法伦州排在第 9 位。

根据 2006—2007 年度欧洲区域专利申请指数排名，巴登—符腾堡州名列第 1 位。而在知识就业密度指数中，该州名列第 2。专利申请数量能够较好地反映知识的形成与知识的资本化程度。一个地区专利数量越高，说明该地区能够较好地将知识转化为具有商业价值的产品和服务。该州是德国汽车工业的中心，提供了整个德国汽车行业约 1/4 的就业机会。奔驰、奥迪、保时捷等国际知名的汽车公司，以及贝尔、博世等大型供应商都将总部建在该州的首府斯图加特市及其周边，这些企业引领着世界汽车制造行业潮流，同时也是专利申请大户。

德国的北莱茵—威斯特法伦州原本是知名的煤炭、钢铁和纺织业等传统制造业中心，在政府的强有力的政策干预下，该地区成功转型为高科技服务业中心。在2006—2007年度欧洲科技服务就业密度指数排名中，该地名列第9位。

（五）科技创新中心的主要模式

纵观欧、美、日科技创新中心，其发展各有所长，其形成显示出不同的模式特征，可概要归纳为三种类型：

一是政府主导推动型。此类创新中心的创新互动中，政府起到规划者和指导者的角色，以政府的推动为主导，创新要素形成有机互动。法国巴黎的Paris-Saclay和波士顿128公路为此类型创新中心的典型代表。

二是产业需求驱动型。此类创新中心主要依托于若干高科技产业集群或企业群体的带动。产业发展对于创新体系的建设具有重要的牵引作用。日本的东京、印度的班加罗尔为此类型创新中心的代表。

三是创新环境塑造型。此类创新中心的创新体系十分注重长时段的良性创新氛围培养，对于创新的基础因素有很强的塑造能力，从而使创新区域形成一种自下而上的推动和联动机制。在此类区域当中，声名显赫的美国硅谷无疑独执牛耳。

执笔：金芳、苏宁

专题报告二

关于科技创新重大工程与项目建议研究

一、重大工程与项目的内涵与特征

(一) 重大工程与项目的概念与内涵

1. 科技创新工程概念：构建知识价值实现的环境生态体系

工程(Engineering)通常指通过系统集成构造出一个大产品或者建设出基础设施等项目。由于工程具有实体性、基础性、系统性、长期性等硬件建设的特点，科技创新工程主要围绕上海创新发展中实现知识价值的科技创新软环境的建设，构建重大科学装置、关键技术实验室、产业化服务设施和新产品应用工程等一大批创新工程设施，通过若干创新工程的长期建设，上海将构建具有国际影响与竞争力的科技创新环境与基础。

2. 科技创新项目概念：创造基于知识价值的大产品与高技术

项目(Project)通常指比较具体的产品制造和设施建设。由于概念和视角的不同，工程与项目概念往往会混淆使用。政府部门和企业对工程与项目界定也会因为职能和认识的不同，有着不同的理解。基于项目具有实体性、应用性、产品性、可预见等硬件建设的特点，科技创新项目主要围绕上海创新发展中可以体现知识价值和影响力的科技创新重大成果，如大飞机、新能源汽车等新产品和新技术，通过新产品开发和应用凸显上海国际影响力与竞争力的科技创新能力。

3. 科技创新重大项目包括重大创新培育项目、重大创新产业项目和重大基础设施项目

科技创新重大工程应符合以下条件：一是瞄准科技前沿和国家重大战略需求，为实现科技创新中心建设的总体目标，需逐步完善和建设的重大基础设施，以及为上海重点产业的自主创新和产业发展提供共性技术服务的全市性公共服务平台；二是必须符合国家和上海市的产业导向，重点攻克能带动上海产业跨越发展的共性关键技术、工艺、材料及设备，对上海的支柱产业和战略性新兴产业具有强有力的助推作用；三是必须符合国家和上海市的创新需求，具有前瞻性、标志性和影响力，工程的实施使上海持续产生有机会、有能力在全球创新中领跑的原始创新成果。

重大创新培育项目应符合以下条件：一是具有战略意义及比较优势，以原始创新成果为目标，有望取得重大突破的前沿性基础研究；二是以产业关键技术突破为目标，具有重要影响或有重大应用前景的应用基础研究或重大应用示范。

重大创新产业项目应符合以下条件：围绕国家和上海市产业发展要求，以研制具有核心自主知识产权的重大技术装备、系统为目标，对上海市支柱产业及战略性新兴产业具有明显推动意义。

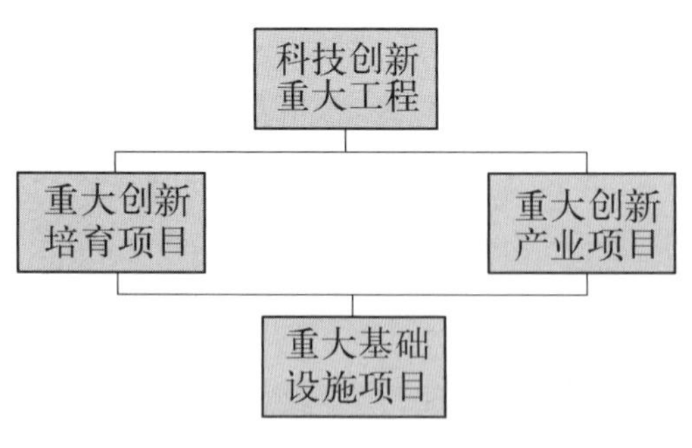

图 1　科技创新重大工程内容

重大基础设施项目应符合以下条件：瞄准科技前沿和国家重大战略需求，为实现上述重大科技创新工程的总体发展目标，需逐步完善和建设的重大基础设施，以及为上海重点产业的自主创新和产业发展提供共性技

术服务的全市性公共服务平台。

(二) 重大工程与项目的一般特征

尽管国际上还没有科技创新重大工程和项目的统一标准,但通过归纳国际典型重大工程和项目的成功经验和发展模式,一般具有以下特征:

1. 产生大量重大原始创新成果

重大工程和项目往往都会产生一批重量级的原始创新成果,这些成果要么在世界顶级科技期刊发表一批重要论文,要么获得国际重量级科技奖项,或者形成划时代意义的创新产品。例如,美国贝尔实验室是全球通信界最具创造性的研发机构,是晶体管、激光器、通信卫星等很多发明创造和科学突破的诞生地。自 1925 年成立以来共获专利 2.7 万多项(平均每天一项),在鼎盛时期平均每个工作日产生 4 项专利。欧洲核子研究中心开发出大量探测器和加速器技术,拥有世界上能量最高的粒子对撞机——大型强子对撞机(LEC,国际重大科学工程),形成了具有超强竞争力的大科学装置群。法国巴斯德研究所不仅是法国最重要的传染病理学研究机构,也是世界一流的传染病理学研究机构,共有 8 位诺贝尔生理学和医学奖获得者;德国马普学会在鼎盛时期平均每个工作日就产生 4 项专利。我国台湾地区工业技术研究院培育了 70 多位 CEO、育成 225 家公司、累计超过 1.9 万件专利。

2. 汇聚大量国际尖端科技人才

科技创新重大工程和项目一般须由全球顶尖的科研领军人物和国际一流水平的科研团队组成,同时吸引世界各地的优秀人才并形成良性循环。例如,美国劳伦斯伯克利国家实验室有 75 名美国国家科学院院士,13 位科学家获得了美国国家科学勋章(美国科研最高终身成就奖),每年还接待 3 000 多名客座研究人员。18 位工程师当选为美国国家工程院院士,培养了数千名大学理科和工程专业的学生,推动着全美国和世界各地的技术革新。

3. 构建灵活科研管理机制

科技创新的重大工程和项目必须构建高效灵活的研发管理机制，促进人才自由流动，且面向国际同行进行开放式创新研究。例如，德国弗朗霍夫协会的大多数技术和专业人员都是合同制人员，协会为新职员提供3—5年的定期合同，期满后有一部分可获续签不定期合同，大约有1/3不能续签，以便各研究所根据市场需求调整规模。德国马普学会的科研项目均由科研人员自己选择，科研团队由科研负责人自主决定，科研经费的60%—80%可用于合同制雇佣科研人员的劳动报酬。美国霍华德休斯研究所（HHMI）作为全球规模最大的非营利性私立医学研究所——基金会，拥资170亿美元，是美国第二大的慈善机构，支持范围包括数百个国际一流实验室，为每位研究员提供5年约100万美元/年的研究经费，以支持创造性但高风险的研究工作。

综上分析，科技创新中心的重大工程和项目是一个长期过程，并非一蹴而就，亦非一劳永逸。良好的科研管理和项目运作机制是重大工程和项目建设的关键，需营造良好环境以整合利用全球资源、集聚全球顶级人才及团队，同时，需要明确国家、地区及创新主体的各方需求，准确选择优势领域和依托单位，由少数领域率先突破并逐步形成全球影响力。

二、重大工程与项目的体系与标准

（一）建设目标：形成全球科技创新中心

上海建设科技创新中心城市，实质就是从产品生产的“港口”城市发展成为人才资金集聚和知识资本生产的“源头”城市，从追求GDP转向追求金融资本、实物资本、人力资本和知识资本等资本集聚与升值，参与全球价值链竞争。

（二）建设任务：创新生态工程和创新实力项目

国际创新中心城市的竞争实际上包括了创新生态软环境氛围和创新创业企业硬实力两个方面。

城市的创新生态建设不仅需要文化、人才、体制和机制等各种条件，也需要学科基础、科学工程、实验室和实验装置等科技服务体系，创新工程的主要任务就是构建创新生态与环境工程体系。在这一生态下，创新创业和企业可以自由和快速地成长。

城市的创新硬实力是通过创新具有全球影响力的新产品和创新企业表现的，科技创新成果将依托集聚全球创新资源，创新项目的主要任务就是形成具有标志性和示范性的创新产品与技术。

（三）建设要求：科技制高点、经济增长点和发展关节点

创新中心建设中工程与项目的筛选具有三个明显的特征：一是科技制高点特征，技术上具有前瞻性、领先性和高技术等特点；二是经济增长点特征，经济上具有产业影响、市场反响和社会意义等特点；三是发展关节点特征，地位上具有技术替代效应、价值控制作用、资源配置作用等网络节点与控制点的特点。

（四）建设标准：达到全球影响力、符合国家战略、促进上海发展、具有优势条件

工程与项目的建设，还要满足不同范围与地区的发展要求。

首先是国际化视野，要求具有全球影响力。国际创新中心城市是全球性城市，只有全球化和具有影响力，才可能获得国际上相应的地位。

其次是国家意志，要求符合国家战略。上海创新工程与项目要符合国家战略，只有获得国家支持，才可能实现建设任务。

再次是立足上海，要求促进上海发展。上海创新工程与项目更要具有上海特点，符合上海经济社会发展要求，以此才有可能落地。

最后是实事求是，要求具有优势条件。上海创新工程与项目要具有良好基础、发展前景和后发优势，为此，可以实现跨越和赶超。

三、重大工程与项目的遴选

（一）遴选依据

重大科技创新工程与创新产业项目的聚焦应坚持瞄准全球视野，围绕国家战略目标，结合上海优势领域，对一些有助于建立健全产业自主创新体系，有助于产业关键技术和共性技术的突破，并促进战略性新兴产业的培育和发展的方向进行重点研究。

重大工程与项目的建设应具备：一是具有战略意义，关系国家安全和国家利益，有机会、有能力在全球创新中"领跑"的原始创新领域；二是具有重大需求，重点产业和战略性新兴产业中的"卡脖子"关键技术，一旦突破能带动产业跨越发展。通过组织实施一批战略性、标志性、有影响力、有话语权的重大创新工程和项目，带动关键技术突破和新兴产业发展，特别是要为创新生态的形成奠定扎实基础。

为此，参照国际上有关国家和机构提出的科技规划和技术遇见的通常表述，将科技创新工程与项目体系划分为三个层次：首先是科技创新领域，建议重点关注新一代信息技术、生命健康、重大装备及智能制造、能源与环境、材料五大领域；其次是重大工程；再次是推荐实施项目，国内外也经常用关键技术、重大举措等提法。

（二）前期开展的工作

1. 工作组织架构

根据遴选工作需要成立了顾问组、专家组和课题组。

顾问组主要由两院院士组成，顾问组组长由上海院士中心主任、工程院院士翁史烈，上海战略中心主任、工程院院士杨胜利和上海社会科学院院长王战担任，负责对重大工程及项目遴选过程中的重大决策性问题进行咨询、顾问、评议，以保证最终凝练提出的重大工程及项目具备战略性和标志性。

按相关领域分别组建领域专家组，由院士牵头，不定期召开会议，专题负责对本领域重大工程及项目的初选方向进行研讨和论证，保证项目提出的前瞻性、科学性与合理性。其中，新一代信息技术领域组长梅宏（上海交通大学教授、科学院院士）、生命健康领域组长杨胜利（上海战略中心主任、工程院院士）、重大装备及智能制造领域组长林忠钦（上海交通大学教授、工程院院士）、能源与环境领域组长饶芳权（上海交通大学教授、工程院院士）、材料领域组长江东亮（中科院上海硅酸盐所研究员、工程院院士）。

课题组由上海社会科学院、上海战略研究中心以及相关人员组成，主要负责课题研究工作的执行、报告的撰写以及顾问组、专家组委托的其他相关工作。

2. 开展问卷调查

为完成专题研究目标，需要瞄准世界科技前沿领域和顶级水平，聚焦一批重大科技创新工程和重大项目。为此，课题组就新一代信息技术等五大领域应聚焦的重大科技创新工程、推荐实施项目进行了全面征询。

经过多轮讨论，课题组共发出问卷700余份，范围覆盖在沪两院院士、973计划首席科学家、国家重大科学研究计划首席科学家、千人计划专家、国家杰出青年科学基金专家，回收有效问卷117份，汇总情况如下：一是反馈专家类型完备，其中院士12人、973首席20人、重大计划首席17人、杰出青年45人、千人计划23人；二是专业领域分布较为均衡，验证了课题领域分类的合理性。在五大领域中，专家更加关注生命健康、高端装备、新一代信息技术等上海具有产业与技术优势的领域，并且各领域和工程方向推荐数量相对较为均衡。具体领域、重大工程方向与项目的推荐数详见表1。

表1　重大工程和项目问卷调查统计情况

领　域	工程与方向	推荐数
新一代信息技术	大数据关键技术与系统	50
	安全高效网络通信系统	43
	人工智能	43
	极大规模集成电路设计与制造	39
	量子通信与量子计算机	25
生命健康	自主创新药物	60
	重大慢性非传染性疾病防治	52
	高端医疗影像设备	46
	脑科学	34
	基因技术	31
高端装备与智能制造	微技术与先进传感器	55
	智能机器人	37
	智能制造装备与系统	36
	船舶与海洋工程装备	35
能源与环境	新能源汽车	47
	先进能源	47
	水污染防治	42
	航空发动机和燃气轮机	34
	海洋生物资源绿色开发与高效利用	29
	智能电网	26

续　表

领　　域	工程与方向	推荐数
材料	新能源与储能材料	52
	高性能复合材料	49
	电子电气光电材料	36
	高性能合金材料	27
	材料基因组	22

资料来源：课题组整理。

许多专家在填写问卷的同时积极献言建策，提出了许多新的工程与项目建议。主要包括：蛋白质技术、干细胞与组织器官的再生、大健康现代服务产业、大飞机、深空探测、微纳卫星、光动力技术等。

3. 开展咨询研讨

为配合课题开展，上海社会科学院与院士中心先后组织召开了7次院士专家咨询会、研讨会及工作讨论会，涉及大企业、创业与孵化器、科技专题与政府机构等各个专场，21位院士与近百位专家踊跃出席。顾问、专家和课题组先后走访10余位院士与专家教授，就生命健康等五大领域和专家推荐比较集中的创新药物、脑科学、高端医疗设备、合成生物学、金融大数据、材料基因组、海洋工程装备等工程方向进行了访谈，加深了对这些项目的认识。

四、科技创新发展：聚焦五大领域

聚焦五大领域是基于以下几方面的思考：一是这五个领域得到了各方的关注，包括各国政府、科学家、国际知名智库和大企业等基本关注；二是上海的科技规划、科技应用领域、优势产业和优势学科也基本上是围绕着五大领域布局的，具有各方结合的基础；三是本次院士专家调研也围绕着五个领域展开。

（一）生命健康与生物医药技术领域

中国科学院人口健康领域战略研究组对 2010—2050 年人口健康科技领域 8 个主题的战略目标、任务和关键技术进行了分析，主要为[①]：

1. 生物医学创新体系的关键技术

人口健康领域相关的生命科学前沿技术。包括：结构生物学技术；定时定量的高时空分辨率的分子成像技术；单分子操纵、组装和检测技术；基因组学技术；蛋白质组学技术；代谢组学技术；微阵列技术。

系统生物学技术。研究基因相互作用的途径、网络和功能体系以及动力学特性，进而揭示生命系统设计与控制的基本规律。

生物医学领域的新材料和新试剂。包括生物纳米材料（如药物控释材料、纳米量子点、纳米支架材料、纳米薄膜以及纳米表面修饰材料等）、血液净化材料、复合生物材料生物相容性等。

合成生物学技术。代表了下一代的生物技术，主要研究方向有：重新设计或改造自然存在的细菌和病毒等简单生命系统，设计和构建新的生命组件，合成新的生物材料（如核酸和蛋白质）等生命物质，利用现有生物系统规模化生产氨基酸、多肽、小分子药物等产品。

纳米生物医学技术。包括建立认识活细胞内纳米水平的相互作用、可吸收和代谢的纳米材料、生物体的纳米结构、超高灵敏度单分子诊断、纳米药物缓释、纳米靶向药物等基于纳米化学原料和结构的新型材料、药物和装置。

生物医学资源和数据库。

---

① 中国科学院人口健康领域战略研究组："创新 2050：科学技术与中国的未来丛书"之《中国至 2050 年人口健康科技发展路线图》，科学出版社 2009 年版，第 35—119 页。

2. 人口控制与生殖健康技术

新型避孕技术,包括针对卵子靶点的避孕药、针对精子尾部靶点的男性避孕药、针对胚泡植入环节的避孕药。

生殖细胞/组织的冷冻复苏技术。包括生殖细胞冷冻复苏技术、胚泡冷冻复苏技术、卵巢组织/睾丸组织冷冻复苏技术。

卵子—胚泡体外培养和移植技术。包括未成熟卵的获取和体外培养成熟;植入前胚胎的体外发育、子宫植入窗口的监测及胚胎移植时间的把握;选择性单胚移植与多胎妊娠的控制。

基于显微操作的临床辅助生育技术。

胚胎植入前遗传学诊断技术。包括胚泡低创伤活检技术;精子、极体和卵裂球荧光原位杂交技术、单细胞 PCR 检测技术和比较基因组杂交技术。

辅助生育技术的安全性评价技术。

出生缺陷的遗传学诊断和矫正技术。包括出生前致病基因筛查技术、携带 X 和 Y 染色体精子的分离技术。

主要妊娠相关疾病及生殖系统肿瘤的筛查技术。包括主要妊娠相关疾病的分子和细胞学标记;生殖系统肿瘤的分子和细胞学标记。

3. 营养、食品安全与健康

关键技术包括:前瞻性营养遗传流行病和机制研究平台;人体营养功能和代谢研究的平台和相关技术;基于现代信息技术的社区营养监测和教育网络;基于基因型的膳食结构和营养素推荐供给量;食品有害物质的作用机制研究方法和检测技术;食品安全风险评估和预警技术研究。

4. 慢性病防治与健康管理

关键技术包括:基于系统生物学的慢性病发生发展机制研究的方法和技术;用于监测健康动态变化和慢性病发生发展的分子标记物的技术;用于慢性病干预的新技术和新方法;适合中国人特点的健康管理的评估模型和方法。

5. 传染性疾病防治

关键技术包括：高等级生物安全实验室建设技术和体系；高效的传染性疾病筛查系统和快速诊断技术；重要传染性疾病病原的动物感染模型；重要病原的感染致病机制研究关键技术；重要病原的药物和疫苗研制新技术；传染性疾病的临床患者分型技术。

6. 认知神经科学与心理精神健康

关键技术包括：在体神经分子标记及脑功能影像技术；中国人脑结构和功能数据库；中国人基本心理特征数据库；认知障碍、心理失衡和精神疾病的个体化诊断模式；整合性实验技术；脑功能可塑性调节技术；虚拟现实技术。

7. 创新药物和生物医学工程

关键技术包括：药物发现；基于网络药理学的新药研发；个性化新药研究；基于干细胞的药物研发；药物安全性研究；药物释放系统及制剂；中药研究关键技术；规模化生物制品制备技术；生物材料关键技术；生物医学工程技术；资源整合关键技术。

8. 再生医学

关键技术包括：体细胞重编程技术；动物体细胞克隆技术；胚胎干细胞技术；成体干细胞技术；组织工程技术体系；器官发育技术；移植的安全性和有效性评价。

（二）信息化发展与信息技术领域

中国科学院信息领域战略研究组对2010—2050年信息科技领域的总体趋势进行了预判，主要观点有①：

（1）今后20—30年是信息科学技术的变革突破期，21世纪上半叶

① 中国科学院信息领域战略研究组："创新2050：科学技术与中国的未来丛书"之《中国至2050年信息科技发展路线图》，科学出版社2009年版，第2—6页。

将兴起一场以高性能计算和仿真、网络科学、智能科学、计算思维为特征的信息科学革命,信息科学的突破可能导致21世纪下半叶一场新的信息技术革命。

(2) 2020年以后世界各国将逐步形成共识,共同构建IP后(post-IP)的新网络体系,宽带无线通信是未来网络体系的重要基础。无处不在的传感网将与空间、地面、接入等网络全面融合,实现人与人、机器与机器、人与机器之间任何时间与任何地点的通信联络。

(3) 必须消除"信息科学技术只是一种高科技工具"的狭义工具论的认知障碍,深刻理解人、机、物构成的三元世界。在发展信息科学技术过程中,必须攻克信息硬件发展受阻、大规模并行和三元世界编程、海量数据利用、信息网络的低成本、信息系统可靠可信、构建自主信息技术基础平台六大难题。

(4) 传统的信息器件和设备在复杂性、成本、功耗等方面遇到巨大障碍,急切期待颠覆性的新技术,但目前尚未研发出一条像近30年CMOS集成电路一样的主导技术路线,量子、自旋、纳米等技术发展呈现出不确定性和多样性,确定新的主流器件技术可能需要15—20年的努力。石墨烯纳米带晶体管可能成为延续摩尔定律的重要推动力,有可能成为超越硅基CMOS的很有希望的研究方向。电子计算技术和光电子、光计算技术的融合最有可能成为未来开发汇集计算、存储、通信和信息处理于一体的新一代芯片技术,可实现片上光互联和片上大规模光计算。

(5) 到2050年,超级服务器的发展需要支持各种各样的个性化应用负载,突破低能耗、海量并行、可靠性、低成本等技术障碍,40年内超级计算机的性能将增长108—109倍,达到1 024次运算速度。发展信息技术的一个重要目标是使软件业和服务业产生类似摩尔定律的走势,即同样功能和性能的软件开发成本平均每两年降低50%,同样质量的服务所需的成本每两年降低50%。

(6) 量子信息为信息科学的发展提供新的原理和方法,有望成为

后摩尔时代的新一代信息技术之一。量子计算的实现不存在原理性的困难，当前的研究瓶颈在于量子计算的物理实现，基于固态物理系统和基于量子光学系统最有希望研制成功量子计算机。量子密码技术已到了工程研究和实际应用阶段，预计2020年可实现70公里内的城域光纤网量子密钥分配，2050年可实现基于量子密钥分配的全球使用安全通信网络。

（7）基于认知机理的智能信息处理在理论与方法上的突破，有可能带动未来信息科学和技术的突破性发展。发展新的职能科学和技术是今后50年的重要目标，脑反向工程和脑机界面是值得重视的研究方向，等等。

表2　中国至2050年信息科技发展路线图

		2010—2020年	2020—2035年	2035—2050年
信息技术无处不在的普及应用	信息化进程	e社会	向u社会过渡	
	网络服务	构建网络服务体系和方法学	建立可持续发展的网络服务体系	网络普及率达到80%
网络和信息基础设施的升级换代	互联网	下一代互联网V4向V6过渡	向超越TCP/IP的未来网络过渡	“后IP”网络架构，建立节能可信的信息基础设施
	传感器	Cyber Physical Systems	联网传感器达到万亿数量	传感“尘埃”无处不在
	无线通信、光通信	LTE第四代无线通信	分组交换的全光网络	认知、自治无线通信
	超级计算	艾级(1018)超级计算个人HPC	泽级(1018)超级计算大规模光计算	尧级(1018)超级计算超级计算普及化
信息器件、设备和软件的变革性突破	微电子及新型器件	3D器件，22—11纳米CMOS器件	SoC、SiP工艺继续发展纳米、自旋等器件	光子器件、分子器件

续 表

		2010—2020年	2020—2035年	2035—2050年
信息器件、设备和软件的变革性突破	光电子与光子器件	片上光互联	可集成光电模拟计算	信息载体向光子转化
	量子信息	量子计算实验平台城域量子保密通信	小型量子计算机	较通用的量子计算机全球实用量子保密通信
	存储器件	半导体存储取代前端磁盘	光远、近场超分辨率存储技术	原子级存储
发展新信息科学和前沿交叉科学	网络科学	发现分析网络规律与机制	形成网络交叉学科	网络科学走向成熟
	算法与软件	分布式交互算法设计,工业软件	算法网络与算法交互可信计算系统	普及计算思维
	智能与认知	自然的人机交互界面	语义理解、情感理解	脑与认知科学的重大突破促成新的信息科学
	生物信息学	初级生命模拟器蛋白质结构预测	千万人基因组测序人类基因组差异数据库	生命现象的精确计算
	社会计算	构建"平行社会"系统	计算社会实验和决策支持	社会计算常态化

资料来源：中国科学院信息领域战略研究组："创新 2050：科学技术与中国的未来丛书"之《中国至 2050 年信息科技发展路线图》,科学出版社 2009 年版,第 3 页。

(三) 环境生态与新能源技术领域

中国科学院能源领域战略研究组对 2010—2050 年能源科技领域的十大重要技术方向进行了预判,主要有[①]：

① 中国科学院能源领域战略研究组："创新 2050：科学技术与中国的未来丛书"之《中国至 2050 年能源科技发展路线图》,科学出版社 2009 年版,第 55—104 页。

1. 高效非化石燃料地面交通技术

电动车技术。包括：电机驱动技术，高效电机设计、高功率密度电机设计、电机冷却系统；电池技术，电池正负极材料、电池隔膜技术、电池组设计、安全性；集成电力电子技术，集成电力电子布局、集成电力电子机械结构、功率模块封装设计工艺；整车技术、电力发动机。

新型轨道交通技术。包括非黏着直线驱动技术。

2. 煤炭的洁净和高附加值利用技术

碳氢比可调的原料灵活的大型气化及绿色转化技术。包括：原来多样大型气化过程；低碳产品合成技术与低碳排放过程；绿色过程技术(废渣资源化利用、废水的循环利用过程)。

新型煤燃烧和发电技术。包括纯氧燃烧技术及相关材料、化学链燃烧理论与技术。

低阶煤应用技术。包括热解技术、低阶煤生物质共热解液、气化一体化技术。

二氧化碳捕集和储存技术。包括二氧化碳捕集技术、二氧化碳储存技术。

煤基化学产物制取技术。包括煤化学研究、反应机理研究、热分解、生物分解机理研究、反应设计、催化剂开发、生物菌筛选。

3. 电网安全稳定技术

新型电力电子器件。包括高压 IGCT/IGBT 器件、碳化硅等新型器件技术。

超导电力技术。包括：超导材料，超导材料的制备技术、液氮温区高温超导带材；低温技术、新型大冷量制冷机；安全性和质量控制、超导限流器和储能系统；输电技术、直流超导电缆和兆瓦级超导变压器；超导电机、兆瓦级超导电机研制。

可再生能源独立和并网发电。包括微网和分布式配网理论研究、微型电网故障和继电保护技术、钠硫、液流电池的材料、电解液、工艺和可靠性、磁浮轴承与高速飞轮转子材料、高能量密度超电容电极材料基础研究、飞轮储能超级电容器超导技术。

4. 生物质液体燃料和原材料技术

生物质液体燃料技术。包括气化、裂解工艺与技术;催化剂工艺与技术;水解工艺与技术;合成工艺与技术;生物酶技术。

工业植物、生物选育技术。包括能源植物筛选、基因改造、育种;能源植物对水、土壤等环境影响;水生生物质基因工程研究;含油微生物基因工程研究;能源植物、水生生物质、含油微生物试种养。

先进生物质工业化技术。包括纤维素生物反应、热化学反应基础性研究;工业植物、水生植物、含油微生物生物反应、热化学反应基础性研究;生物仿生学研究;生物基材料的基础性研究;制备纤维素、液体燃料、化学品技术;工业植物、生物基材料、液体燃料、大宗化学品制备技术;生物仿生能量转换技术。

5. 可再生能源规模化发电技术

风力发电技术。包括:风力发电大规模利用技术,建立风电场选址、风电功率预测、标准、生态评价、能力建设、检测认证等公共平台;高性价比、高可靠性风电机组技术,数兆瓦级风电机组叶片、控制系统、变流器及集成技术。

太阳能光伏发电技术。包括:硅薄膜太阳电池技术、新结构技术、界面控制技术、叠层硅薄膜电池技术;化合物太阳电池(Ⅲ—Ⅴ)族化合物及聚光电池技术,超高效电池结构、Ⅲ—Ⅴ族新材料、低成本电池、电池聚光系统、叠层及聚光电池技术;铜铟镓硒太阳电池,宽禁带材料、界面控制技术、大面积高效电池制备技术、叠层电池技术;染料敏化太阳电池技术,宽谱吸收染料稳定电解质体系、高效电池结构技术。

太阳能热发电技术。包括:太阳能塔式热发电技术,电站总体系统集成技术、定日镜场技术突破和集成、高效吸热器、高温传热、蓄热工质核心技术;槽式热发电技术,一维高精度曲面反射镜技术、450度高温槽式真空管技术;蝶式热发电技术,5—30 KW 蝶式斯特林系统。

6. 深层地热工程化技术

选址技术。包括资源评估技术、场地选择技术、环境评估技术体系;开采技术。包括热介质、热输送、热交换机理与技术等。

7. 氢能利用技术

制氢技术。包括:化石燃料制氢,二氧化碳处理及封存技术、催化剂、反应过程耦合及强化、能力梯级利用、接口与协控;生物制氢,酶催化反应技术;光解水制氢,生物催化光解水技术、电化光解水技术、太阳能光解水技术;核能热解水制氢,不同循环介质热解水技术。

氢的储运技术。包括:高压气罐储氢,外层缠绕纤维制造;液态储氢,内外壳体成型技术;新型储氢技术等。

燃料电池技术。包括:质子膜燃料电池,催化剂、膜、MEA、水热管理等技术突破;高温燃料电池,密封组装、批量制备、模块化等技术突破;直接醇燃料电池,高温/阻醇膜、电极批量生产、系统集成等。

8. 天然气水合物开发和利用技术

关键技术包括:成藏机理实验理论模型、找矿方法研究、地球物理化学勘探、地质生物分析、钻井勘探、水合物开采模型、矿场实验工程设计、生物模型、海洋/大气模型、安全/海底稳定性理论模型、灾害控制技术等。

9. 新型核电与核废料处理技术

关键技术包括:第三代反应堆的引进/消化/吸收/再创新、铀的勘探/开采/深加工;第四代反应堆的快堆、高温气冷堆、其他堆;新型燃料反应堆;加速器驱动次临界反应推系统等。

10. 具有潜在发展前景的能源技术

包括海洋能发电技术、新概念太阳电池技术、核聚变技术等。

(四) 装备产业与高端制造技术领域

未来30年,我国的主要制造设备与工艺将与世界同步发展,微纳米制造、生物制造等新兴技术将成为产业,并支撑起相关行业,人机和谐型制造及绿色制造将有理念、目标发展成为系统技术和生产标准,随着信息技术、新材料技术、生物及脑科学技术、纳米技术将成为未来先进制造技术的标志。

表3 中国至2050年先进制造工业体系建设特征与目标

	2020年前后	2030年前后	2050年前后
制造业水平	核心技术对外依存度低于30%	核心技术对外依存度低于20%	核心技术对外依存度低于5%
装备制造	基本扭转重大装备严重依赖进口的局面	重大装备的研制和生产基本满足需求	具备国际一流的装备创新设计和制造能力
制造智能化	泛在感知自动化制造广泛应用,使生产效率提高10%以上	建立人机和谐的职能控制和管理制造系统	实现智能机器与自主控制的生产系统
产品绿色设计	实现机电、汽车等产品的可拆卸和易回收	建立主要产品全过程绿色设计标准	普及产品的全过程绿色设计与循环利用
节能与碳减排	制造过程节能30%,碳排放减少20%	制造过程节能50%,碳排放减少30%	建立低碳经济型制造业体系
资源高效清洁利用	原料损失率减少30%,二次资源循环利用率达50%	原料损失率减少50%,二次资源循环利用率达70%	原料损失率减少90%,废弃物循环利用率达到90%
环境影响	制造过程的环境污染得到基本控制	有害废弃物近零排放,基本控制化学环境风险	有害废弃物零排放,消除化学环境风险

资料来源:中国科学院先进制造领域战略研究组:"创新2050:科学技术与中国的未来丛书"之《中国至2050年先进制造科技发展路线图》,科学出版社2009年版,第9页。

先进制造技术的涵盖面十分宽泛，中国科学院先进制造领域战略研究组从泛在信息的智能制造和环境友好的绿色制造两个方向分析了先进制造技术趋势，它们是[①]：

1. 泛在信息的智能制造

关键技术包括：泛在感知网络、泛在制造信息处理、虚拟现实、人机交互、空间协同、平行管理技术、电子商务、系统集成制造等。

2. 环境友好的绿色制造

关键技术包括：矿产资源利用的绿色过程工程、油气资源加工过程的绿色化、二次资源循环利用与环境核心技术、先进的过程模拟、集成与优化技术、生物质加工与生物工程技术、低碳资源利用技术与二氧化碳资源化转化、离散制造业的绿色制造技术等。

（五）新材料技术领域

新材料不仅是其他高技术的基础和先导，自身也构成一个巨大产业。《国家中长期科学和技术发展规划："战略高技术与高新技术产业化"专题研究报告》有关先进材料的分析如下：

关键材料与器件主要有四个重点领域：一是超级结构材料，包括先进复合材料和高性能工程塑料、高性能金属材料和金属间化合物材料、高新能结构陶瓷及陶瓷基复合材料、智能材料和结构；二是新一代功能材料和器件，包括关键信息功能材料与器件，微纳电子材料与器件、光电子材料与器件、半导体固态照明等，战略能源材料，特种功能材料，关键信息功能材料与器件等；三是环境友好材料，包括生态建筑材料，现代工农业用塑料材料，材料的环境协调性评价技术等；四是生物医用材料，包括组织和器官的修复与替代材料，药物控释和靶向材

---

① 中国科学院先进制造领域战略研究组："创新 2050：科学技术与中国的未来丛书"之《中国至 2050 年先进制造科技发展路线图》，科学出版社 2009 年版，第 27—80 页。

料等。

关键材料与器件的重大战略方向是：航空航天用高性能结构材料，主要包括高性能复合材料、轻合金、推进动力系统用高温合金、高性能钢铁材料、大块非晶和纳米晶材料、高温陶瓷材料以及高性能涂层材料；微纳电子材料和器件，包括基于纳米特征尺度的超大规模集成电路的器件设计和芯片制造技术等；光电子材料与器件，包括大直径 GaAs、InP 单晶以及以它们为基的微结构材料、器件和电路、宽带隙半导体材料与器件、白光照明材料与器件；材料与生态环境的协调技术等。

五、重大工程与项目建议

院士、专家目前共提出 10 项科技创新重大工程和项目建议，具体见表 4。

表 4　10 项科技创新重大工程和项目

领　域	序　号	主　题
新一代信息技术	1	大数据重大创新工程
	2	上海微电子创新中心
生命健康	3	医疗器械重大创新工程
	4	药物创新中心
	5	脑科技创新中心
	6	合成生物学上海国家科学中心
高端装备与智能制造	7	智能制造重大创新工程
	8	海洋装备重大创新工程
能源与环境	9	燃气轮机重大创新项目
材料	10	材料基因组创新中心

（一）大数据重大创新工程

1. 背景意义

大数据被认为是即将引发第三次科技浪潮的力量核心，已呈现出迅猛的发展态势，2010 年其全球产值仅为 32 亿美元，预计 2014 年为 136 亿美元，2016 年将增长至 238 亿美元，极具发展潜力。目前，美、英、日、法等发达国家已将大数据列为国家战略并投入巨资，30 多个国家建立了政府数据平台；在我国，北京、广东等地已通过大数据产业园区和基地等平台建设，为大数据产业化营造了良好发展环境，其价值链和产业链建设成效初显端倪。

随着公众信息需求的不断提升，各行业信息化建设的深入推进，上海已经积累并将继续产生庞大的数据资源，在众多领域的重要作用越来越凸显。上海拥有世界最大的医联数据共享系统，并将建设和完善涵盖 3 500 万患者的电子诊疗档案库，形成海量的医疗健康大数据资源，实现支撑 2 000 名医生同时在线诊疗的辅助能力。此外，目前上海已有约 2 500 万人口享受政府福利，在用的公共交通卡达已经达到4 800万人次，并拥有世界第一的货物和集装箱吞吐量，亚洲第二的证券交易额。毋庸置疑，近年来，上海在数据资源整合、数据技术开发、数据应用服务等数据产业环节涌现出一批机构和企业，已经成为或正在成为推动上海数据产业发展的中坚力量，数据产业初显轮廓。

2014 年，上海发布了《上海推进大数据研究与发展三年行动计划（2013—2015 年）》。该行动计划提出，上海将重点选取医疗卫生、食品安全、终身教育、智慧交通、公共安全、科技服务六大行业大数据公共平台；金融证券、互联网、数字生活、公共设施、制造和电力 6 类大数据行业应用研发，探索交互共享、一体化的服务模式，建设大数据公共服务平台，促进大数据技术成果惠及民众。与此同时，上海大数据产业技术创新战略联盟宣布成立。

本工程将按照建设全球影响力科创中心的定位，聚焦城市大数据的协同融合与高效利用，通过建立企业为主体、产学研联合的发展机制，研制国际领先水平的大数据关键战略设备、产品和系统，建设国家自主可控的大数据验证与成果转化基地、国家生物信息大数据中心、国家互联网金融大数据工程中心和上海城市大数据融合与服务平台。

2. 建设内容

围绕城市大数据协同融合、人本大数据计算分析、行业大数据智能处理三大类共性关键技术攻关，推动泛金融、航运物流、科技服务、文化创意、产业互联网等的发展，推动上海传统产业的升级转型。

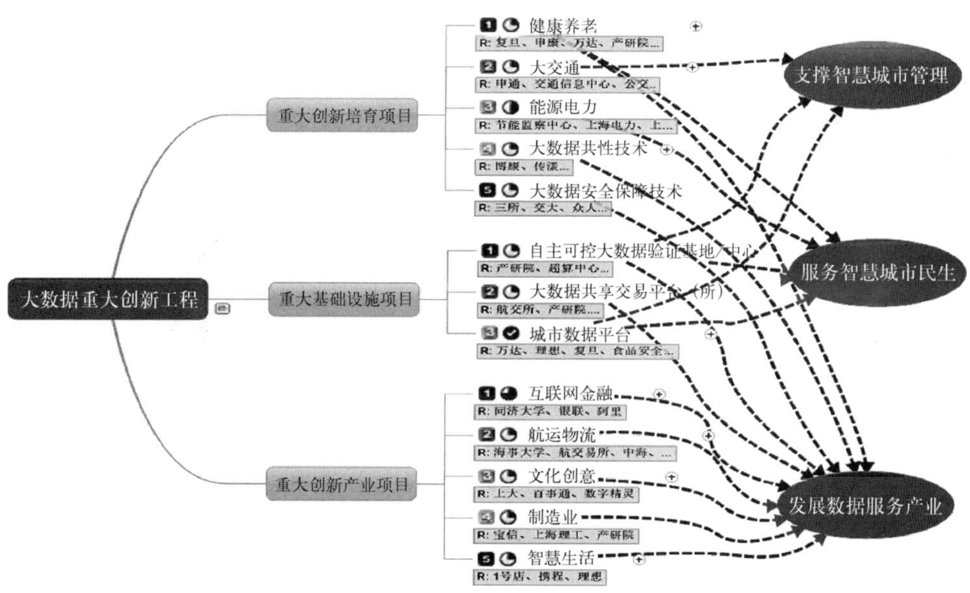

图 2　大数据重大创新工程建设内容

3. 实施方案

(1) 近期目标(3 年内)

完成数据协同融合核心技术的研发，构建大数据研究开发、测试、验证基地，打造大数据公共服务平台，构建长效的产学研合作机制，形成一批行业领先、具有自主知识产权的研究成果，并促进成果的有效转化，产业效应初现。

(2) 中期目标(5 年内)

支撑城市治理和以人为本的大数据技术日益完善，形成超过 100 家规模化以上的基于大数据应用和服务的企业，数据治理体系和标准、数据安全保障体系日益完善，成为具有国际影响力的大数据服务创新中心。

(3) 远期目标(10 年内)

基于大数据技术的研发和应用，促进区域升级，打造优势产业集群，培育 50 家以上大数据上市企业，数据服务产业产值规模达到1 000 亿元。

(二) 上海微电子创新中心

1. 背景意义

集成电路产业是支撑我国经济社会发展和保障国家安全的战略性、基础性和先导性产业，已成为我国重大需求的命脉产业。2013 年，进口集成电路总额达 2 313 亿美元，居大宗产品进口之首。

集成电路的核心与基础是肖克利、巴丁和布拉顿三位诺贝尔奖获得者 1947 年发明的 MOS 晶体管器件。随后，浮栅晶体管的出现成就了今天 300 亿美元的闪存芯片市场，FinFET 器件更是推动集成电路技术进入 22 纳米技术节点。在集成电路技术重大革新和革命性进步的背后，都能够找到创新器件的巨大作用，缺少电子器件与系统的原始创新严重制约了我国集成电路产业的发展。研发面向未来集成电路应用的创新电子器件及其系统是提升我国集成电路原始创新能力，实现产业跨越发展的唯一路径。

开展创新电子器件与系统应用的关键技术和共性技术的协同攻

关，加速完善重大技术成果和产业化，是服务国家信息化战略、优化上海集成电路产业链架构、建设具有全球影响力科技创新中心的重要推动力。

上海是我国集成电路产业最聚集、产业链最完整和技术力量最强的地区，无论从规模上还是技术上，上海集成电路产业都处于国内领先地位。然而创新能力不足、高端人才匮乏是制约集成电路产业发展亟待破解的困局。面对这样的局面，由上海的高校和优势科研院所牵头，联合上海集成电路龙头企业，建设市级重大工程“上海微电子创新中心”，依托区域完善的产业链，打造集成电路产业技术创新链，共建以系统应用驱动的价值链，把上海建设成为集成电路技术的国际创新中心和人才培养高地。

本工程旨在解决集成电路领域国家重大需求和学科前沿问题，培养国际一流的集成电路高端人才，建设国际领先的集成电路技术创新与人才培养相结合的平台，实现我国集成电路技术创新能力世界领先、设计与国际同步发展的历史跨越。

2. 建设内容

一是围绕半浮栅器件(SFGT)原始创新成果，开展系列研究，解决动态随机存储器芯片面临的世界难题，打破300亿美元DRAM芯片市场被国外公司垄断的局面；实现基于半浮栅器件的CPU缓存(Cache)电路，促进国产通用CPU性能的全面提升。

二是开展多栅、TFET等新结构器件研究，以及10纳米及以下技术节点关键工艺的研发，获得系统解决方案，满足国内高端芯片产品的制造需求，支撑国内高端集成电路制造技术。

三是开展以微处理器为核心的系统芯片技术研发，在高能效电路、能量获取、安全算法与电路的方面取得突破性进展，推动产业实现我国集成电路自主、可控的移动通信芯片目标。开展FPGA芯片核心技术的研究，与工业界合作开发下一代FPGA产品，满足国防和民用的巨大需求。

四是按照“精英化、国际化、工程化和个性化”要求，开展高校与企业联合培养模式，每年培养、培训600名集成电路行业创新技术人才，逐步缓解上海集成电路产业发展中的人才紧缺问题。

五是重大项目。面向集成电路的创新电子器件与系统项目，以创新电子器件带动器件、工艺、材料以及封测的全产业链创新，建立相应的全产业链联合攻关和高效协同的科技创新体制，形成如下任务体系：

(1) 创新电子器件设计。建立完备精确的TCAD平台与面向电路设计的模型体系；重点突破FinFET、多栅/围栅硅纳米线、互补型隧穿晶体管和高功率晶体管等新型器件设计，并开展相关TCAD仿真和原型器件研究；重点突破半浮栅存储器和阻变存储器的单元器件、关键材料、集成工艺、阵列电路方面的研究。

(2) 先导集成电路工艺。研究超低功耗的隧穿晶体管及芯片级应用，研究新型隧穿晶体管的集成化技术与关键工艺；研究面向5—7纳米工艺技术节点的多栅器件原理及关键技术；开发相应的创新电子器件工艺技术平台，包括工艺流程、模型及PDK库及IP。

(3) 基础IP开发。重点开发标准单元、存储器编译器、锁相环(PLL)接口等基础IP；开展先进工艺下电路新原理、新特性的研究工作，为工艺和电路的进步优化提供重要的数据资料。

(4) 创新电子器件系统级应用。开发全新的创新电子器件的芯片体系架构；建立基于创新电子器件的通用及专用IP开发的规范和体系架构，并提供面向产品进行IP开发的参考设计流程。

(5) 创新电子器件封装技术。根据创新电子器件结构和封装模型，开展相应封装技术研究，提高器件的大密度集成、高速以及热学特性，优化部件的应力水平，提高器件封装的可靠性，完成低阻、高密度、大功率模块的研制。

(三)医疗器械重大创新工程

1. 背景意义

近年来,全球医疗器械产业快速发展,年均增速约8%,2012年,全球医疗器械总销售额超过4 000亿美元。我国医疗器械产业市场规模保持高速增长,已成为继美、日之后世界第三大市场,2012年市场规模为2 420亿元,近10年复合增长率21.3%,远高于同期国民经济平均增长水平。

医疗器械产品融入了大量现代科学技术,是高新技术得以迅速体现的产业之一。目前,全球约50%的医疗器械产自美国,我国医疗器械70%依赖进口,高端医疗器械进口率超过90%。我国医疗器械产品中低端产品多,关键零部件依赖进口。因此,自主研发包括高端医疗器械在内的高科技产品,满足人民医保需求,既能带来巨大经济利益,也是重要的国家安全问题。

"十二五"期间,上海医疗器械产业发展迅速,2014年总产值将达230亿元,同比增长超过20%,出口比重超过50%。然而,上海医疗器械产业也面临诸多问题和挑战。加快实现高端医疗器械的创新发展应成为上海建设全球具有影响力科技创新中心的重要组成与内涵,从而在高端医疗影像诊疗等领域突破一批共性关键技术和核心部件,开发一批具有自主产权、高性能、高品质的医疗器械产品,成为带动上海经济发展的新引擎。

2. 建设内容

集中优势资源,围绕早期发现、精确定量诊断、微无创治疗、个体化诊疗、智能化服务等方向,加强生物电子学等基础理论研究,加强新的理论、方法、材料、技术用于医疗器械的应用研究,加强精密机械、生物医用材料改性等工程制造研究,在高端医疗影像诊断、微创植(介)入器械、精密治疗和康复设备等领域突破一批共性关键技术和核心部件,开发一批自主产权、高性能、高品质的医疗器械产品;培养一批高端复合型科研技术人才；建立医疗器械研发创新链，加强产品应用示范，提高产业核心竞争力。

（1）重点围绕三类核心装备和关键技术

一是反映产业高科技水平的数字化医学影像诊疗设备。包括核磁共振、计算机断层扫描、分子影像等系统设备，以及医用X射线高频高压发生器、低液氦高质量超导磁体、数字X射线探测器等共性技术和关键部件。

二是体现国家综合工业实力的高科技数控治疗设备。包括集成化放射治疗设备及其直线加速器、精密数控医疗设备中的精确控制、定位等关键技术与设备。

三是展示产业前瞻性与未来科技制高点的移动医疗、医疗信息化、大数据处理技术。包括远程诊疗系统、多模态软件平台、云计算和存储技术、移动可视化技术等。

（2）开展高端医学影像诊疗设备重大项目

聚焦以下3类系统、6个方向开展攻关研究：

一是磁共振成像系统（MRI）。包括新型磁体技术；基于Constellation（星河）的3T磁共振整机系统。

二是分子影像（MI）设备。包括一体化PET/MR整机系统；新一代全身1 mPET/CT成像系统（SuperPET）。

三是X射线计算机断层影像（CT）设备。包括革命性低剂量X-射线球管；光子计数能谱CT；基于碳纳米管的场发射X-射线源；新一代超快速高压发生器。

四是X射线成像设备。包括锥束计算机断层扫描（CBCT）技术；X射线相衬成像技术；大尺寸光子计数能谱探测器技术。

五是放射治疗设备。包括CT图像引导的一体化CT－LINAC中能直线加速器放疗整机；集成化的MRI－Linac系统。

六是医学影像信息系统。包括基于云平台的大数据多模态医学影像处理系统;重大疾病早期诊断决策支持系统。

3. 实施方案

以5年为一个阶段,分3个阶段规划实施:

第一阶段(2016—2020年):开展前瞻性布局,为医疗器械产业的持续发展打下基础;加强高端医疗设备基础性、共性技术研究,打破国外垄断;优先扶持潜能较大的创新主体,在跟踪国外基础上增强自主研发和系统设计能力。

第二阶段(2021—2025年):形成一批可与外企抢占国际先进产品市场的一流设备和领先技术;形成一批共性技术与前沿技术并重的核心自主知识产权;培育初步具有国际市场影响力和竞争力的示范性企业;逐步实现高端医疗设备普及到县级及以下的基层医疗机构。

第三阶段(2026—2030年):自主研发和制造能力位居世界前列,拥有世界领先水平的研发机构和产业集聚区;在某些领域和方面引领世界先进技术发展方向;形成广泛产业发展平台,保证我国医疗器械产业健康和持续发展。

(四) 药物创新中心

1. 背景意义

新药研发具有多学科交叉、多环节配套特征,是一项多种高新技术综合交叉的复杂系统工程。目前,我国已成为全球增长最快的医药市场,但国内的新药研发仍以仿制为主,尽快实现新药从仿创并举到以创为主,是建设创新型国家的战略需求。

中国科学院人口健康领域战略研究组对2010—2050年人口健康科技领域8个主题的战略目标、任务和关键技术进行了分析,其中之一为[①]:创

① 中国科学院人口健康领域战略研究组:“创新2050:科学技术与中国的未来丛书”之《中国至2050年人口健康科技发展路线图》,科学出版社2009年版,第35—119页。

新药物和生物医学工程，关键技术包括：药物发现、基于网络药理学的新药研发、个性化新药研究、基于干细胞的药物研发、药物安全性研究、药物释放系统及制剂、中药研究关键技术、规模化生物制品制备技术、生物材料关键技术、生物医学工程技术、资源整合关键技术。

上海新一轮《生物医药科技产业发展行动计划(2014—2017年)》发展目标即推动上海建设成为亚太地区生物医药高端产品制造中心、商业中心和创新研发中心，实现生物医药产业新一轮跨越式发展。到2017年底，实现产业经济总量3 500亿元，其中制造业1 500亿元，商业销售收入1 700亿元，研发服务外包收入300亿元；形成1家销售收入超过1 000亿元的旗舰企业，前20家重点企业工业产值占本市生物医药制造业工业总产值的比重达到50%以上，产业发展质量和集中度明显提升；培育18个年销售额过10亿元的重大产品，产品结构优化升级；全行业研发投入经费占销售收入比重为4%以上，保持产业创新能力在全国的领先地位。

中科院上海药物所是国家创新药物研究的重要战略力量，长期引领着我国药学基础、应用研究和新药事业的发展，成果转化和服务行业效应显著。新中国成立以来，我国发明的3个国际重大影响的药物中有2个出自药物所。成功研发一批国际影响新药的同时，其创新药物研发综合平台全国第一；安全性评价等平台与国际接轨；拥有我国唯一国家级药物筛选中心和首个中药国家工程实验室；国家化合物库样品总存量突破130万(规模亚洲第一)。

为促使科研人员真正贴近市场和产业，投身国民经济主战场，产出推动产业持续发展的重大新药，为上海生药产业和全球影响力科创中心建设作出更大贡献，建议以上海新一轮《生物医药科技产业发展行动计划(2014—2017年)》为指引，以张江自主创新示范区为核心，建设一批国际一流的药物研发机构和管理团队；发现一批药物作用新机制、新靶标和新标志物；产出一批有国际影响的原创新药；培育若干家有国际竞争力的大型制药公司。

2. 建设内容

（1）平台能力建设

有效完善提升部分单元平台以及新建部分平台以补足短板，成为涵盖靶标发现与确证、活性化合物发现、候选新药系统临床前评价、GMP中试生产化学药、中药、生物药并举的一体化新药研发体系，构建新药研发一体化公共技术服务平台职能。

一是进一步完善现有平台功能，不断提升效率，包括药物筛选平台、药效学平台、天然产物和中药现代化平台等；二是按需建设一批新平台，补足药物研发短板，包括生物药和抗体偶联药物、分子影像技术、生物医药大数据分析平台，公共服务GMP中试及生产平台。

（2）科研任务布局

一是面向新药创制需求的基础研究：围绕"出新药"这一核心工作，针对"原创(First-in-class)新药创制难"开展前瞻布局；二是药物研发新方法和新技术发展：围绕"出新药难、出新药慢、出新药贵"，发展"一招鲜"方法和技术；三是针对重大疾病的新药创制：围绕"原创新药临床失败率高"等问题，有力提升我国原创新药的研发能力；四是药物研发转化技术研究：以技术创新提升新药研发能力，引领和带动医药产业发展，着力解决我国新药研发技术成果转化效率低等关键问题。

（3）重大项目一：个性化药物——基于疾病分子分型的普惠新药研发

针对严重危害我国人民健康的重大疾病，以肿瘤、代谢性疾病（心脑血管、糖尿病等）、神经退行性疾病及精神疾病、自身免疫性疾病等复杂性疾病为研究核心，发展个性化药物研究的新理论、新方法和新技术，建立我国个性化药物研发新模式，进行疾病的分子分型，发现并确证一批新靶标和生物标志物，自主研制一批优效、安全、具有自主知识产权和重大市场前景的创新个性化药物；提高用药效率，降低医保负担；建成国际一流的个性化药物研究中心。获得如下预期成果：

建立个性化药物研发模式：发展个性化药物研发体系；提出新药评审新准则；创建患者高效用药新模式。

获得一批原创成果：明确中国人群高发复杂性疾病的疾病分子分型、发现2—3个新标志物和2—3个新干预靶标。

研发一批重大产品：获得1—2个个性化新药证书及配套试剂；2—3个老药新用个性化治疗方案；5—8个个性化候选新药及诊断试剂。

建设国际一流的个性化药物研究中心：建设个性化药物研究的关键核心资源库和共享信息系统，实现资源、信息的共享与集成，在个性化药物研究中发挥示范引领作用。

(4) 重大项目二：G-蛋白偶联受体结构与功能研究及其新药创制

G-蛋白偶联受体(GPCR)是人体中最大的细胞信号传导受体家族，目前约45%的上市药物作用于GPCR。人类基因组中800余种GPCR用于药物研发的不到50种(大多数GPCR的三维结构未测定影响了对其生物学功能的了解)。因此，进行GPCR结构与功能研究，并在此基础上进行重大新药创制，既有望解决重要科学问题，又能开发原创(First-in-class)新药，对于我国研发具有国际影响的新药具有重大意义。本项目的实施，有望实现如下目标：

全面开展具有重要药理功能GPCR及其与小分子和上下调控游通路中结合蛋白复合物三维结构的测定，解决B类和C类等GPCR没有全长三维结构以及配体-GPCR和GPCR与上下游通路中结合蛋白复合物三维结构不足等国际公认的重大科学问题，为GPCR功能研究奠定结构基础。

在结构测定基础上，深入研究重要GPCR靶标的生物学和药理学功能，解决GPCR变构调节机制和配体精准调控机制等重大科学问题，为创新新药发现提供新的靶标和新的作用位点。

在结构和功能研究的基础上，进行原创新药研发，实现我国靶向GPCR新药创制零的突破。

通过项目牵引，进行平台建设、人才培养和集聚，建立有全球影响的一流靶向 GPCR 结构与功能新药创制中心。

3. 实施方案

分为 3 个实施建设阶段：

筹建期（2015—2017 年）：完成中科院药物创新研究院筹建，完善药物研发体系；达到世界前 50 名制药公司水平，4 个新药进入临床研究，1 个新药上市；通过新药研发成果和技术转移转化扶持企业新增产值 50 亿元以上。

建设期（2018—2020 年）：基础研究和新药研发进入良性循环期；研发能力和新药成果产出达到世界前 30 名制药公司研发水平；年产出 2 个以上新药进入临床研究；实现 2 个新药上市（其中 1 个新药国际上市）；通过成果和技术转移转化带动形成年销售 200 亿元制药公司 1 家。

发展期（2021—2030 年）：进入高速发展阶段，基础研究达到美国 Scripps 研究所水平，研发能力和新药成果产出达到世界前 20 强制药公司研发水平；年产 5 个新药进入临床研究、3 个新药上市（其中 1 个新药国际上市）；带动形成年销售 500 亿元以上制药公司 2 家以上，国际前 20 强制药公司 1 家。

（五）脑科技创新中心

1. 背景意义

人类大脑是自然界最复杂的系统之一，理解人类认知、思维和意识的神经基础是人类认识自然与自身的终极领域，对于推动社会进步具有极其重要的意义。

脑疾病的治疗和相关仪器设备、药物的研发将成为生物医药产业的重要支柱；脑科学与数理、信息、工程、材料、纳米等前沿学科的融合，正在催生新型的脑机智能技术，将推动未来创新科技与产业的发展。

中国科学院人口健康领域战略研究组在“创新 2050：科学技术与

中国的未来丛书”之《中国至2050年人口健康科技发展路线图》一书中，也对认知神经科学与心理精神健康主题的战略目标、任务和关键技术进行了分析。关键技术包括：在体神经分子标记及脑功能影像技术；中国人脑结构和功能数据库；中国人基本心理特征数据库；认知障碍、心理失衡和精神疾病的个体化诊断模式；整合性实验技术；脑功能可塑性调节技术；虚拟现实技术。

上海脑科技重大创新工程将面向世界科学前沿，针对国家和上海市重大创新需求，充分利用上海已有研究基础、脑疾病样本资源和非人灵长类动物模型的优势，开展脑疾病诊断治疗和脑机智能技术两个前瞻性重点领域研究，以期在帕金森症、老年痴呆症等脑疾病早期诊断和治疗以及新一代脑机智能技术原始创新方面取得标志性进展，产生具有全球影响力的成果。

2. 组织架构

脑科技创新工程的核心是统筹规划和团队攻关。建议成立跨院校的领导小组、负责统筹规划的执行委员会、学术委员会、国际咨询委员会、上海脑科技创新工程办公室。

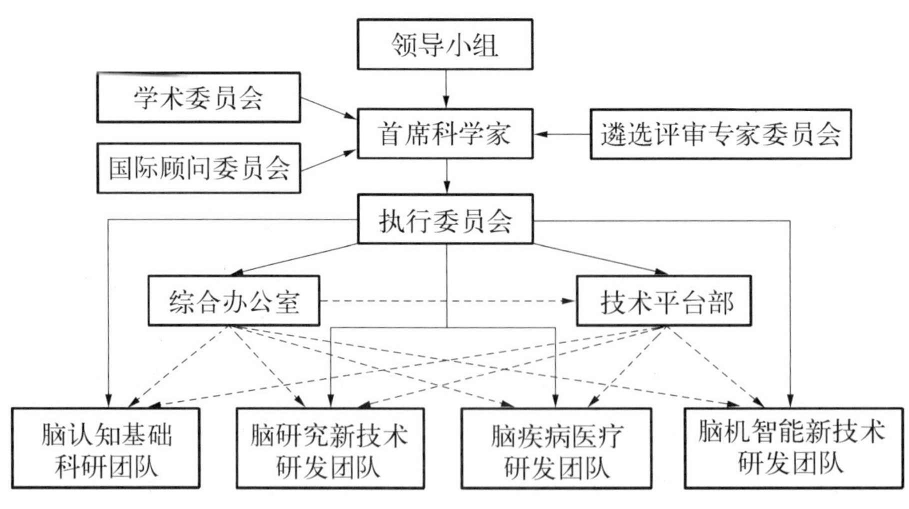

图3 上海脑科技创新工程组织框架

3. 建设内容

脑科技创新工程包含脑认知功能的基础研究、脑研究新技术研发、脑疾病诊断和干预手段研发、脑机智能新技术研发和科研体制创新五项内容。

(1) 脑认知功能的基础研究：理解认知功能的神经机制是脑科学最重要的基础前沿领域。将针对三类基本认知功能(感知和运动、学习和记忆、注意和抉择)，在宏观和介观层面完整地阐明相关神经环路的结构和认知过程中的动态活动及运行原理，探索人类高等认知功能(思维、自我意识和语言)的神经环路和其运行机制。

(2) 脑研究新技术研发：新技术的出现是突破目前脑科学发展瓶颈的关键。将针对脑网络的结构和功能活动(电信号和化学分子信号)，研发多尺度、高时空分辨率的监测和调控技术，创建处理脑网络结构和功能活动相关大数据所需的新理论和新方法。

(3) 脑疾病诊断和干预手段研发：脑疾病的治疗是提高人口健康水平以及构建和谐社会的关键环节。将针对三类重大脑疾病(幼年的发育性疾病、中年的精神类疾病、老年的退行性疾病)，建立大规模、标准化的研究体系和全国共享的样品库(脑样、血样等)与数据库，阐明疾病机理，确认分子、脑影像和认知功能的早期指标，探索早期干预手段(药物、生理和物理)，研发有自主知识产权的医疗新技术。

(4) 脑机智能技术研发：新一代脑机智能技术是推动下一次工业革命的关键。将通过脑科学与数理、信息、材料、纳米、工程等学科的融合，研发新型脑机接口、脑活动调控技术、人工神经网络的计算新模型和信息处理新理论、类神经元和神经网络的信息处理存储器和新一代模拟式计算机，以及类脑智能芯片和机器人技术。

(5) 科研体制创新：将在科研领域率先探索创新体制，包括建立跨院校、多学科交叉融合、协同创新的研究团队和基地平台，以及资源分配调控和成果评估的创新体系，为重大科研成果的产出提供体制与机制保障。

（六）合成生物学上海国家科学中心

1. 背景意义

合成生物学是指将化学合成的“基因”连接成网络，通过一系列标准化、自动化过程，让细胞来完成设计人员设想的各种任务，获得全新或者特征、性能增强了的生物体，称为“细胞工厂”，其未来在医药工业（如人工合成青蒿素、抗生素）、生物质能（如生物制氢、乙醇等）、生物基化学品等领域具有广阔应用前景。

麦肯锡将合成生物学评价为未来的革命性技术；英国将其评为未来八大技术之一，并于2013年和2014年先后资助6个大型合成生物学中心；美国2014年初选了6个合成生物学中心，资助经费预计超过6亿美元。

中国科学院人口健康领域战略研究组在“创新2050：科学技术与中国的未来丛书”之《中国至2050年人口健康科技发展路线图》一书中也对合成生物学技术战略目标、任务和关键技术进行了分析，认为其代表了下一代的生物技术，主要研究方向有：重新设计或改造自然存在的细菌和病毒等简单生命系统，设计和构建新的生命组件，合成新的生物材料（如核酸和蛋白质）等生命物质，利用现有生物系统规模化生产氨基酸、多肽、小分子药物等产品。

目前，我国该领域研究与国际并行为主，但尚未建立国家研究平台。上海合成生物学研究基础雄厚，以上海有机所、植生所、交通大学、华东理工大学等为主要代表，植生所已率先成立国内首个合成生物学重点实验室，生科院、交通大学则分别通过主持973项目，在相关理论研究方面取得系列重要进展。

合成生物学上海国家科学中心的目标就是要建成具有国际特色的国家级研究中心，发展多学科交叉融合的新策略和新技术，解决重要生物医药品、能源分子及高附加值化学品的绿色高效合成制造中的应用基础问题。

2. 建设内容

具体包括三个方面：

(1) 复杂药用天然产物的合成研究。针对动物、植物及微生物来源的复杂药用天然产物，加强以生物合成途径为核心的生物催化体系解析、异源人工构建与底盘优化研究，发展高效和实用的合成化学和合成生物学理论与技术体系，建立以结构多样性和生物活性导向的组合合成途径，为转化生产提供应用研究基础。

(2) 高效化学催化剂及生物酶的设计与构建。开展化学及生物催化的机理研究，发展高效化学催化剂及生物酶分子设计和构建技术，设计新颖的自组装催化剂、模拟酶的小分子催化剂；建立微生物菌种、酶分子、催化剂的(超)高通量检测和筛选技术平台，构建“上海万酶计划”资源库。

(3) 新型催化工艺研究。构建重要产品的体外多酶耦合、化学催化、生物酶耦合等新型合成体系；基于构建的高效“人造细胞工厂”与催化剂，发展新型生物反应器与化学工艺流程技术，提高在工业生产条件下的运行效率，为高附加值化学品、药物中间体、二氧化碳转化再生等生物燃料的绿色高效合成制造奠定基础。

3. 实施方案

(1) 发展高精度、实时定量和定性的合成生物学系统分子检测技术：建立生物分子高通量、大规模、多维定量检测技术平台；开发代谢网络实时动态、高精度检测分析技术；建立无创影像及在此基础上的分子辅助标记检测技术；引进“组学”技术，建立相应整合技术。

(2) 发展基于基因组学、蛋白质科学代谢物组学的合成生物学使能技术平台。

(3) 结合科研或产品开发的实际应用目标，研究开发适用于微生物、植物和动物的“智能”高通量表型检测技术平台。

（4）建立适用合成生物学理论和技术在医药领域应用的基础和产业转化平台：设计和构建适用于不同用途、不同来源的通用生物器件库；构建与拼装“智能”化人工生物底盘；优化合成生物制造和医疗的“生命体系”，推进产业转化。

（5）建立相应的生物信息与计算生物学平台，为产学研提供云计算服务。

（七）智能制造重大创新工程

1. 背景意义

过去几十年，我国已成为制造业发展最快的新兴工业国家和世界工厂，然而一直存在大而不强的问题。制造业的快速发展和核心技术的缺失，对我国的资源、环境等都带来了巨大的不良影响。国家工信部部长苗圩指出，我国要从制造业大国提升为强国大致需要30年，“中国制造2025”仅仅是我国从制造业大国向强国迈进的第一步。推进信息化与自动化的深度融合，实现互联网时代的高端制造，已成为抢占未来产业竞争制高点、加快建设制造强国和网络强国的战略选择和必由之路。随着两化融合步伐加快，以工业互联网、信息物理系统、制造业创新网络等为特征的智能工业将引领我国工业迈入转型发展的新时代。

先进制造技术的涵盖面十分宽泛，中国科学院先进制造领域战略研究组从泛在信息的智能制造和环境友好的绿色制造两个方向分析了先进制造技术趋势，它们是[①]：泛在信息的智能制造关键技术包括泛在感知网络、泛在制造信息处理、虚拟现实、人机交互、空间协同、平行管理技术、电子商务、系统集成制造等。环境友好的绿色制造关键技

① 中国科学院先进制造领域战略研究组：“创新2050：科学技术与中国的未来丛书”之《中国至2050年先进制造科技发展路线图》，科学出版社2009年版，第27—80页。

术包括矿产资源利用的绿色过程工程、油气资源加工过程的绿色化、二次资源循环利用与环境核心技术、先进的过程模拟、集成与优化技术、生物质加工与生物工程技术、低碳资源利用技术与二氧化碳资源化转化、离散制造业的绿色制造技术等。

上海在实施"创新驱动、转型发展"战略中已初步形成高端装备制造产业格局。2014 年上半年，上海装备产业实现产值 6 092.9 亿元，同比增长 8.8%，增速高于全市工业平均水平 5.8 个百分点。完成出口交货值 939.2 亿元，与去年同期基本持平，增速高于全市工业平均水平 0.4 个百分点。实现利润总额 816.0 亿元，同比增长 21.0%，增速高于全市工业平均水平 10.8 个百分点。其中，尤其是以机器人为代表的智能装备发展态势良好，高端能源装备明显复苏，新能源汽车推广应用成效初显，轨道交通装备稳定增长，微电子装备高速增长，船舶装备呈复苏迹象，航空装备订单不断增加。

当前，上海应牢牢抓住建设具有全球影响力科技创新中心的政策机遇，根据在整个国家发展中的地位和上海的地域特点，结合互联网时代高端制造的技术特征，将高校、科研院所充分转化为发展高端制造的有力支撑，同时，学习、借鉴在沪的世界知名企业及研发中心在高端制造方面的先进技术和经验，提升自主创新能力，大力推进高端制造技术和产业的发展，重拾制造优势。

当下迅速发展的互联网时代的高端制造具有以下主要技术特征：

(1) 物联网技术：物联网技术通过基于 RFID 技术与智能传感器的信息感知过程、基于无线传感器网络与异构网络融合的信息传输过程、基于数据挖掘与图像视频智能分析的信息处理过程实现制造过程的生产过程控制、生产环境监测、制造供应链跟踪、产品全生命周期监测等，帮助企业更好地掌握与利用各区域的地方资源，实现全球制造资源的整合优化。

(2) 智能化技术：在互联网时代的高端制造中，以技术与服务创新为基础的高新化制造技术将会融入生产过程中的各个环节，实现生产过程的智能化，提高产品生产价值。主要包括广泛应用工业机器人与智能控制系统的智能加工技术，基于智能传感器的智能感知技术，满足极限工作环境与特殊工作需求的智能材料、智能成型技术等。

(3) 大数据技术：随着互联网与高端制造的紧密结合，制造业数据的规模性、多样性与高速性特征越来越明显，大数据应用正从零售、金融、电信、医疗等领域加速向制造业拓展。制造企业需要重新审视数据的价值，利用大数据技术进行数据处理与分析，实现生产制造过程的透明化，从中获取价值信息，依靠智能分析与决策手段提高应变能力，重点内容包括产品创新、生产线监测与预警、设备故障诊断与维护、供应链管理、质量检测等。

(4) 柔性个性化生产技术：在高端制造中，企业需要构建网络化的制造体系，按客户远程订单组织生产，并利用高度柔性的智能工厂和新型制造工艺(如 3D 打印技术)实现个性化定制生产。企业需要在为客户提供多样化选择的基础上，通过互联网的端到端实时链接，由客户完成远程订货，互动参与产品的设计过程，根据自身需求主导产品的设计与制造过程。

(5) 制造服务技术：服务型制造是未来制造业转型的重要模式，随着制造和服务的融合，制造企业从单纯提供产品到提供全面解决方案的产品服务系统转变。云制造技术、物联网技术的不断发展，将推动制造服务业向信息化、物联化、智能化的方向发展，实现制造与服务智能集成与共享。

2. 建设内容

(1) 构建网络协同制造体系，发展体现国家战略需求的智能制造。如大飞机、航天运载、航空发动机、海洋装备、电子制造、高端医疗仪器等，这些产业国内与国际先进水平有差距，国家对上海有高的期望，也是上海重点发展领域。在技术上，以产品、关键零部件和总装制造为抓手，依托互联网技术，构建协同制造网络环境，集聚跨域资源，形成上海的竞争优势。在战略上，充分发挥上海的资本优势，利用好国家资本、上海本地资本，甚至民间国际资本，长期投资，追求大投资大回报。

(2) 以智能工厂为抓手，发展有市场活力和竞争力的智能制造。如汽车制造业。上海的汽车制造业相比而言得到国家扶持要少，但上海较好地发挥了自身优势，市场竞争力强，对上海及其周边地区制造产业带动和制造水平提升作用非常明显。上海要紧紧抓住智能制造的机遇，构建适应多品种大批量生产的智能工厂和供应链体系，带动机器人等智能制造装备产业和应用系统，巩固上海竞争优势，实现技术与经济效益的同步发展，为个性化产品的定制生产奠定基础。

(3) 实施智能生产，发展基础性前沿性的高端制造。实施智能生产，发展基础性前沿性的高端制造。基础工业薄弱，关键基础件依赖进口是制约我国制造业转向高端的主要制约因素，也会对我国制造业长期发展带来影响。关键基础部件应用量大面广、利润丰厚，生产工艺相对固定，精度要求高，特别适合高节拍的自动化智能化制造，上海应加强基础元器件智能生产装备、智能生产工艺和智能制造系统研发，推进高附加值类型基础元器件产品的高端制造。上海还应关注生物医学制造、微纳制造、绿色制造等对未来制造业带来变革的前沿性高端制造，以占领市场先机。

(4) 基于信息物理融合系统(CPS)，发展新一代的智能制造母机和操作装备。上海在数控一代制造装备领域错失了发展机遇，未能占据国内优势地位。在互联网和智能制造的背景下，上海应抓住CPS系统的发展时机，基于工业互联网，发展制造现场环境传感技术，研制新一代的智能制造高端母机装备、机器人等智能制造操作装备，以及智能制造母机和操作装备构成的智能制造系统和单元，占据智能一代的制造和操作装备产业的先机。

(5) 依托广域互联网，大力发展高附加值的智能制造服务业。制造服务是我国未来制造发展的重要方向，也是国际高附加值制造理念的集中体现。上海具有良好的国际化环境和地域优势，发展高端、知识技术密集型的制造服务业具有得天独厚的优势。具体关注：制造相关的国际资质认证和测试服务业；制造应用软件、基础制造工艺、测试试验、解决方案和技术集成、技术与技能培训是知识密集型高技术制造服务；结合主导产业和骨干企业，发挥多方资本综合优势，高性能装备的租赁外包和维护服务，如航空发动机、大型船用发动机、医疗设备、测试分析仪器设备的租赁外包与维护服务等。

（八）海洋装备重大创新工程

船舶与海洋工程装备产业是为水上交通运输、海洋资源开发及国防建设提供技术装备的现代综合性产业，是军民结合的战略性产业，是先进装备制造业的重要组成部分。国家陆续发布了《船舶工业中长期发展规划（2006—2015）》、《船舶工业调整和振兴规划》、《国务院关于加快培育和发展战略性新兴产业的决定》等一系列重要文件，充分体现了国家对船舶与海洋工程装备产业的高度重视。

上海是我国现代船舶工业的诞生地，经过建国以来 60 年的发展，特别是改革开放 30 年的快速发展，上海已成为我国船舶与海洋工程装备产业综合技术水平和实力最强的地区之一。2014 年上半年，上海交付新船 380 万载重吨，同比增长 32.8%，船用柴油机完工 116.9 千瓦，同比增长 86.1%。新接订单 596 万载重吨，同比增长 16%；手持订单量 2 480 万载重吨，同比增长 33%。上海市部分船舶与海洋工程装备制造企业已形成各自的相对优势。其中，沪东中华造船集团明确了以 LNG 船、超大型集装箱船、特种船为核心的产品定位，在新型 LNG 船相关技术和 LNG 全产业链装备研究中取得进展，高端产品比例已经达到 92%；外高桥造船公司的国内第一艘 18 000 TEU 超大型集装箱船已开工建造，同时手持自升式钻井平台订单 12 座，形成了不间断、批量化的海洋工程装备生产格局；江南造船公司在保障军品任务的同时积极开拓民品市场，成功开发 3 万立方米级的支线 LNG 船、9 000 TEU 级集装箱船、大型液化气体运输船（VLGC）等高端船舶。

当前，上海正处在向高端船舶和海洋工程装备转型升级的关键阶段，随着国际经济形势的好转和国际航运市场的复苏，随着高端船舶和海洋工程装备的不断突破，以及长兴二期工程的逐步建成投产，上海船舶产业将迎来新一轮发展。我们必须准确把握发展趋势，充分利用各种机遇加快转型升级步伐，积极开创产业发展新局面。

1. 互联网海洋工程智能平台

云计算、大数据、互联网相结合，将深刻地改变世界。互联网的影响远远超过了工业革命，各行各业唯有变革，融合互联网变革，才能适应时代而生存。互联网技术发展正在对传统制造业的发展方式带来颠覆性、革命性的影响。制造业互联网正成为一种大趋势。海洋工程装备制造业要成为"工业互联网"的先行者。要以互联网思维创新工作思路和机制推动互联网技术与船舶和海洋工程制造业的深度融合。

通过"物联网"和"务（服务）联网"把产品、机器、资源、人有机联系在一起推动各环节数据共享，实现产品全生命周期和全制造流程的数字化。运用互联网、大数据等信息技术，积极发展定制生产，满足多样化、个性化需求。促进智能终端与应用服务相结融合、数字产品与内容服务相结合，推动产品创新，实现造船强国和海洋强国战略目标。

2020 年前，率先在上海外高桥造船有限公司和江南造船（集团）有限责任公司构建互联网海洋工程智能平台，首先解决人与人、人与物、物与物等连接的关键技术，提供一个横向和跨界合作管理、交互、创新的平台；2030 年，全面建成互联网海洋工程智能平台。将互联网引入的大数据、云计算、物联网、3D 打印、虚拟仿真、人工智能化等技术与设计研发、制造和服务过程有机地融合起来，以满足人们对产品的绿色、节能、安全、环保、舒适和个性化要求。

2. 以智能船厂为核心的智能造船工程

2020年前，在重点船厂全面开展智能造船，在某些关键技术领域取得突破，2030年，骨干企业全面实现智能造船。

要实现上海乃至全国船舶工业3.0时代的发展目标，关键在于船舶行业企业的生产效率和盈利能力的大幅提升。为此在全球制造业转向以智能制造为核心的工业4.0时代的大背景下，我国及上海造船业应在数字造船实施10多年富有成效的基础上，逐步转向以智能制造为基础的智能造船，打造智能造船研究平台，实施以打造智能船厂为核心的智能造船工程。

主要研究内容和关键技术有：造船互联网及大数据体系的构建、基于知识工程的智能设计技术、智能船舶设计、智能船厂设计、智能造船技术集成和机器人应用。

3. 11 000米级载人深渊器项目

深度为6 500—11 000米的海沟称为深渊区。7 000米级蛟龙号的海试成功，标志着我国深海装备技术实现跨越式发展，成功跻身国际深海俱乐部。蛟龙号客观上促使美、日等国加速11 000米级全海深第三代载人潜水器的研制进程。

本项目的实施将有利于维护我国的海洋权益、带动深海新兴产业的发展、提升我国海洋强国的核心竞争力，掌握核心科技才能获得平等的市场地位。11 000米级全海深载人深渊器其母港落户上海，将巩固和强化上海在海洋产业、海洋科学、海洋装备等方面联动发展，力争在全国乃至世界领先地位，具有广阔的产业化前景。

载人深渊器也称为深渊科学流动实验室，由一艘4 000吨级科考母船、一台万米级载人潜器、一台万米级无人潜水器和三台万米级着陆器组成。其中包括一系列关键技术：载人舱技术，无人潜水器、着陆器海上试验平台建设，高压海水泵、水下推力器样机研发。

通过8—10年的载人深渊器项目研究，将中国的深渊科学和深海载人技术同步提升到世界领先水平。目前，“彩虹鱼”号全海深潜水器载人舱的研制已得到上海彩虹鱼海洋科技有限公司投资；“张謇”号科考船主要由浙江太和航运有限公司出资建造，2015年动工。后续各阶段方案和进度如下：

2017—2018年，完成11 000米载人潜水器项目设计与总装；2019年，载人潜水器马里亚纳海沟试验，深渊科学技术流动实验室全面建成，投入商业营运；2020年，承接国家其他重大项目，按照规则全面发展。

（九）燃气轮机重大创新项目

1. 背景意义

国际上燃气轮机产业高度垄断，已经形成了以GE、西门子、三菱、阿尔斯通公司为主的重型燃气轮机产品体系，以Solar、GE、3－M、R&R为主的航空与驱动用中小型燃气轮机产品体系，以Capstone、Ingersoll Rand、Elliott和川崎等公司为主的微小型燃气轮机产品体系，这些公司基本代表了当今国际燃气轮机制造业的最高水平，其他制造公司多数与主导公司结成伙伴关系，合作生产或购买制造技术生产。

我国燃气轮机整体水平与国际先进水平相差很大，尚未形成严格意义上的燃气轮机产业，远未形成先进燃气轮机自主开发和制造的能力。燃气轮机在我国广泛应用于发电、天然气管线输送、石油化工、舰船动力和分布式供能系统等领域，我国已成为世界最大的燃气轮机潜在市场。

长三角地区尤其是上海发展燃气轮机的优势明显，有一批燃气轮机研究、生产制造和产品配套的单位（见图4）。上海有扎实的燃气轮机研发基础。经过60多年的发展，上海已经建立了制造厂、大学、研究院所、用户等完整的产业链，是我国燃气轮机重要的研制、生产、应用基地，具备了较好的自主研发及产业发展基础。

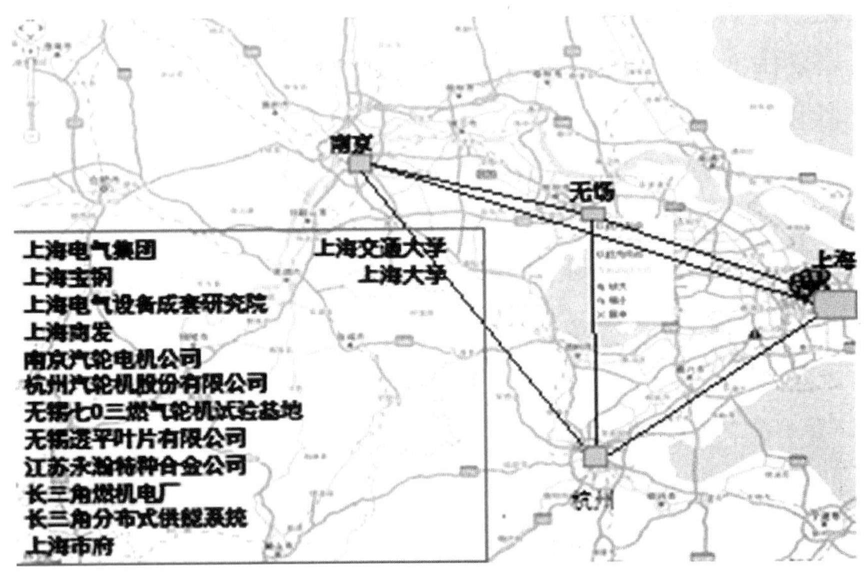

图 4　上海燃气轮机研究、生产制造和产品配套单位

2. 建设内容

(1) 体制机制方面

采用“市场经济、举国体制”，这种举国体制应满足以下基本要求：能举全国之力：该体制应能充分利用现有基础，调动各方面（官、产、学、研、军、民）的优势，形成巨大的合力。有很强的管理能力：该体制善于把复杂问题科学分解，化整为零，逐一突破，又善于把分散的成果综合集成，形成整体的辉煌；它不仅会组建产业链，而且能从科学技术的上流取得强有力的支撑。有人才高地的支撑：该体制必须以强有力的人才高地为依托，具有吸引和整合全国高端技术人才的能力和长效管理机制。有畅通的筹资融资渠道，并确保资金有效利用。该体制应有条件和能力开展国际合作。该体制应调动中央和地方的积极性，尤其是获得所在地区的有力支持，包括资金、税收、土地、人力资源、配套

政策等。

(2) 具体模式

成立燃机发展“责任主体”，该“责任主体”应向国家负责，统筹燃气轮机基础研究、研发、设计、制造、总装调试、示范运行等工作。以“责任主体”为载体，实行“共同参与、共享成果”，整合长三角高校、科研机构燃气轮机资源，实现自主开发国产燃气轮机。“责任主体”(见图 5)下属若干个主机厂、若干个专业化部件生产厂、研发设计基地、整机试验基地及重要部件试验基地。

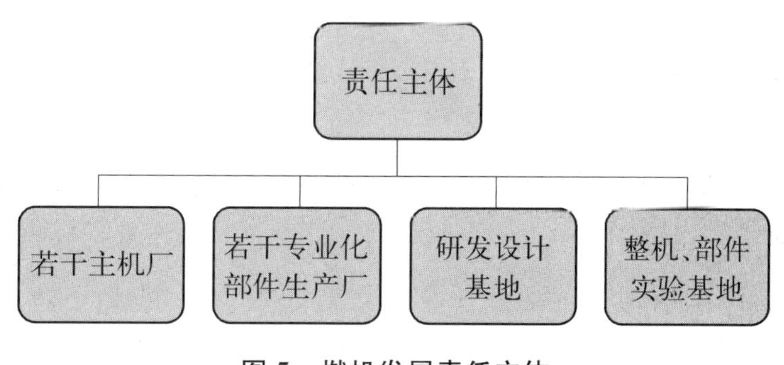

图 5　燃机发展责任主体

3. 实施方案

研发设计实施方案：以上海电气和上海交通大学等实力较强的单位燃气轮机研发设计资源为基础，整合长三角地区高校、科研机构燃气轮机资源，开放式地吸收国内外的技术力量，联合东方电气、哈尔滨电气、清华大学、中科院等机构的研发力量及全球资源，建成世界先进的燃气轮机关键技术开发、应用技术研究、试验验证、应用示范平台，形成完整、先进的燃气轮机自主设计体系。

实验平台及实验电厂实施方案：充分利用国内、国际现有实验平台基础，不能满足时将在上海临港建设实验基地。实验电厂依托电力公司。

制造基地实施方案：不自建制造基地。在必要情况下，对长三角地区现有的燃气轮机制造能力进行扩建，主要针对先进大型地面发电用燃气轮机，兼顾不同功率需求的舰船驱动用燃气轮机，形成航机改型、舰船工业化以及专用化产品制造基地。

（十）材料基因组创新中心

1. 背景意义

目前，新材料研发主要依靠科学直觉和大量重复性尝试实验，虽可借助计算工具模拟实现部分实验结果，但因计算准确性不够导致时间和原料的浪费。另一方面，由于研究团队间缺少合作和数据、技术的共享，也导致研发周期的延长。一般新材料从发现到工业化应用大约需要10—20年。

材料显微组织及其中的原子排列决定了材料性能，就像细胞里的基因排列决定人体机能一样。与人类基因组工程类似，材料基因组工程是利用计算软件进行系统、并行、反复地组合不同成分单元，迅速产生大量模拟数据，从而实现高通量筛选的方法，寻找和建立材料从原子排列、材料性能到使用寿命之间的相互关系，把成分—结构—性能关系的数据库与材料设计结合起来，加快材料研发速度、降低研发成本、提高材料设计成功率。

近年来，主要发达国家都在以国家行为的方式推动计算材料学的发展，美国在刚公布的材料基因组规划中明确了生物材料等重点领域的发展方向。

我国的材料研究原创性欠缺，系统性不强，研发和产业化割裂，很多关键技术和材料仍受制于人，在极重要的130多种关键材料中超过30%国内完全空白，50%以上国内虽能生产，但性能稳定性较差，只有14%国内可以完全自给。

为扭转这种不利局面，我国对材料基因组工程反应迅速，中国工程院和中国科学院分别启动了《材料科学系统工程发展战略研究——

中国版材料基因组计划》和《材料基因组与材料科学创新发展》咨询项目。在其咨询报告中均指出，应借助材料基因组工程，变革传统研发模式，解决国家最紧迫的关键材料问题，以满足我国产业转型的战略需要，发展和建立我国的新材料创建体系。

2. 建设内容

组建上海材料基因组研究院，围绕对上海区域性产业有重要影响的功能材料、能源材料和结构材料 3 个领域里具有重大产业需求的重要方向，统筹利用各协同单位已有的研究设施，逐步以协议形式建立网络状的资源共享平台，为材料学研究的新模式和产学研一体化运行管理机制探索提供基础，奠定上海作为我国乃至世界材料学研究和教育中心的地位。

研究院建设主要基于 4 个基本研究平台和 1 个知识产权平台（见图 6）。

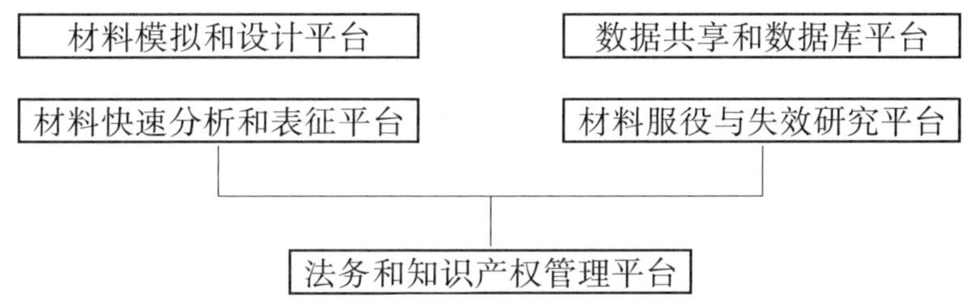

图 6　上海材料基因组研究院建立的平台

3. 实施方案

（1）近期实施方案（2—3 年）

整合上海市优质资源，构建材料基因研究平台网，初步形成具有承担国家、上海市龙头企业重大材料的攻关研发能力体系。

（2）中长期实施方案（4—10 年）

用 10 年左右时间，建成装备一流、管理一流、人才队伍一流、具有国际化水平的世界有影响的材料科学与技术研发中心。

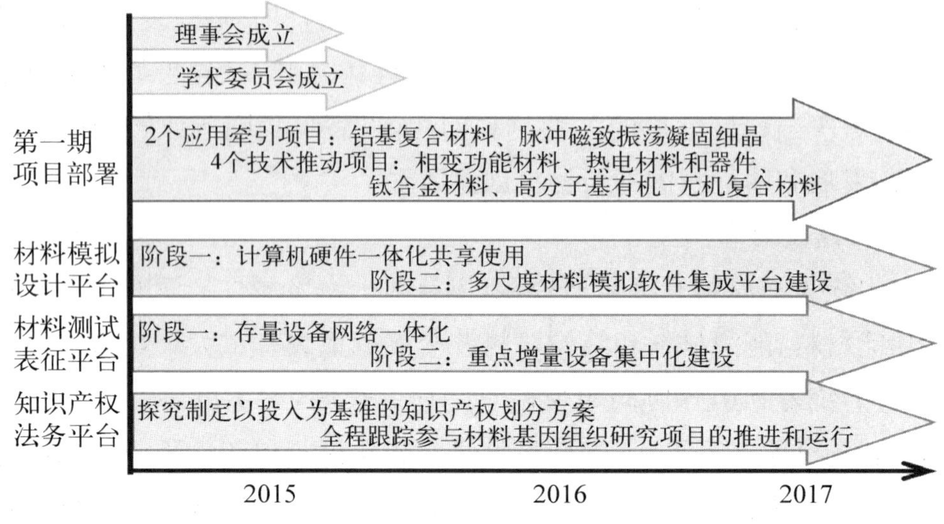

图 7　路线图和阶段目标示意

（十一）其他

王曦院士提出的“MEMS 与先进传感器创新工程”、杨胜利院士提出的“精准医学创新中心”、匡定波院士和潘建伟院士提出的“量子通信与量子计算机”相关材料正在进一步完善中。

执笔：戴晓波、何军、陈建勋、梁朝晖

专题报告三

关于重大瓶颈、体制机制创新和配套政策研究

在我国经济进入新常态的背景下，上海经济发展的动力必须从要素驱动向创新驱动转变。上海的科技创新要适应这种变化，必须理清阻碍上海科技创新发展的重大瓶颈，形成新的创新机制，赋予有效的配套政策，从体制上解决政府自身的错位、越位、缺位问题，从机制上确立企业创新主体，充分激活市场主体的创新动力，最大限度释放市场配置资源的决定性作用，才能全面有效推动上海科技创新的发展。

一、全球科技创新中心的类型与主要特征

2001 年联合国开发计划署公布了全球 46 个科技创新中心，其中包括老牌的纽约、伦敦、巴黎等国际大都市，也包括硅谷、班加罗尔、新竹等新兴城市。最为典型的是东京、硅谷与赫尔辛基三个城市作为科技创新中心。

(一)全球科技创新中心的类型

1. 东京：从引进吸收再创新向自主创新转化

日本从 20 世纪 70 年代开始提出了“技术立国”的方针，采取技术追赶政策，在大量引进国外先进技术的同时，走“引进—消化—吸收—

创新”的技术进步之路，大力扶持本国在高科技产业的研发活动，促进自身技术能力的提高，用较短的时间完成了欧美几十年才完成的现代化工业体系所需的技术跨越。

东京是日本建设国家创新体系过程中对城市科技创新体系建设的典范。东京集中了全日本30%的大学、40%的大学生、50%的国立科研机构，早在20世纪80年代，东京就凭借“科技兴市”成为亚洲第一城。但是在20世纪90年代以来的以信息技术为核心的新经济浪潮中却又因为行动迟缓，有所落后。进入21世纪以来，为了改变这一现象，东京遵循了“科学技术创造强国”的整体战略，将制度创新作为重整城市创新体系的突破口，全力促进科技发展。日本的科技创新发展模式归结为：改进“官产学研一体化”，最大限度地转化科技成果；借助税收优惠和金融扶持，鼓励高新技术产业发展；利用资本市场，推进风险资本投资高科技；重视中小企业在科技发展中的作用；加强研究辅助，稳定科技创新人才队伍；促进研究交流，增加外国研究人员比例。

日本非常注重以特定的产业确定经济和社会的领先实力。日本已经确立了在半导体、生物医药、船舶制造、汽车制造等领域的产业布局。国家在很早之前就对半导体与汽车制造行业进行了产业布局，并且从基础研究开始进行投入，大力鼓励企业开展技术引进和科研成果的转化，有针对性地实施了大量的产业扶植计划。在这些针对产业的扶植过程中，日本政府对于中小企业的金融扶植是世界上比较全面的。此外，日本推行政府、大学、企业有效结合。在日本，大学有私立和公立型，日本政府有目的地选择一些大学，由政府担任纽带与企业结合，或者鼓励其与企业自发地形成合作，从而形成大学科技园区。被列为世界十大科技园区之一的筑波科技园就是以筑波大学为中心，以中央政府为主要资助方，以迎合产业发展为目标而开展基础性研究工作的大学科技园区。而在关西的大阪神户，以松下电器为主的电子半导体企业成为与东京的索尼、日立共同发展的世界级龙头企业。

在相当长的一段时间内，日本因为人力资本、战后经济、本国资源有限等条件限制，科技自主创造的原始动力并不是很充足。因此，作为科技创新基础的大学，首先是以传播知识为重要目的，在发展创新型国家的第一阶段以吸收外来技术为主，然后通过鼓励校企联合加工创造，逐步实现技术创新。在科技模仿战略的指导下，科研机构注重技术的开发与产业化，与大学建设形成互补，利用技术引进弥补大学自主创新不足的劣势，其与企业的密切合作帮助企业实现生产的改良，增强企业科技实力，增加企业经济效益。

2. 硅谷：大企业为主体引导全社会创新

美国是世界上公认的最具创新能力的国家，其创新发展可追溯到19世纪，当时的专利法改革带来技术创新的黄金时代，企业创新活动蒸蒸日上。虽然第二次世界大战曾经改变了美国的研发结构，联邦政府对工业与学术研究的支持出现了急剧的扩张，从而直接带动了整个国家基础研究的大规模兴起和研究型大学的迅速发展。但是，可以很清楚地看到，联邦政府仍然只是基础研究的主要赞助方，企业在美国的创新体系中占有最大量的科研人员和科研经费，企业对于整个创新体系的产业资助已经绝对超过了政府的支持行为。

以硅谷为例，在加州旧金山郊外的硅谷是美国企业主导科技创新发展的典范。通过对硅谷的研究，不难发现企业是美国创新体系的主体。在硅谷内的上千家企业都有研发实验室，有些企业甚至就是从创新技术的中间试验室发展起来的。企业为了迎合市场需要而开展的科技创新活动在通信器材、软件和科学研发服务业显示出了巨大的“企业科技强度”(通常根据研发开支对净销售额的比率来衡量)。在硅谷，最重要的100家大企业内部的研究工作占据了企业创新的较大比重，他们雇用了超过30万的科技人员，占到了就业科技人员的60%左右。同时，这些企业的研发机构和大学之间保持着密切的关系，是研究型大学最大的研究合作项目供给者。这些机构和随之发生的行为，有力引导大学的先进技术向相关企业直接转移并促进技术的商业化，同时为企业指明了技术获取的方向。同时也使得科学技术和研究人员流动顺利，信息流畅，减少了资源的浪费。

从政府管理的方法看，在硅谷的建设过程中，美国政府并不直接干预创新体系的建设，而是在推动美国高科技研发和自主创新的过程中，通过环境培养有力地推动了创新体系的发展。美国的官产学研联动发展模式，根据社会经济发展的需要进行不断地调整，从而表现出很强的适应性。历史上，早在1950年美国就成立了“国家科学基金”(National Science Foundation, NSF)，标志着美国从国家层面推动官产学研相结合的开始。美国政府不仅投入大量资金支持国防技术研发，同时也大量赞助大学的基础研究。近年来，美国有2 500所大学为私营企业建立了350个企业科研中心，这些中心建立在相对集中的区域内，形成了一个具有内部组织体系的园区，最著名的就是以电子和软件产业闻名的硅谷地区。美国非常注重科技立法，尤其是在知识产权保护方面有着悠久的历史，政府极力营造技术转让和专利买卖市场，极大地调动了学校与企业合作的积极性。此外，美国还以法律形式规定国家对于高校在土地等方面的投入必须用于开展农业技术的教育、研究和实用推广或者商业、管理及相关人际关系的研究服务。由于美国社区学校一开始就有明确的市场需求导向，从而使社区学校注定将主要为社会经济发展服务。随着经济发展和社会形势的改变，最近美国的官产学研也发生了一些新的变化：政府投入开展科技中心(Science & Technology Center)计划，政府在产学研合作中的作用进一步增强，范围进一步扩大。NSF由原来资助大学基础研究为主开始倾向资助一些有应用前景的科研项目，并鼓励大学与产业界联合申请基金项目，同时对有企业介入投资开发的项目实行重点资助。

3. 赫尔辛基：政府与企业协同发展的企业化运作

芬兰是北欧国家中政府与大企业联合推动国家创新体系建设的

最典型代表,这个北欧小国的创新活动以诺基亚、通力等坐落在赫尔辛基周边的大企业展开。20 世纪 90 年代起,芬兰政府就开始将科学与技术政策的焦点从单纯的技术开发向国家创新体系的发展转变。90 年代中期,又把知识经济的概念引入政府的决策过程,使新政策的重点聚焦推动在芬兰企业向国际化、专业化发展,同时注重创新和生产力增长之间的平衡。芬兰政府非常重视教育和培训,并将其作为发展国家创新体系的先决条件。芬兰政府非常重视基础设施的建设,通过建立研究型大学、国家实验室和科技园为科技创新活动创造了良好的环境。

同时,芬兰政府也成立了专门的机构,动用国家财政力量形成研发的投资,并占到整个国家科技投资的近 40%。这种投资对于企业进行产业发展和开展相关创新行为具有很强的引导作用,直接激励企业进行更加活跃的研发活动。芬兰政府为此成立了国家技术局(TEKES)和国家研究与发展基金(SITRA)来协调各部门之间的关系,以企业的需求为出发点来进行应用性的研发。国家技术局每年大约用全国 30%的研究基金对应用型科技进行投资,其中的 60%用于企业研发,在这 60%中又有大约 66%用于支持雇员在 500 人以下的中小型科技企业。其余 40%的应用型研究的投资是用于大学和实验室的应用研究。芬兰国家研究与发展基金则为技术向产品的转化过程提供资金支持。TEKES 对于科研创新项目有着非常独立的投资权力,由基金会以商业化模式进行操作,投资期限结束后必须获得回报。芬兰还由中央政府出资,联合企业与教育机构共同成立了北欧地区的综合性研究机构——芬兰国家技术研究中心 VTT,作为科研机构、研究型大学和企业之间产生联系的桥梁与研究合同发散的集散地。由此可见,在芬兰,政府的支持覆盖了整个创新链。

芬兰的国家创新体系真正体现了社会分工的细化以及各自定位的明确和效率的高超,同时政府、企业、科研机构、研究型大学、基础教育、文化和经济支撑体系等形成合力，完全以满足市场的现实需要和未来创新产业的整体布局为引导，实现企业化式的管理，政府管理部门负责对科技创新的投入产出进行指标考核，并用投资管理的模式管理科技创新项目的实施。通过围绕现代通信技术、环保技术、多媒体创意产业等核心产业，以科技园区为产业集群的核心，注重从基础教育到高等教育，从学位教育到职业培训的教育投入，从而形成世界上最成功的科技创新发展模式。

(二) 全球科技创新中心的主要特征

从国外科技创新中心建设的成功经验看，科技活动的制度化、大型化、高投入，使得创新体系成为最重要的社会组织架构，系统集成和网络一体化模式因此将成为科技创新的主流。从科技创新的分布格局来看，新的世界分工不再遵循国界或政体脉络，而越来越趋向于有个性的、创新活跃的地区，区域层次的科技创新与竞争成为国家间综合实力比较的关键因素。在具体的实践中，分析西方发达国家的科技创新中心建设，可以发现创新型国家的共同特征是：创新综合指数明显高于其他国家，科技进步对于 GDP 的贡献率达到甚至超过 70%以上；创新的生产率对于 GDP 增长贡献率达 50%以上；R&D(研究和发展)的投入占 GDP 的比重大于 2%；对外技术依赖度小于 30%；这些国家所获得的三方专利(美国、欧洲和日本授权的专利)数占世界数量的绝大多数。

各国科技创新中心的建立与发展是由与知识和技术创新相关的机构和组织构成的网络系统，在发展模式中的主体：政府、企业、科研机构和市场分别推进新技术和知识的创造、引进、转移和扩散，提供和实施创新法律和政策，配套市场资源形成创新活动和资源的循环。显然，创新要素的集聚和流动、创新机构之间的相互学习与交流、创新知识的研究与扩散成为建设科技创新中心的重要基础。

综合而言，全球科技创新中心具有如下特征：一是科技创新资源较密集，具有较强的科技创新资源集聚和优化配置功能，这些资源包括高校、科研机构、企业研发机构、创新人才、创新配套设施等；二是在科技创新成果的转化和产业化方面拥有较为成熟、高效的促进机制，相关中介服务的市场化和国际化程度较高；三是在创新扶持政策、创新人才激励、科技金融支撑、科技创新培训、创新中介网站等方面形成较为完备的系统；四是科技创新氛围较浓厚；五是科技创新国际合作较紧密，具有国际化、开放性的科技创新环境。

二、上海科技创新面临的重大瓶颈

（一）上海科技创新面临的主要问题

上海具有科技创新的基础，也拥有全国领先的科技创新实力，但上海在迈向全球科技创新中心建设征途中，仍然面临严峻挑战，需要克服较多的瓶颈制约因素。[①]

1. 科技创新资源相对匮乏、集聚度不高

创新资源的形成与集聚是打造具有全球影响力的科技创新中心不可或缺的基础条件。目前，上海的科技创新资源相对匮乏、集聚度不高，主要体现在以下几个方面。

一是创新人才相对不足。全球科技中心的建设离不开人才，尤其是高层次创新人才，但目前集聚在上海的高层次创新人才并不多。截至2013年底，上海两院院士人数为165名，累计498人入选国家“千人计划”，而同时期的北京分别为758人和909人，是上海的4.6倍和1.8倍。

二是高水准科研机构相对较少。截至2013年底，在上海的国家级

① 参见雷新军：《上海打造全球科技创新中心的战略路径与对策研究》，《上海经济发展报告(2015)》，社会科学文献出版社2015年版。

创新平台超过130个，其中国家重点实验室40个，国家工程实验室7个，而同期在北京的国家重点实验室有112个，国家工程实验室38个，分别是上海的2.8倍和约5.4倍。

三是高新技术企业整体规模还不够大、竞争力还不够强。截至2013年底，上海市经认定的高新技术企业为5 140家，同期北京市认定的高新技术企业数量约8 000家，美国硅谷的类似高新技术企业超过1万家。在德勤公司2013年公布的《亚太地区高科技高成长企业500强》中，上海仅有10家企业上榜，而北京有51家，两者的差距明显。[①]

四是研发投入结构不尽合理。2013年，上海市研发投入强度(研究与试验发展经费支出、即R&D经费支出相当于生产总值比重)为3.6%，而同期的北京超过6.0%、深圳超过4.0%。另外从R&D经费支出的活动类型分类看，尽管上海的基础研究占比从2007年的5.4%提高到2013年的7.1%，但这一比例远低于美国、法国和意大利等发达国家。

表1　上海与主要国家R&D经费支出按活动类型分类比较

地区和国别(年份)	上海2007	上海2013	中国2010	美国2008	法国2008	意大利2008	日本2008	韩国2008
基础研究	5.44%	7.06%	4.6%	17.4%	25.4%	27.0%	11.9%	16.1%
应用研究	11.74%	13.14%	12.7%	22.3%	39.0%	45.6%	22.7%	19.6%
试验发展	82.81%	79.80%	82.8%	60.3%	35.6%	27.4%	65.4%	64.3%

数据来源：2014年《上海统计年鉴》、OECD《主要科学技术指标2011/1》、2011年《中国科技统计数据》。

2. 科技创新成果转化功能不强、效率较低

科技创新成果产业化是创新成果经济社会价值的体现，也是全球科技创新中心建设的重要内容。相对滞后的科技创新成果转化体系

① 以上数据均来自上海市信息中心：《关于上海加快建设全球科技创新中心的若干思考》，2014年7月23日。

不仅抑制了对创新活动产生应有的激励作用，也导致了产学研结合程度偏低，技术研发和市场转化出现条块分割的情况。

一是科技创新成果转化率较低。目前，我国高校科技成果的平均转化率仅为 15%—20%，与发达国 60%—80% 的水平相比差距很大。[①]

二是科技创新中介服务组织还不发达。目前，上海尽管有以生产力促进中心、科技企业孵化器、技术交易所、科技咨询与评估机构、创业服务中心等为核心的科技创新、成果转化中介服务组织，但绝大部分的中介组织均为政府所有，真正市场化、社会化的相关中介服务织组不多，这使得上海科技创新成果转化的服务能力、市场化水平以及国际化程度都不能满足科技成果产业化的实际需求，更是与全球科技创新中心的地位不匹配。

3. 科技创新支撑功能乏力、体系有待完善

建设国际科技创新中心必须要有相对完善的科技金融、教育培训和激励机制等作为支撑。上海在科技创新支撑体系建设方面虽然已取得很大的成就，但相对于国际科技创新中心建设的战略目标，仍然比较弱，主要表现在以下三个方面：

一是科技金融支撑不足。从创业投资规模来看，2012 年，上海的被投资企业数量和金额分别为 113 家与 152.4 亿元，这与同期北京的 236 家和 219.7 亿元相比，差距甚大。2012 年，美国硅谷地区的创业投资金额达到 65 亿美[②]（约 410 亿元）。从科技银行来看，近年上海引进了硅谷银行等科技银行，但其业务却进展缓慢，未能发挥科技银行应有的作用。如 2011 年成立的浦发硅谷银行，截至 2012 年底尚未开展贷款业务，而与浦发硅谷银行几乎同时成立的硅谷银行伦敦分行，至

① 葛剑平：《强化市场引领机制提升高校科技成果转化率》，中国政协新闻网，2014 年 3 月 5 日。

② 以上数据均来自上海市信息中心：《关于上海加快建设全球科技创新中心的若干思考》，2014 年 7 月 23 日。

2013 年 1 月已拥有 100 多私募基金客户（PE）或创业投资客户（VC），贷款余额超过 1.6 亿英镑。

二是科技创新教育培训机构不强。根据英国泰晤士高等教育组织公布的 2013—2014 年世界大学排名榜，邻近美国东部 128 公路高科技园区的哈佛大学、麻省理工学院、波士顿大学分别位列第 2、第 5 和 50 位，邻近硅谷的斯坦福大学、加州大学伯克利分校分别排名第 4 和第 8 位。而上海还没有一所高校跻身该排行的前 200 位。

三是科技创新激励机制不到位。2013 年，上海实施了新的《张江国家自主创新示范区企业股权和分红激励试行办法》，但其效果远低于预期，目前除民企、外企和上市公司外，张江国家自主创新示范区内仅有 10 家国有企业和科研院所实施了以股权为标准的奖励计划。相比而言，北京中关村 2011 年底就有 481 家单位实施了股权和分红激励，其中国有单位 75 家。[①]

4. 科技创新文化相对缺失、创新社会氛围不浓

良好的科技创新文化氛围是建设全球科技创新中心的精神动力源泉，但目前上海的科技创新文化氛围并不浓，有待进一步培育。

一是"海派商业文化"对创新创业热情不高。在上海的经济发展过程中，国企和外资企业一直占有重要的地位，为本地提供了丰富多样的职业选择，这也使得本地大批优秀人才更倾向于寻求稳定的工作岗位，愿做"白领"而不愿承受创新创业的风险。这与硅谷盛行的以创新创业为乐趣、勇于尝试、勇于冒险、宽容失败的文化氛围有相当大的差别。

二是政府部门的创新意识和服务水平不高。一些相关政府部门不太重视科技创新的规律和发展趋势，难以适应新技术、新产业、新模式和新业态的变化，也难以提供科技创新所需要的高水准公共服务和管理。

① 上海市信息中心：《关于上海加快建设全球科技创新中心的若干思考》，2014 年 7 月 23 日。

5. 科技创新网络开放度较低、交流合作程度不高

构建开放、紧密合作的科技创新网络是建设全球科技创新中心不可或缺的外部条件,但上海在科技创新网络建设方面相对滞后。

一是国际科技创新人才交流合作程度不高。根据《上海张江国家自主创新示范区发展规划纲要(2013—2020)》,预计至 2020 年归国留学人员和外籍常住人员占张江全部从业人员的比例将达到 2%;而在硅谷约有 1/3 的人口、约 60%的科学家和工程师非美国出生。这种差距在一定程度上导致了上海与硅谷在建立全球产业网络、获取全球科技创新资源等方面存在差距。

二是科技创新开放合作程度不高。《中国区域创新能力报告 2013》显示,上海科技创新的国内外合作活跃度不高,作者"同省异单位"、"异省合作"、"异国合作"的科技论文分别为 4 760 篇、3 284 篇和 423 篇,全国排名分别为第 4、第 4 和第 3,数量仅相当于同期北京的 1/2、1/3 和 1/5。

(二) 上海科技创新重大瓶颈

1. 组织与管理体系抑制着科技创新发展

创新资源"碎片化"和聚焦不够的老问题,已成为科技体制改革亟待突破的关隘。目前几十个部门和单位,管理着近百余个科技相关的计划和专项。

形式上,上海政府和各级科技创新组织都在竭尽全力为科技创新作出努力,也取得了很大成绩。但是上海现有的科技创新能力与其经济地位、拥有的创新资源,与经济发展对上海科技创新的需求差距甚远。上海整体科技创新缺乏强有力的内在驱动力,科技创新主体缺乏一种向科技创新发起攻击的活力。政府拥有科技创新资源与要素,形成强大的行政推动力,资源独占、信息封闭、经费争夺等,条块分割的创新组织,分立独行的科技创新体系,不利于科技创新资源的优化配

置，已经严重抑制上海科技创新发展。

一是多条独立的科技创新组织路线阻碍创新资源的交流和有效利用。目前的科技创新组织体系所形成的科技创新管理思维、文化、惯性和观念，过分依赖和强化了条线政府的领导作用，必然阻隔创新要素和资源在科技创新产业链条环节中的功能效用。

上海的科技创新组织体系由几条主线形成：科委系列、教委系列、中科院系列、部委和央企系列、地方企事业单位系列和企业自主的研究中心等。多主线必然产生或是科技创新的资源集聚效率下降，或是部门封闭，交流阻断，要素配置不合理。由于利益关系，各个条线的科技创新相对封闭，研究机构的实验室基本不对外开放，信息被阻隔，导致一个部门的科研成果无法让其他部门共享，特别是科技中间成果无法得到及时发布和缺乏交流，极大浪费科研资源。

二是产学研组织松散、功能重叠，未能形成科技创新合力。企业、高等院校和研究机构作为科技创新组织的组成部分，应该是产学研三位一体，而不是彼此孤立，各自为战。目前，上海科技创新的一个突出问题是产学研组织松散、割裂，缺乏有机结合。一方面，高校之间、研究机构和企业之间缺乏合作，科研各自为政，研究室和实验室封闭独立，互不交流，造成创新资源分割、创新活动封闭、科技成果产业化薄弱等一系列问题；另一方面，高校、科技机构和企业无法形成科技创新产业链条分工明确关联体。学校更多是侧重基础性研究，科研机构更多应该是在基础研究的基础上进一步深化应用性研究，企业成为技术成果产业化的实施主体。而目前上海的学校、科研院所科技创新功能错位，似乎人人都不得不从头开始，很少人可以走到产业化的最后一步。

三是以管理生产的方式管理科技创新。政府科技创新管理的重要内容，就是把握科学技术发展的规律和趋势，同时明确经济社会发展所提出的科学技术需求，对科学技术、经济和社会在未来一段时间“整体化预测”的基础上，“系统化选择”那些具有战略意义的研究领域、关键技术和通用技术，推动科学技术发展，实现经济与社会效益的最大化。而当前政府对科技创新管理存在两大缺陷：一是以成本计价法管理科技创新。科技创新有自身的运营规律，风险是第一意识，失败是常态性结果。政府依然采用传统的成本计价方式对科技创新全过程的成本衡量，以管理生产方式来管理科技创新，在税收、折旧、薪酬、金融支持等方面，依然缺乏对科技创新主体具有吸引力的利益保护与驱动的政策，导致科技创新主体缺乏创新的内在动力。尽管政府有关部门也制定相关的鼓励优惠政策，但是实行起来，还有相当大的差异性，特别是中小民营企业，在科技创新成本结构审核方面，往往与现有的财税稽查政策不相适应，导致许多原本具有创新活力的民营企业因财税审核没有达到要求，被排除在科技创新的行列之外。政府对财政性科研资金管理过于细节化，制约了科研工作的开展。在科研经费投入结构比例中，人才经费投入比例过小，对激发科研人员的工作积极性和能动性存在欠缺；另一个是重立项轻服务。政府很多部门习惯项目审批，在科技创新方面也存在重立项、轻管理、轻服务的问题，在科技创新项目管理上一般只重视立项和鉴定验收两个端点，缺乏系统性和后续跟踪的连续性。政府重管理轻服务的现象长期存在，以至于在科技创新立项的过程中，普遍存在各种委托代理关系，出现复杂的利益博弈。例如为了拿到政府资助，派生出与权力相关的大量公关公司。有些企业由于能够拿到源源不断的研发经费资助，导致其并不关心科研项目能否产业化，最终目的只是为拿到政府的研发经费，维持与政府的良好关系，这使得企业反而不重视科技创新的真正价值。这种仅仅为了科研经费而创新出来的技术不仅仅占用大量的科技创新资源，更为重要的是很大一部分科研成果停留在实验室中，成为缺乏意义的“僵尸”文本。

2. 政府越位，导致企业缺乏创新内动力

科技创新驱动的主体必须是企业和科研机构，它们才是科技创新的主导力量，政府只能起辅助、推动和协助作用。但从目前的情况来看，企业与政府错位现象非常突出。

政府越位，行政冲在第一线。上海经济发展的政府主导特征相对明显，行政管理经济的超强能量，无意之中形成政府对科技创新的全程强势主导。从“科教兴市”重大产业攻关项目的推进、高科技产业化发展到培育发展战略性新兴产业，10 多年来一直强调政府的主导作用。从科技创新的项目确认、组织协调、资源分配到结果鉴定，几乎全部由强势的政府安排，把科技创新主体看成被动式的客体：被组织、被安排、被分配、被激发、被赋予。单一管理主体面对成千上万的科技创新业者，这种“被”，必然会让管理者进行“同等条件”下的关系筛选，势必形成只有那些与政府关系靠近而“被”的少数人参与，多数想积极参与的人们被游离在外的格局，导致众多科技创新主体存在等待“被”的思想，缺乏创新主动性，缺乏风险意识。

资源集聚在缺乏内在驱动力的特殊背景“火车头”，而活力四射却没有资源的中小科技企业只能空叹息。政府将科技创新的“火车头”安在高校、国有科研机构和国有大企业上，而一般性企业的科技创新很难得到政府的真实重视，多数处于自生自灭的“自由泳”状态。上海为什么没有阿里巴巴、没有腾讯、没有百度，也没有华为？这其中固然有其他方方面面的原因，但政府在科技创新观念上对一般性企业存在根深蒂固的主体歧视性与此有很大的关系。这种不合理的歧视性使得一般性企业的市场创新主体的地位被弱化。没有全社会最基层、最活跃、最贴近市场的科技创新主体——企业的主动性：主动参与、主动把创新成果进行产业化推广、主动承担风险责任，上海的科技创新就很难有跨越式发展，很难成为世界影响力的科技创新中心。

3. 缺乏有效的科技要素交易环境

科技创新缺乏要素交易市场环境。在市场经济基础氛围下的科技创新活动，离不开科技活动的要素市场和科研成果的产品市场。目前，主要的科研经费由国家财政下拨，由此形成的科技要素无法在市场上流动，很多固化沉淀的科研成果成为一次性的科研活动资料。市场化交易是科技成果产业化的重要运作机制和实现方式之一，对科技创新的发展有着不可替代的推动作用。而当前我国的交易机构市场化程度不高，各地交易中心、交易所基本上属于政府主导下的国有事业单位或者国有企业体系，主要业务和盈利来源依赖政府项目的承接和国有企业产权交易项目，缺乏市场化的交易氛围。

知识产权缺乏有效保护。知识产权属于无形资产，这一特点决定了知识产权对市场诚信的依赖性更强，对知识产权交易体系要求更高。各种知识产权的转让、实施、许可等经济活动，更有着明显契约经济的特点。而目前上海知识产权权利人的合法权益得不到有效保护，现有专注于提供技术转移转化服务的技术交易所和专注于提供综合性产权交易服务的上海联合产权交易所，由于其业务来源主要依托政府项目，交易机构市场化程度不高，严重影响了知识产权权利人以及社会公众对于知识产权交易的积极性和信心。

知识产权第三方评估机构缺乏认可度。在知识产权保护体系不完善的大环境下，上海缺乏执行有效的知识产权评估机构，评估成本较高、评估结果的认可度不高，因而产权交易所的市场发现功能未能充分发挥。知识产权得不到客观的第三方评估，知识产权的价值就无法表现，知识产品就无法在市场进行交易，无数科技创新中间产品或者成果，无法得到市场及时的需求信息而沉睡档案馆，难以发挥其真正价值。

三、上海科技管理的机制创新

尽管涉及科技创新管理的多方面，但是科技创新机制的重点表现在三方面：科技发展的组织、科技研发的支撑和科技成果的转化服务。

微观上包括研究开发、技术转移、要素交易、知识产权保护和科技金融服务等专业科技服务和综合科技服务。

（一）架构全新的组织管理体系

上海建设成为具有国际影响力的科技创新中心是一项长期的、具有战略意义的系统工作，是一项统揽全局的科技创新工作，更是一项具体、细致、深入的工作。必须坚决将以前林林总总的各有关部门的权力下放，不再具体地管项目、管经费，这绝对不是简单的合并同类项或加强协调分工，而是涉及改革深水区，从全市层面重构现有科技管理体系并转变相关政府部门科技管理职能。这就决定了上海科技创新体制机制的改革，必须既要有战略眼光又要具有可操作性，既要符合科技创新内在规律又要符合上海科技创新的基础。

纵向设立统揽全局的市领导直接挂帅的领导组织体系，尽快成立上海市科技创新领导小组推进办，并在推进办下设科技研发、科技服务和产业转化三个主要职能部门。

推进办主要负责全市科技创新的战略规划、制度设计、重大科技攻关项目的组织协调和产业化政策制定等服务。推进办立足上海市国民经济和社会发展中长期规划提出的产业发展需求，从全市层面对本市科技创新工作任务和经费投入进行顶层设计，明确本市科技创新的中长期战略发展目标、路线图以及年度重点工作任务。以需求为导向梳理全过程的创新链，集中财力、聚焦重点、明确分工、形成合力。

形成三级组织管理体系，成立行动计划领导小组。领导小组由市委、市政府主管领导担任组长，市有关部门、区县政府主管领导为成员，负责重大专项的顶层设计、重大事项决策和组织协调。领导小组办公室设在市科委。

明确重大专项科研项目的组织机构。组织单位由市有关部门和区县政府组成，负责落实重大专项实施的相关支撑条件，研究提出重大专项实施方案，制定配套政策，确定项目承担单位及支持方式，组织对项目的监督检查，支持相关科技成果的推广应用。

遴选重大专项项目承担单位。引导具有较强科研能力和配套支撑条件的企业、高等学校、科研院所以及产业技术创新联盟等各类创新主体作为项目承担主体参与重大专项。充分发挥企业参与重大专项的积极性，促进产学研用协同创新。重大专项项目承担单位是重大专项的实施主体和具体项目的责任主体，负责具体项目实施。

横向设立开放性的科技创新交流论坛。组建全市性科技交流中心和行业性、区域性、园区性的各种科技创新论坛。论坛起到交流科技创新经验、传递最新科技创新信息、发布最新的科技创新动态的作用，使得上海迅速占领全国科技创新论坛的高地。当人们在科技创新、产品开发中存在需要解决的问题和困难，需要寻求科技创新资讯支持时，能首先想到的就是上海，只有这样各种科技创新要素才会自觉流向上海，形成上海科技创新的良好氛围，无形中聚集各种科技创新的要素于上海，留住科技创新人才于上海。

通过多种形式，加强国际合作，提高创新能力。通过国际合作，不仅仅实现简单的技术转移，更重要的是通过技术的传递，伴随着新的观念、技能、新的生产管理方式的扩散，从而在上海形成一个科技创新的完整体系。针对上海市经济和科技发展的需要，积极策划一些国际科技合作项目，在合作和交流中提供更多的先进理念、思想和方法，重视对国外关键技术、核心技术的积极引进、消化、吸收、再创造的过程，提高上海市自主创新能力。

（二）建立市场运作科研要素交易平台和评估中心

上海要尽快成立独立于政府行政直接管理的科研成果与科研过程价值的第三方评估机构，实现科技创新的社会化市场化运作，形成在政府监管下，具有客观公正、市场化运作的科技成果评估中心或者机构群体，只有这样才可能实现科技创新资源的有效配置和提升科技资源的有效利用，才能有效保护科技创新的成果。

成立上海知识产权评估中心。作为专业的知识产权评估服务平台，由国内知名的知识产权评估机构、知识产权服务机构组成。评估机构由财政部授予执业资质，为企业提供专业的知识产权价值评估服务。中心聘用一批资深学者和专业的中高级人才，聚集大批精通知识产权价值评估及管理应用，熟悉国内相关法律政策的知识产权服务、资产评估、法律、经济等领域的行业精英，为国内企业进行知识产权价值评估服务和从事现代化知识产权管理运用服务。中心资产评估业务的服务领域形成以无形资产评估、知识产权评估服务为主，兼顾其他资产评估服务为辅的格局，实现知识产权价值评估—知识产权运用—知识产权战略管理为一体的服务体系。评估中心面向全国各地开展商标权、专利权、著作权、软件著作权价值评估、非专利技术、网站价值评估、品牌价值评估、企业家价值评估等无形资产评估项目的咨询服务，形成在国内外具有权威性的评估报告。特别着重提供以资产重组、作价入股、质押贷款、合资合作、转让购买为目的的商标权及专利权等知识产权的价值评估服务。为企业提供全方位的知识产权评估服务，针对企业实际情况，有效整合企业无形资产资源，由专业的团队制定符合企业发展的可操作性强的知识产权运作方案。

强化知识产权保护。科技创新是“九死一生”，创新蕴含极大的风险，如没有确实有效和良好的知识产业保护法律体系，就无法鼓励人们进行科技创新。如果社会都在等待其他人进行科技创新，自己搭便车，最后的结果就没有人愿意进行科技创新。因此，上海必须在知识产权保护方面走出非常有效的一步，在完善知识产权保护立法的同时，加强执法工作。形成教育与惩罚相结合的服务执法模式，构建政府统一协调、横向联合、上下互动，各部门合力齐抓共管的执法体系。实行对企业、公司和个人全程黑名单制，一旦发现盗用知识产权者，必须处以严苛的罚款，使其盗用成本高于研发成本，这样可以有效遏制侵权者的盗用动机。除了严苛的处罚外，盗用单位一概列入科技创新行列的黑名单，取消一切有关科技创新的优惠政策权利，并把盗取知识产权的主要责任人和参与者进行数据库管理，实行社会行为的黑名单跟踪管理，以影响其个人和家庭的社会活动的便利性。

科技创新需要社会协助。即使科技发达国家也不是所有企业都有独立、完整的能力从事科技创新。有些科技创新需要几十家甚至上千家企业提供协作，越是大的科研项目，越需要社会提供相应的协助。如果没有一个信息透明、交易方便、价格公道的平台来实现科技创新中各种要素的交易，整体科技创新将会非常不容易和过程会漫长。

上海市应进一步完善创新导向的政府与市场关系，以市场需求为导向，以市场应用促发展，发挥企业在科技创新决策、研发投入、科研组织和成果转化中的主体作用。建设创新友好型政府，积极营造开放、公平和创新导向的城市创新创业环境，实施政府对科技创新活动的“积极不干预”政策，有计划、有重点地增加有利于科技创新的公共产品的投入和公共服务的供给，为企业或个人提供创新发展的稳定规则和预期。特别应重视发挥民营经济的创新活力，弱化传统体制“重国有、轻民营”的惯性影响，加大对民营中小型企业创新的支持力度，并通过公共采购驱动创新产品需求，通过设定强制性标准提高技术应用水平，营造激励自主创新的市场环境，实现以政府推创新、以市场促创新的转变。

打造科技创新联盟，实现科技创新要素的整合。全力打造“官产学研资”的创新合作联盟，打破条块分割，在科教资源整合利用上进行探索，集中优势资源，引导建设一批高等院校、科研院所和企业参与，开发、生产、销售紧密结合的产学研联盟。

一方面，国内很多科研机构积累了很多科技成果，由于缺少交流和交易平台少，大多数沉睡在实验室或者档案室，很少进行产业化运作，最后导致这些花了大量科技创新经费的科研成果成为一堆摆设或废纸。另一方面，很多中小企业又急需这些科技成果进行市场开发，苦于找不到最新的科研成果。这就需要有一个平台来实现科技要素的交易和流转。

建立安全、专业、透明、高效的知识产权交易体系，通过组建国际化、市场化、专业化的知识产权交易机构，以知识产权为交易要素，无缝贯通转型升级的整个产业链条，让市场在资源配置中发挥决定性作用，引领中国知识产权交易及知识产权服务业的发展，为中国企业转型升级发展、提升核心竞争力，提供不竭的动力。

（三）设立科技创新资源共享平台

上海目前拥有高等院校 68 所，有 R&D 活动的单位 111 个，自然科学研究与技术开发机构 179 个，这些实验室的使用率很低，部分实验室的人员和设备处于半空闲状态。与此同时，许许多多的企业，特别是民营企业的科研基础相当薄弱，实验条件相当差，但是其对实验室的需求极大。不管是从人力、财力、时间，还是技术上看，民营企业很难建立自己的实验室，都无法满足要求。因此，开放现有的实验室，鼓励科研人员在做好本职工作外，到企业兼职帮助企业科研实验，释放"8 小时"外的剩余能量，是上海科技创新工作推进的一项既有基础，也是可能的最佳途径。开发实验室，适当收取费用，不但可以为企业提供良好的实验条件，也可以弥补设备折旧和管理费用。改革开放初期，上海老师傅到乡下兼职所带来的乡镇企业发展效应，在当今科技创新时代，仍然有许多可借鉴的地方。据统计，2013 年我国大型科学仪器年均有效工作机时为 1 157 小时，对外服务率为 10.6%。大型仪器设备"待字闺中"，需求用户却"望眼欲穿"的矛盾相当突出。我国重大科研基础设施和大型科研仪器向社会开放的意见经中央全面深化改革领导小组审议通过，上海要制定统一的标准规范，建立统一开放的全市网络管理服务平台，通过实行有偿服务、建立后补助等激励机制，推动基础科研成果开放共享。

建立大型科学仪器设施和科技资源共享平台。出台政策和规定，凡是利用财政资金购置、建设的科技基础设施应当以非营利方式向社会开放，支持大型企业、高等院校和科研机构向社会开放其自有科研设施。

（四）改变科研经费财务管理模式

明确上海市中长期科技创新的发展目标、路线图和年度重点关注任务，强化科技创新的业绩跟踪监测和评价，建立市级科技创新投入项目经费管理信息系统，进一步落实科研资金使用的自主权，调动科研人员的投入积极性。

改变财政投入方式。目前的科技创新经费采用项目申报评估制，并依据条线规则，由科委、市发改委、市经信委、市国资委、市教委、市农委、市知识产权局等部门下达使用。上海要建立具有全球影响力的科技创新中心必须改变原有的分散状况，资金安排从按部门分配向建立全市统一项目库和政府相关部门联合会审转变。投入方式由原来的经费拨付，向重点资助基础性科研项目研究和产业化过程转变，特别奖励具有产业化成果的企业，建立对具有广度和深度“产业群”效应的重大项目的支持。建立多渠道市场化的项目发现机制、科学的项目评估机制，多元化的投入机制、改进和完善市级财政对基础研究、研发公共服务平台和国家项目配套的投入管理办法，重点推进科技成果转化和产业的投入机制改革。最终形成项目由市场发现，项目由市场评估，引入社会资金的良好循环，形成各部门联动投入、协调合作的科技创新财政资金综合投入机制。加大财政资金用于创新人才、知识产权等软件投入比例，提升项目单位财政经费使用权。

由市财政局、市发改委、市科委、市经信委和市国资委五部门共同成立市级财政科技成果和产业化项目投入管理平台，初步建立科技成果转化和产业化项目投入部门会商机制，通过会商和项目会审，一定程度上避免财政科技资金支持项目的交叉重复，加强科技创新计划与财政科技投入的统筹协调。

一是建立市级科技创新投入决策和协调机制。根据各部门任务分工和年度工作重点，统筹协调整合配置市级财政科技创新投入，明确下一年度市级财政科技创新投入的总体结构。

二是优化整合各类科技计划（专项）。本市各相关职能部门要根据领导小组推进办明确的科技创新中长期发展目标、路线图以及年度重点工作任务，对各部门现有的各类科技计划（专项）进行梳理和评估，明确各类科技计划（专项）功能定位、目标和时限，优化整合各类科技计划（专项），提交领导小组决策和统筹平衡，面对定位不清、重复交叉、实施效果不好的项目，要通过撤、并、转等方式进行必要的调整和优化。

三是强化科技创新投入的绩效跟踪与评价制度。加强科技创新投入的管理绩效，由相关职能部门对照领导小组确定的发展目标和任务分工，对各类科技计划（专项）确定细化绩效目标，开展事中绩效跟踪和事后绩效评价，形成各部门科技创新绩效评价情况向领导小组报告制度。同时，依托绩效信息管理，建立各类科技计划（专项）动态调整和终止机制，各部门也可及时提出调整完善本市科技创新中长期发展目标、路线图、年度重点工作任务和资源配置等方面的建议，供领导小组决策参考。

改变科技创新项目支持方式。构建多元化的财政科技创新投入机制，从传统的经费拨付方式向后补助、政府购买服务、绩效奖励、风险救助等多种方式拓展，鼓励投贷联动、融资担保、科技保险等各类科技产业发展的科技金融创新。通过制定政策、营造环境，引导企业成为科技创新决策、投入、组织和成果转化主体。

一是设立科技成果转化和产业化奖励资金。市财政每年拨付一定资金，用于奖励科技成果产业化的企业和个人，形成全社会热衷科技成果产业化的良好氛围。

二是改进科技创新经费的管理方式和监督方式，进一步激发科研人员和科研单位创造热情和创造活力。密切关注财政科技投入，完成产业成果与产业发展衔接，拓宽项目发现和评估手段，建立健全以企业为主导的产业技术研发创新体系。

三是成立市场化运作的风险投资机构，由财政拨付一定资金用于在世界范围内购买新创意和新技术的知识产权。风险投资机构寻找并筛选出拥有市场前景的发明创造，帮助发明者将其发明创造开发成国际发明专利，继而通过专利授权等方式实现市场化，并与发明者分享利润。

四、科技创新政策配套

（一）科技创新体系的顶层设计

成立由市长或者分管副市长直接挂帅的上海科技创新推进办，统领制定全市的科技发展战略、发展路径和战略目标，下设各种功能性部门。推进办的主要职能是发布、协调、推进、评估和服务等，除非明确为重大科技创新项目，其他的一律直接面向全社会进行功能释放，达到扁平化的组织架构设计，减少科技创新过程中各种管理环节。

（二）尽快启动科技创新数据库建设

现代科技创新不再是一个孤立的项目开发，很多前期开发具有共性和普遍性，但是以前缺乏项目数据库的存在，很多新的科研开发项目必须从基础研究重新开始，浪费大量开发时间和资源，也影响其他已经投入开发的科技项目的成果产出效率。很多大机构的中间成果或者最终成果，因为种种原因无法实现产业化，长久存放在实验室里。同时还有很多企业，特别是中小企业，急需一些规模较小的科研成果。由于缺乏交流的中间机构，也没有数据库，缺乏明确信息而无法得到需要的科研成果。

科研项目管理系统。由上海市科技创新领导小组推进办牵头设计并建立一个集项目管理、财务管理、用户管理等于一身的科研项目管理系统，有助于各科研院校及企事业单位科研项目管理工作的稳定高效开展。

将数字化建设引入科研管理领域，提高科研项目信息的传播、检索与整理效率。实现科研管理的信息化建设，对于提高我国科研管理水平，促进科研交流活动，促进科研数据共享等均具有重大意义。

(三) 实现交易平台主体多元化和市场化运作

通过引入社会资金，同时导入交易所的市场运作机制，满足科技创新要素的市场流动，这样的主体才有活力和竞争力，才能有效实现科技创新要素发挥最大能量。

(四) 通过市场化设计实现可持续的金融保障

明确金融支持政策，特别是为中小企业提供金融支持。中小企业是社会科技创新的主力军，但在现有金融环境下，中小企业很难得到金融支持，没有金融支持的科技创新，很难有发展后劲。

成立由政府、民间企业和金融机构联合的科技创新服务平台，注册资本为20亿元，金融机构划出相当的额度用于科技创新平台的金融支持。企业直接从平台获得资金进行平台担保。科技企业除了支付一定的利率，同时设计一个回转机制，即平台根据企业按贷款额度，分享一定比例的股权利益，具体方案可以设计。部分利益可以用来弥补科技企业的贷款风险所形成的不良资产，另一部分用于维护平台的良性发展。按照测算，20亿的金融保障，通过回转机制，即平台根据企业贷款额度，分享一定比例的股权利益，不但可以为上海中小科技创新提供大约200亿元贷款支持，还可以通过自身盈利实现持续发展。

（五）制定科技创新人才发展计划

以制度创新破除机制障碍。形成机关、事业、科研机构的人才社会保障统一制度，破除科技人才流动的制度障碍。以财富效应激发科技创新人才的创造活力，以市场价值回报人才价值，形成创业链、产业链和财富链的前后衔接和良性循环。改革国有企业人才配置的行政任命模式，充分发挥市场在人才资源中的配置作用和决定作用。

创新海外人才引进制度：设立上海市的海外市民证制度和技术移民制度。上海要完善特有的境外人才绿卡（永久居留）制度，系统性解决境外人才在沪创新创业的多层面需求。凡是符合条件的外国人、港澳台专业人士及其配偶和未成年子女都可享受该制度，在本市工作生活时享有所有市民待遇。

外国人技术移民制度，将参照发达国家和地区的技术移民指标和本市居住证积分管理指标，通过对年龄、学历、专业、工作经验等方面设置一定条件，建立外国人技术移民制度，吸引优秀外国人才特别是科技型人才移民上海。

开放全国性引进人才的户籍制度。尽快明确上海市紧缺人才专业系列的落户便利政策，同时对配偶、子女就学给予方便。

上海不仅是上海人的上海，更应该是全国甚至全世界的上海，只有开放的政策、优惠的待遇才能为上海发展与创新带来源源不绝的人才资源。上海长期以来一直以户籍制度限制人口流入，对此给出传统解释是“资源与人口无法匹配”。然而上海遇到的外来人口多、人口压力大的问题，实际上并非上海所独有，而是一个全球普遍性现象，这个现象是伴随着高密度城市化的到来而到来的。韩国的首尔、日本的东京都聚居了所在国家很大部分的人口，尤其是东京(3 500 万人口)占全国总人口 1/4 以上的超大规模令人叹为观止，若以“资源短缺”为由阻止人口自由流动的基本权利实现也站不住脚。日本、中国的香港地区都是资源极度短缺的地区，香港地区的淡水全靠内地供应，但是香港至今未改变孩子只要在香港出生就拥有香港户籍并享受相应福利的政策，日本更是公开宣称要引进人口以保持竞争力、延缓老龄化。显然，日、韩的发展并未受到人口自由流动带来的所谓“资源短缺”的限制，相反，两国电子信息产业的蓬勃发展更是得益于其开放兼容的氛围。因此，上海应该考虑的不是试图通过陈旧的户籍管制这个低效率手段来控制人口规模和流动人口，而是应该通过市场自然竞争法则实现人力资源自由流动。

一个开放的城市才会有无可限量的前途。只有以开放的视野、直面竞争的心胸才能真正引领上海的未来。逐步开放人才引进的户籍制度，缩小由于户籍限制造成的不平等差距。只有切实解决了这些居住、子女就学、配偶等外来人才的后顾之忧才能真正为优秀人才的引入敞开大门。

本市的高校、科研机构的硕士和博士毕业生。只要是紧缺学科的人才，毕业即给予户籍，不要区分重点与非重点学校专业。

对于人口流动的权利应当给予充分的尊重，单纯依靠行政手段来限制人口户籍无法真正解决大量流动人口问题，城市交通、居住、就学就业等公共资源与人口规模的不匹配问题并未得到改善。当前的户籍制度实际上限制的是外来优秀人才来沪创新创业的热情，仅仅因为毕业于非重点院校或是非重点专业就要受到政策的排斥，更加显得人才战略的狭隘。引入人才应当考虑的首要问题是城市发展的需求，只要是上海市需要的、市场选择所需要的人才就应该享有上海市民的全部待遇。在市场经济高度发展的今天，我们应当充分相信市场对资源配置的合理性，与其使用陈旧而死板的户籍制度，不如让所有毕业生、务工者直接进入市场中自由竞争，让企事业单位和用人机构去筛选，最终实现优胜劣汰。

鼓励国内外各种研究机构在上海设立研究中心，为研究团队的工作和生活提供良好条件。为发挥上海人才聚集、科教资源丰富的优势，促进科学技术进步，增强区域创新能力，加快知识型服务产业发展，提高上海经济的质量和效益，有关部门应当出台切实可行的扶植政策，鼓励国内外各种研究机构在上海设立研究中心。

鼓励企业研发机构开展体制机制创新。鼓励企业研发机构建立和完善激励机制，对作出突出贡献的科技人员和主要管理人员进行奖励，激发科技人员创新的积极性。支持企业开展产业重大共性关键技术研究等公共科技活动，鼓励产学研协同攻关。设立专项资金，吸引和带动社会投资，对拥有自主知识产权并形成社会经济效益的研究中心进行重点扶持，科技企业可以申请市科技服务业相关专项资金支持。另外，对于科技成果在沪实施转化、合作开展共性关键技术研发及在沪设立研发机构等的国内外企业享受相应的政策支持。

为鼓励研发机构荟萃大批科技人才，驻沪研发机构经上海市人力资源和社会保障局批准，可接收国内应届大学生、研究生。从外地聘用的具有大学本科以上学历、确属本市急缺的高级专业技术人员和管理人员，经相关部门批准后，科研中心人员在个人购房、子女入学等方面享受上海市市民待遇。

五、国际主要科技创新成功案例

（一）硅谷：全球科技创新的排头兵

随着昔日汽车城底特律的衰落，从硅谷走出来的电动汽车特斯拉，带着硅谷的基因，彻底颠覆了传统汽车制造业，给人们带来一种全新的驾驶理念。在全球电动汽车业深陷低谷的背景下，特斯拉 Model

S电动跑车在美国市场2013年一季度卖出了4 750辆，而奔驰S级、宝马7系、奥迪A8同期销量分别为3 077辆、2 338辆、1 462辆。

2003年7月1日，特斯拉（TESLA）汽车公司在美国加州的硅谷地区成立。2010年，Tesla在纳斯达克上市，融资额达2.26亿美元。短短10年，特斯拉成为又一个硅谷神话。时至今日，硅谷已成就了无数个像特斯拉这样的高科技企业。

1. 硅谷文化是科技创新的源动力

硅谷文化是不怕失败，敢于冒险，积极创新的精神。美国《商业周刊》曾发表一篇题为《克隆硅谷最宝贵的东西》的文章，文章认为硅谷最为宝贵的财富是宽容失败的硅谷精神，“失败了没有关系，要奖赏敢冒风险的人，而不是惩罚那些因冒风险而遭失败的人”，“风险资本家不介意支持那些犯过一两次错误的企业家”。我国有句老话“失败是成功之母”，这在硅谷得到了很好的体现，硅谷大多数企业家创业并非一帆风顺，“苹果之父”乔布斯就曾被迫离开离职。

冒险、创新是硅谷的基因。区别于大多数传统汽车公司成立在底特律汽车城，特斯拉汽车公司在硅谷成立，把自身定位于高科技企业，这就展现出敢于颠覆传统的勇气。先进科技的运用、酷炫的产品设计以及开放的管理经营向世人展现出新一代领先电动汽车的风采。

2. 硅谷人才是科技创新的领导者

硅谷堪称世界高新技术人才的高地，聚集着全世界大量高学历、高素质人才。硅谷不仅有着斯坦福大学、加州理工大学等具有雄厚科研力量的世界一流大学，还拥有苹果、英特尔、惠普等众多高科技企业，最具代表性的“人才输送地”莫过于斯坦福研究园——世界上第一个工业园区，它成功地打造了高科技发明商业化运作的平台：一方面把大学、研究院校的研究成果转移到硅谷的大小高科技企业中，另一方面以企业为知识技术应用平台，提升高校学生的实践能力，由此向硅谷输送大量的创新型人才。

3. 风险投资是科技创新的发动机

在高科技领域，风险投资被誉为企业发展的“金融发动机”，能帮助大批新生的、具有行业领先地位的小公司解决资金不足的问题。硅谷聚集着大大小小众多风险投资公司，数量堪称世界之最，代表公司有恩颐投资、红杉资本、凯鹏华盈，投资过的企业包括苹果、甲骨文、雅虎、Google、Twitter 等全球知名大企业。硅谷的风险投资业十分发达，硬件设施完善，投资经验丰富，帮助了一批又一批的高科技企业不断成长。

德丰杰（Draper Fisher Jurvetson，简称 DFJ）总部设于硅谷，是全球著名的大型风险投资基金，其宗旨是在全球范围内搜寻具有杰出才能并试图改变世界的企业家，然后向其提供资金和服务。Hotmail、Overture、百度和 Skype 等，都是德丰杰投资缔造的世界级公司。2006 年 5 月，德丰杰宣布，公司合伙人史蒂夫 · 尤尔韦松（Steve Jurvetson）领衔向特斯拉投资 4 000 万美元，这是后者自创立以来获得的最大额 VC 融资。2007—2008 年是特斯拉发展过程中最危险的阶段，变速箱的问题让特斯拉的成本控制异常困难，成本飙升到 14 万美元，这意味着将来卖一辆车就要赔一笔钱。在解决变速箱的问题后，2010 年特斯拉又面临资金短缺的困难……在特斯拉克服困难，成功走到今天的过程中，德丰杰扮演了不小的角色。

硅谷，现今最成功的世界级高新科技园区，全世界高新科技产业的引导者，正高举着世界新经济的旗帜。

（二）伦敦：世界创意经济的开拓者

伦敦（London）位于英格兰东南部的平原上，跨泰晤士河，是英国首都，也是欧洲最大的城市。16 世纪后，随着大英帝国的快速崛起，伦敦的规模也快速扩大，成为英国政治、经济、文化、金融中心，并与日本东京、法国巴黎、美国纽约统称“世界四大城市”。

1997 年，时任英国首相的布莱尔提出要“通过英国引以为豪的高度革命性、创造性和创意性来证明英国的实力”，提出把文化创意产业作为英国振兴经济的聚焦点。英国成为世界上第一个把文化创意产业列入国家宏观战略的国家。在这样的大背景下，伦敦市政府也决定把创意产业作为战略核心产业，“创意伦敦”的概念应运而生。经过近 20 年的发展，伦敦已成为“世界创意文化中心”，是全球三大广告产业中心之一、全球三大最繁忙的电影制作中心之一和国际设计之都，伦敦利用得天独厚的资源优势，扶持并推动了这些高附加值的、可持续的文化创意产业的发展，向全世界展现了“国际创意之都”极具魅力的另一面。

1. 得天独厚的资源优势

20 世纪初的英国已成为世界上最发达的国家之一，伦敦也已是世界工业中心，人均收入远高于英国平均水平，经济的高速发展让伦敦人对休闲产品与服务的需求也不断增加。数据显示，伦敦家庭看电影、欣赏戏剧、参加时装秀等活动的花费高出英国平均水平近 30%，对创意产品的强大需求，极大地刺激了伦敦文化创意事业的发展。

从 18 世纪的海上强国，到 19 世纪的“世界工厂”，伦敦在其长达 200 多年的发展进程中积淀了深厚的文化底蕴，世界各地蜂拥而至的创意人才和历史悠久的高等学府是伦敦的创意产业发展的雄厚基础。

2. 低碳环保的时代背景

随着工业化进程的逐步深入与发展，温室气体，水污染……全球气候变暖，生态环境遭到严重破坏已是不争的事实。气候环境的恶化不仅危害人类的健康，也导致许多珍贵物种濒临灭绝。

大力倡导低碳经济，建设生态文明，已成为新时期发展的主旋律。文化创意产业凭借高附加值、低能耗、低污染的特点成为全球产业结构优化调整背景下的新业态，是 21 世纪最有前途的产业之一，已成为衡量一个国家或地区综合竞争力的重要指标之一。

3. 强而有力的产业政策

英国政府的创意产业政策是目前国际上产业架构最完整的文化

产业政策，主要集中在四方面：一是提出创意产业概念，制定创意产业规划，在宏观上培育全民创意产业环境；二是完善组织管理、人才培养、资金支持、生产经营等机制建设；三是大力扶持创意文化产品出口，加强教育及技能培训，保护知识产权，大力推动创意产业；四是倡导政府与民间广泛合作。伦敦政府通常会协同金融界及有潜力的民间投资者对那些有创新能力的个人或企业提供发展所需资金。1997年，英国政府成立伦敦创意产业工作组，旨在对英国创意产业的可持续发展进行跨部门协调，以满足创意产业发展的需要。该工作组先后发布两份研究报告，确定了开发技术、教育潜能、推动出口与税收和政策调整四项推动创意产业可持续发展的关键性因素，对伦敦创意产业的良好发展至关重要。

(三) 汉诺威：德国"工业 4.0"的风向标

汉诺威是工业制造业高度发达的城市，是德国的汽车、机械、电子等产业中心，也是一个重要的展览会议城市，其中以技术和自动化领域的全球盛事——汉诺威工业博览会（HANNOVER MESSE）享誉世界。汉诺威工业博览已成为涉及工业领域最大的国际性贸易展览会，被认为是联系全世界技术领域和商业领域的重要国际活动，也是全球工业设计、加工制造、技术应用和国际贸易的最重要的平台之一。

汉诺威工业博览会展示出德国工业发展的整体性，体现了德国从材料研究、产品研究、制造技术研究、生产过程研究到前沿理论技术研究中的强大动力和实力，是德国工业 4.0 的风向标。同时，企业可以在这个平台展示自身的最新创新成果和解决方案，充分了解其他相关行业的技术水平和发展趋势，实现行业企业间技术共享、产品交叉，推动新技术的应用。

2014 年汉诺威工业博览会（4 月 7—11 日）围绕"融合的工业——下一步"为主题，展示未来工厂技术及能源转型方案，这是对德国 2013

年提出“工业 4.0”这一全新概念的诠释。这一主题反映了展会对于产业集成化及其对行业未来影响的一贯重视，表明了建设智能化、自动化工厂的未来趋势和方法，标志着“工业 4.0”从概念走向现实。作为第四次工业革命的代表，“融合的工业”习惯上被称为“工业 4.0”，这是德国在 2011 年汉诺威工业博览会上提出的概念，是引领德国工业未来发展的核心战略，它的两大主题是智能工厂和智能生产①(见表 2)。

表 2 “工业 4.0”两大主题

	智能工厂：工业发展新方向	智能生产：制造业的未来
具体内涵	在数字化工厂的基础上，利用物联网的技术和设备监控技术加强信息管理和服务：产品的组件直接与生产系统沟通，发出接下来所需生产过程的指令，整个系统将更加智能，联网更加紧密，不同组件之间可以相互沟通，反应更加迅速	一种由智能机器和人类专家共同组成的人机一体化智能系统，它在制造过程中能进行诸如分析、推理、判断、构思和决策等智能活动，把制造自动化的概念更新，扩展到柔性化、智能化和高度集成化
发展趋势	通过大数据与分析平台，将云计算中由大型工业机器产生的数据转化为实时信息，并加上绿色智能的手段和智能系统等新兴技术于一体，构建一个高效节能、绿色环保、环境舒适的人性化工厂	① 以 3D 打印为代表的“数字化”制造技术，将改变自“福特时代”以来的传统制造业 ② 先进制造技术的加速融合使制造业的设计、生产、管理、服务各个环节日趋智能化，引领新一轮的制造业革命
展会案例	模块化生产线生产名片盒：与传统生产线不同的是，关于制作这一名片盒的所有信息都被输入到产品零部件本身，这些产品零部件通过与生产设备进行信息交流，指挥设备把自己生产出来。这种自主生产模式使得每个产品都具有个性化的特征，完全满足“定制”需求	3D 打印真实头像：游客只需站在摄像头前拍摄不同角度的 8 张照片。根据这些信息，3D 打印机就能按照每个人的真实相貌打印出一个塑料的头像

① 张锋：《从汉诺威工业展看世界工业的发展新趋势》，《电气时代》2006 年第 6 期。

(四) 川崎：日本绿色产业的领跑者

川崎市的主要产业为钢铁、电子、机械、石油等制造业与信息服务业，其中制造业的比重位居日本国内大城市之首，作为以临海地区为中心的“重厚长大”型产业及拥有卓越制造技术的产业聚集城市，在日本经济的高速增长期发挥过牵引作用。与此同时，川崎也面临过大气污染及水质污浊等深刻的产业公害问题。①

为了解决这些公害问题，川崎市及时提出“环境协调型城市建设基本构想”，制定了“川崎临海地区二次规划的方针”，并于1997年开始创建川崎生态城。生态城以位于川崎临海地区的企业为主体，以开发资源循环型、环境协调型产业作为经济振兴支柱，以实施二氧化碳减排、实现工厂废弃物零排放为基本方针，打造相关产业集群，构建国际环境特区，实现环境和产业活动的协调可持续发展。

1. 三层竞争力，推动构建临海地区生态企业联合体

川崎的企业联合体源自多种企业、产业间合作的优势，可以将本企业多余或废弃的材料及能源提供给生态城内其他有需要的企业。川崎市依托新材料、新功能性材料的高附加值生产制造、节约资源能源技术的重点研发、制造业低成本运行这三层竞争力，推动了生态企业联合体的建立，促进了川崎临海地区的原材料、能源产业的复活。

如图1所示，川崎依靠低成本运营优势，并通过节约资源，能源技术的资源循环、能源循环系统，通过研发新材料、新功能性材料，达到了建设生态企业联合体的目的。在新能源及替代能源的研发上，川崎临海区域的原材料、能源产业与内陆区域的机电及IT产业相结合，通过各公司的合作形成了产业技术革新模式。机电产业自身也把绿色

---

① 参见雷新军：《城市产业转型比较研究——上海市杨浦区与日本川崎市的产业转型经验》，上海人民出版社2011年版。

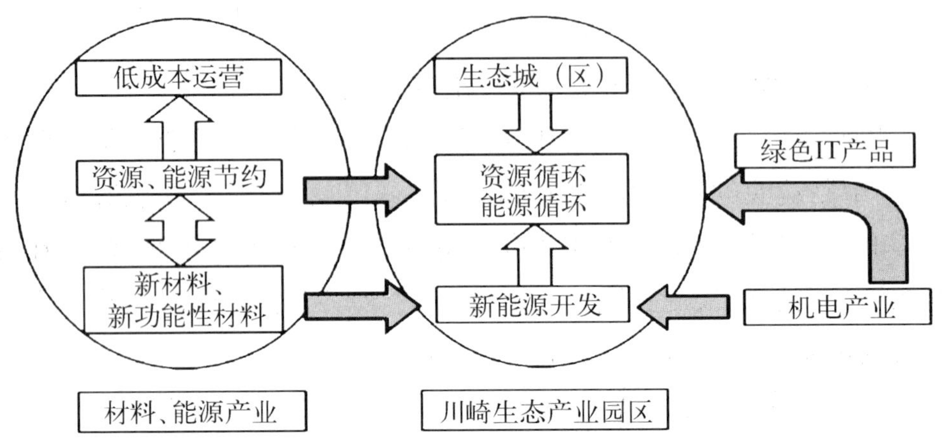

图 1　三层竞争力与川崎生态、企业联合体

IT、Smart Grid 等作为新的竞争领域，推进了以生态产业、绿色产业为轴心的新集群的形成，资源能源循环的生态企业联合体的形成，新能源研发的生态产业集群的形成。①

比如，临海地区的原材料、能源企业旭化成化学将离子交换膜与锂离子电池研发连结起来，而电极的研发又需要研发新材料，这体现了新材料、新功能性材料的研发与新能源的开发相结合。同时，锂电池的研发与太阳能板的研发等新能源及替代能源的研发也促使机电产业创新，比如东芝把在空调方面积累的回路技术融入太阳能发电技术，以提高发电效率。

2. 产学公民合作，推动构建川崎生态城

第一，政府大力引导是构建川崎生态城的保障。为大力发展高新科技和环保产业，促进临海地区企业的合作，推动构建临海地区生态企业联合体，川崎市政府以"产业再生、环境再生、都市再生"三个基本理念为指导，以行政、临海地区企业、学者三位一体，形成合力，通过临海地区再生程序，开始了产学公民一体化，支援生态城企业的发展(见表 3)。

---

① 参见雷新军：《城市产业转型比较研究——上海市杨浦区与日本川崎市的产业转型经验》，上海人民出版社 2011 年版。

表 3　川崎市政府对生态城中小企业的支援

支援措施	援助表现	协调机构	代表项目	项目内容
产学联盟	中小企业向大学研究室委托研究或共同研究,或者是利用大学持有的专利	川崎市产业振兴财团	产学联合试制开发项目	中小企业与大学研究室的研发产品试制
		明治大学川崎市工业团体联合会	川崎地区产学交流会	中小企业与大学研究室的课题解决
经营支援	中小企业面临经营技术上的问题时向大学或大型企业进行咨询	川崎商工会议所	技术广场事业	大型企业 OB 为中小企业提供咨询
		川崎信用金库	川信企业展示会	新技术新产品推荐
技术转移	大学研究机构或大型企业对中小企业提供专利技术,并发现新的商业模式	川崎市经济劳动局	知识产权交流会	大型企业对中小企业的技术转让
人才培养 职能培训	造就人才,进行与招聘相关的教育培训,促进人才引进	川崎商工会议所 川崎人才协议会 川崎 IT 学校	就业促进	提供员工技能培训、人员招聘服务

第二,企业积极行动是构建川崎生态城的关键。企业合作实践政府制定的"零排放"环保政策,并在 2004 年由川崎生态城 14 家主要企业联合组建了非营利法人——产业与环境创造中心,致力于联合研究如何开发搞活资源能源循环型产业、如何建设环境协调型城市、如何建立有助于培育新兴产业的机制、如何为产业活动和环境保护提供更为宽松和有激励作用的政策等。该中心下设三个工作组,分别是能源

工作组、资源循环工作组和国际环境特区工作组[①]（见表 4）。

表 4　产业与环境创造中心三个工作组的分工

工作组	具　体　职　能
能源工作组	负责研究如何将企业生产活动中能源消耗过程尚未充分利用的部分有效回收，并转化为城市生活用能源
资源循环工作组	负责调查并研究如何全面发挥资讯科技产业自身优势，促进不同企业、行业和地区间排放物、副产品、废弃物的相互利用和循环使用
国际环境特区工作组	负责研究如何建设高度产业化和环保化相结合的国际环境特区，并制定相关方案和措施

第三，公民的广泛参与是构建川崎生态城的根本。川崎市在推动公民社会参与节能环保事业方面，走的是一条教育先行、市民参与、官民并举的成功道路[②]（见表 5）。

表 5　公民参与环保事业的途径

相关措施	具　体　表　现
教育先行	学校教育、社会教育、家庭教育三位一体
市民参与	川崎生态城的很多企业都面向市民开放，让市民通过实际观摩，了解资源循环再利用的知识，强化建立循环型社会的意识
官民并举	川崎市成立了由政府官员、节能专家、居民代表和企业人士组成的节能活动推进协议会，其任务就是研究制定本地区的节能目标和实施计划

（五）中关村：孵化科技创新经济的活力园

从电子一条街到第一个国家级高新区，从科技园区到第一个国家自主创新示范区，北京中关村完成了凤凰涅槃般的华美蜕变。这里有

①② 赵世通：《日本川崎市建设循环型社会的经验》，《求是》2009 年第 14 期。

良好的创新创业环境，是充满活力的创业中心，被誉为“中国的硅谷”。如今，新兴产业正为国家创新驱动战略探路前行，移动互联网、云计算、大数据引领的产业变革明显加快，新技术以跨界、融合、平台的方式剧烈改变甚至颠覆传统行业，“数据驱动的企业”逐步被越来越多的人视为未来发展的理想模式。[①] 未来全球最新、最炫的创新产品都会在这里第一时间亮相，成为前沿创新产品在中国的首映地。作为中国高新技术产业的策源地，中关村在更高起点上推进自主创新，全力推动中关村产业园步入 2.0 版。

1. 大数据交易的综合平台

近年来，中关村大数据产业迅速发展，不断涌现出依托大数据的新型商业模式。个性化医疗、数字金融、智能交通、精准营销等基于大数据的新型商业模式组建了庞大的中关村大数据产业集群。有数据显示，目前中关村产业规模持续增加，大数据和移动互联网产业的收入规模超过 5 000 亿元，约占中关村总收入的 1/6。此外，中关村各部委信息中心、三大运营商、国内大型互联网平台公司机构等高度聚集，拥有全国最大规模和最有价值的数据资产，海量数据存储、挖掘、云计算等技术与硅谷同步，处于国内领先地位。[②] 与此同时，中关村成立了国内首个面向数据交易的产业组织：大数据交易产业联盟。依托联盟，推动数据资源开放、流通、应用，充分利用数据资源的价值。其次，联盟聚集着大数据提供方、数据开发者、大数据交互平台、大数据使用方及数据投资者，从而为构建中关村乃至全国大数据完整产业链提供了坚实的基础。

2. 互联网金融的创新中心

互联网金融是互联网与金融相结合的新兴领域，是借助互联网技

① http：//finance. ifeng. com/a/20140120/11505041_0. shtml.
② http：//www. chinatorch. gov. cn.

术、移动通信技术实现资金融通、支付和信息中介等业务的新兴金融模式。作为我国互联网信息技术发展的中心和国家科技金融创新中心，中关村兼具互联网和金融两个元素，具有发展互联网金融的现实需求和良好基础。[①] 中关村拥有高新技术企业近两万家，每年新创办企业4 000多家，收入过亿元的企业1 900家，新兴产业的发展不断催生新的金融服务需求，形成新的金融业务增长点，为互联网金融提供了大量的市场机遇。作为我国互联网发展的中心，中关村聚集了一大批互联网、移动支付、搜索引擎、大数据、社交网络和云计算等行业的领军企业，为互联网金融发展提供良好的技术支撑。京东商城、天使汇、拉卡拉、人人贷、用友软件等几十家中关村企业发起成立了全国首个互联网金融行业协会。面对互联网强劲的发展势头，中关村将支持研究互联网金融行业发展规律，进而推动制订互联网金融行业发展规则和标准，从而引导行业健康规范发展。

3. 服务新业态的有机系统

作为全国第一个现代服务业试点区域，2014年6月，中关村现代服务业试点将满3年。中关村现代服务业实现了快速发展，总收入从2011年1.3万亿元增长到2012年的1.7万亿元，2013年现代服务业总收入突破2万亿，现代服务业支撑作用进一步凸显。金融服务、创业服务、技术交易服务、节能服务、健康服务、信息服务……科技的参与，新的服务行业层出不穷，产生了新的商业模式，让“现代服务业”成为一个新兴业态。在推动以新技术和新模式为主要支撑的新兴服务业态以及传统服务业的“现代化”方面，中关村结合自身资源，大力发展科技服务业、积极培育新兴服务业、改造提升电子商务与现代物流业。如今，中关村重点推出创业孵化服务、知识产权和标准服务、技术交易服务，这些抓手生动展现了中关村现代服务业创新创业有机系统的特色优势。

---

① http://www.zgc.gov.cn.

表 6　中关村特色创业孵化服务

特色服务	主　要　内　容
咖啡馆变“办公室”	在车库咖啡、3W 咖啡等创业咖啡馆里，每张桌子旁都围坐着三五个年轻人，人人面前都放着一台笔记本电脑，在一起交流碰撞着自己的创意和想法。草根创业者们花十几元点杯咖啡，就能坐上一天。不仅如此，创业咖啡馆还提供了一个思想交流和观念碰撞的场所，来自世界各地、不同经历的创业者、天使投资人在这里集聚。投资人找到了好项目，创业者找到了投资，找到了好的技术人才、管理人才，等等
实体“孵化器”	科技媒体 36 氪从科技博客延伸出网上创业服务平台后，在这里推出了首个实体孵化器。他们拿出 1 300 平方米的场地供数十家初创企业短期入驻，初创企业连一杯咖啡也无须消费，就能享受整个团队 1—3 个月的免费办公，期间场地、网络、水电完全免费
免费的“午餐”	在中关村，联想之星是以免费创业培训起家的创业服务机构，已经向数十家创业团队提供了数亿元的投融资服务，并免费为数百位创业者提供了创业培训。除了这些创业服务机构，中关村还有为创业项目提供路演展示机会的创业家，有为中小企业提供众筹融资平台的天使汇，还有展示创意生活方式用品的言几又和创业项目服务机构飞马旅

执笔：黄复兴

专题报告四

关于科技创新中心服务体系和软环境建设研究

上海建设具有全球影响力的科技创新中心，需要正确把握创新服务化的发展趋势，把创新服务体系和软环境建设作为重要的战略任务，从创新资源配置、创新链环节有效对接等方面，深入分析创新服务体系和软环境建设中存在的主要问题，立足上海的基础条件和新的目标任务，健全科技创新服务体系、加强产学研平台建设、推动科技管理机制创新、有效发挥风险投资重要作用、进一步优化科技创业服务、加大创新人才培育力度、营造良好创新文化氛围，为加快建设国际科技创新中心提供重要支撑。

上海建设具有全球影响力的科技创新中心，需要以创新服务体系和软环境建设为支撑，推动前沿技术重大突破和创新成果的产业化应用。从现有国际创新中心国家和城市的发展经验看，都把创新服务体系和软环境的建设培育作为重要的战略目标，推动国际创新优势的形成，特别是在新产业革命孕育突破的进程中，发达国家有效把握创新服务化的发展趋势，高度重视创新服务体系和软环境建设，力求在新的国际科技竞争中占得先机。一些国家和地区在科技创新方面的优势，在很大程度上依赖于创新服务体系的特色和基础条件，技术创新呈现服务化发展特征，依靠创新服务体系打造创新特色优势，成为科技创新中心建设的重要方向。目前，上海在创新人才、资金投入和技术能力等方面已经形成较好的积累，但是，具有国际影响力的科技创新中心，需要形成在更大范围整合科技资源的能力，需要在技术链和创新链的有效对接中，形成具有引领性和带动性前沿技术的突破能力和产业化应用能力，这些能力的形成，都需要以创新服务体系和软环境建设为支撑。上海要把创新服务体系和软环境建设作为国际创新中心建设的重要目标，突破在创新资源配置和技术链产业链对接中的瓶颈制约，加快向具有全球影响力的科技创新中心进军。

一、创新服务体系和软环境建设是上海建设具有全球影响力的科技创新中心的重要战略任务

（一）创新服务体系是上海国际科技创新中心核心能力的重要支撑

1. 创新服务成体系建设可以有效推动上海科技资源整合能力的形成

上海建设具有全球影响力的科技创新中心，需要成为全球领先的创新思想和创新技术的原创地，同时也要形成创新成果产业化应用和创新商业模式的集聚地，实现这些目标的关键，是形成在全球范围整合科技资源的能力，科技创新中心从一定意义上讲，就是科技资源的整合中心。创新服务体系是创新资源整合的重要平台，由科技创新服务机构、创新平台和创新服务人才构成的科技创新服务体系，可以整合集成知识、信息、技术、资本等创新要素，为创新资源的有效配置提供优质高效的服务，包括为创新资金投入、创新人才、创新知识和信息等的有效配置和高效提供支持。

目前，上海在科技人才投入、科技创新资金投入等方面已经形成较好的积累，但是从建设具有全球影响力的科技创新中心目标看，现有科技资源的支撑力度还是不够的，而短期内依靠自己培育大规模的

科技资源集聚并不是有效的方向，关键是需要形成在全球范围整合科技资源的能力，需要通过共性技术研发平台、高端要素集聚平台，比如企业与大学和研究机构合作，建立合作实验室或者产业(技术)研究院、产业技术服务中心、产业技术培训基地以及产业共性知识库、竞争性情报系统、数据信息库、各类联盟组织等创新服务体系建设，推动科技资源整合能力的形成和提升，为建设具有全球影响力的科技创新中心提供有效的科技资源支撑。

2. 上海创新服务体系可以有效推动技术链和创新链的有效整合，在引领产业变革中形成全球创新的影响力

上海建设具有全球影响力的科技创新中心，需要在全球前沿科技、关键技术创新研发上形成全球影响力，在推动创新成果产业化应用中，形成新产业革命中的技术引领能力。这些能力需要在推动创新链和技术链的有效对接中形成。以前沿技术创新，引领推动新兴产业领域发展；以新技术成果的产业化应用，带动新兴技术的创新突破，在科技创新与产业创新的有效整合中，形成全球科技创新的影响力和带动力。从英国、美国、德国等现有科技创新中心的演进看，新的产业革命推动新的科技创新中心的形成，关键的推动因素就是科技创新与产业创新的整合。

创新服务体系为创新链各环节的有效对接提供服务，在基础研发、应用技术研究、产品创新、产业孵化、创新服务、产业发展组成的创新链中，不同环节之间的高效衔接需要服务支撑，特别是创新成果的产业化和市场化推广应用，需要形成高效运作的创新服务支撑体系。同时，技术市场中介服务体系包括科技代理、咨询、评估、推介、交易等中介服务机构等创新服务体系也是构成技术链和创新链整合的重要环节。

上海“四个中心”建设中已经形成了较好的产业发展基础，在高端智能装备、新一代信息技术等新兴产业发展中形成了一定的基

础优势，通过创新服务体系建设促进上海科技创新与新兴产业创新转型的有效对接，把上海的研发优势与产业基础优势结合，在推动新产业革命进程中，形成具有全球影响力的创新成果及其产业化应用，在技术创新与产业创新的结合中，确立上海全球科技创新中心地位。

3. 创新服务体系是上海科技竞争力提升的重要基础条件

上海形成具有全球影响力的科技竞争能力，需要以创新服务体系作为重要的基础条件，创新服务体系向科技创新活动提供研发设计、科研条件、创业孵化、技术交易、知识产权、技术投融资、专业技术咨询等专业化服务，推动企业创新和产业升级的科技创新支持系统。科技创新服务体系对加快前沿技术突破，推动创新成果的产业化市场化应用，强化创新资源的整合配置具有重大作用，是国家和区域提升科技创新水平和竞争力的重要支撑。

上海科技创新服务体系建设已经具有较好的条件，依托大型研究机构、重点大学和大型企业的技术研发平台，上海在服务平台、服务机构、社会化服务和服务基础设施等创新服务体系建设方面已经取得积极进展，根据国际创新中心建设目标，上海需要根据市场化、专业化、集成化、高端化、国际化是科技创新服务体系的重要发展趋势，围绕创新和产业化市场化全过程的系统化、个性化服务，推动创新服务体系建设。特别应该正确把握技术创新跨学科、跨领域特征日趋明显，创新成果商业化推广和模式创新重要性增强，创新服务体系的作用和地位进一步提升的新形势和新特征，在研究开发机构、技术转移机构、创业孵化机构、生产力促进以及认证、检测、标准化评审等机构，以及技术、市场、信息、培训、商务、法律、测试、标准、金融、会计等社会化服务方面加大建设力度，积极推动技术创新与商业模式创新整合，以及新业态和新模式的创新服务体系建设，为建设具有全球影响力的科技创新中心提供坚实支撑。

（二）科技创新软环境是上海建设国际科技创新中心的重要动力支撑

上海建设具有全球影响力的科技创新中心，需要在体制机制、政策法律、文化氛围等创新软环境建设方面取得重要突破。上海从工业中心城市转向经济中心城市，进而向全球科技创新中心城市转变，是城市发展战略的重要转变，需要推动城市整体功能的调整提升，为科技创新提供重要的基础条件支撑。软环境建设，实质上是城市功能的重要体现，以创新文化为核心的软环境建设，从制度、文化、组织、氛围等方面，为科技创新创造必要的条件保障，是上海建设全球科技创新中心重要的战略任务。上海科技创新中心软环境建设包括以下几个方面：

一是体制机制环境。企业制度、市场组织、政府职能等方面的体制机制是构成科技创新软环境的重要方面，企业组织是否有利于提升创新动力，强化企业作为创新主体的创新激励，与企业制度紧密相关；科技创新活动涉及不同类型的市场主体和市场机制，市场组织效率提升对创新活动具有重要影响，是构成创新软环境的重要基础条件；政府在创新活动中发挥重要作用，政府运行效率，在创新投资、公共平台建设使用等中的公平和有效，对提升创新效率意义重大。

二是法治环境。市场经济是法治经济，市场经济的运行和发展离不开法治建设。与市场经济相适应的、健全的法治，不仅可以为科技发展创造良好的外部环境和条件，而且可以直接渗透到科技发展的各个环节，规范各种经济行为，调节各种利益关系。强化政府管理经济的规范性和有效性，改善政府职能部门与企业之间、企业与企业之间的经济信用，维护市场秩序、保护平等竞争等都需要健全的法制环境，特别是知识产权保护方面的法制环境，是构成创新环境的重要内容。

三是人才激励环境。科技进步与创新离不开人的因素，高素质的科技人才是科技发展的动力源泉。国与国之间、地区与地区之间乃至城市与城市之间的科技竞争，最终都归结为对人才资源的竞争。因而，开发科技人才资源，营造良好的人力资源环境和氛围，从根本上解决科技创新与发展的问题，应当成为各级科技工作者，特别是科技管理者的共识。然而，在一些地方由于受各种因素的影响，对科技人才的重视程度不高，政府部门的宏观调控和引导职能未能有效、充分地发挥，进而缺乏一套有利于人才培养和使用的用人机制、激励机制和管理体制。对现有中青年专业技术人才的培养与使用，以及外部人才的引进等工作，因循守旧，缺乏创新。所有这些都严重影响了科技人才的储备与稳定，挫伤了他们的积极性和创造性，从而最终制约了科技的进步与发展。

四是配套服务环境。自 20 世纪 90 年代以来，伴随着信息技术的飞速发展和新经济的兴起，一个国家或地区的科技发展越来越建立在“服务生产”之上，而不是建立在商品生产之上了。能否为各类市场主体参与经济活动提供包括信息在内的良好服务，做到信息畅通，资源共享，已成为一个国家或地区提高经济效益、增强经济实力的重要因素。优质高效的配套服务是改善科技发展软环境的重要内容。面向科技的配套服务包括资金保障服务、科技应用与推广服务、专利指导与申请服务、科学普及与信息化服务等。

五是人文环境。科学传统、学风、治学氛围和评价体系，是创新软环境建设的重要内容，特别是创新精神、风险精神、团队精神、创新荣誉感等创新文化氛围，在创新软环境建设中占据重要地位。

二、上海创新服务体系和软环境建设方面存在的主要问题

（一）创新链有效对接方面存在的问题

推动创新链各环节有效对接是创新服务体系的重要功能，由于创

新链各环节具有不同的主体特征和运作机制，相互之间的链接不能在同一种机制下实现，所以需要服务体系支持这种对接，创新中心国家和城市都在推动创新链环节对接的服务体系方面形成自身特色优势，上海在创新链有效对接服务体系方面存在问题，产业创新与科技创新的相互独立，以及创新主体与产业主体错配。

1. 科技创新服务体系与产业创新服务体系不对接

科技创新与产业创新是有区别的，科技创新主要是技术突破和成果转化，产业创新主要是商业模式创新和市场推广，技术创新与产业创新关键是从展品到产品：无人驾驶汽车上街就是展品；无人驾驶汽车进入千家万户就是产品，产业的含义是实现了市场的交换与配置。科技创新解决上街问题，产业创新解决入户问题。创新成果转化和创新成果的市场化产业化运用分别构成科技创新与产业创新的重要环节，产业创新与科技创新的对接，主要是创新成果转化与产业化市场化运用的对接，成果转化阶段是一个价值创造过程，主要是形成具有市场运用价值的创新成果，市场化和产业化是一个价值实现过程，需要通过盈利模式创新等推动新的产业化发展，实现创新的市场价值。

科技创新中心国家和城市都高度重视科技创新与产业创新的对接，因为这两个环节对应不同的运行机制，成果转化不是完全的市场机制主导，而产业化和价值实现是一种市场机制作用，这两个环节的对接是两种不同运作机制的对接，科技机制与经济机制的对接，非市场机制与市场机制的对接。产业创新与科技创新在产业革命不同阶段有不同的表现形式，在新产业革命中，产业创新引领科技创新是重要的趋势特征，比如美国先进制造业战略伙伴关系计划，关键就是这两个环节的对接。

上海在产业创新与科技创新对接方面的主要问题是重视成果转化，忽视产业化市场化推广运用。科委系统的科技成果转化服务体系，与经信委的新兴产业培育服务体系不能有效对接，重点在成果转化的科技服务机构、平台和人才、政策，与重点在引进先进技术培育新兴产业的基地、基金、政策、载体不能有效对接，关键是不同类型的机构、平台和要素支撑不对接。科技创新方面，上海孵化园区、科技成果转化政策都集中在成果转化环节，对于创新链后端的模式创新和大规模产业化应用，缺乏有效的服务体系支撑，包括政策支撑和载体支撑，大学科技园、孵化器等都是支撑成果转化的，对于后续环节，缺乏资金、信息、土地空间、人才和政策支撑。产业创新方面，新兴产业培育的基地、基金、人才、平台等都不是围绕上海自己的成果转化来的，而是围绕引进技术的消化吸收，

目前，两个阶段分属不同的管理部门，科委管转化，经信委管市场化推广应用，管理部门的分离导致在两个环节有效衔接的服务体系方面发展不足，特别是在技术创新与商业模式创新的结合方面支持较弱。

2. 上海高校和研究机构的重点研究方向与上海重点产业领域的关键核心技术的关联互动，缺乏有效的服务体系支撑，导致上海的技术成果到外地转化，上海技术主要来源于国外

高校和研究机构研究方向与产业发展方向的有效对接，是科技中心城市重要的发展经验，比如，波士顿：以哈佛大学和麻省理工学院等强大科研能力与教育资源为依托，通过产学研合作模式与技术转移实践，打造高科技产业带，重点发展机械电子、航空航天、土木、生物医疗、高新技术咨询与服务、高等教育等先进产业；硅谷：以斯坦福、伯克利、加州理工等世界知名大学为依托，以高技术的中小企业群为基础，融科学、技术、生产为一体，信息技术、互联网思维及其商业模式创新的有机结合，造就了硅谷的成功。

上海重点产业领域，以及战略性新兴产业重大专项，都是企业和产业部门主导，上海的高校和研究机构参与较少，上海一些重要的产业领域、上海高校和研究机构的领先优势不明显；上海高校和研究机

构具有优势的创新领域，在上海产业发展中不是重点，重要成果转化缺乏产业基础支撑。上海高校和研究机构不能为上海重点产业领域的基础前沿和关键共性技术提供有力支撑。上海一些重要的创新成果到外地转化，上海重点产业领域需要依靠国外的技术来源支持。上海产学研结合程度偏低，技术研发和市场转化分割。《区域创新能力报告》显示，2011 年，上海高校和科研院所研发经费内部支出额来自企业资金的比例为 13.01% ，居全国第 18 位，同期江苏为 26.48%、广东为 16.10%、山东为 14.60%。

大学和研究机构重点研究方向与上海产业发展重点领域不能有效对接的关键，是缺乏有效的服务体系支撑，没有一种连接机制，包括相应的机构和平台、信息等，都需要相应的服务体系。

3. 以国有大企业和外资企业为主导的服务体系引领作用不强

上海重点产业领域的技术创新以国有大企业和外资企业为主导，国有大企业的技术创新服务是内部化的，不是社会化的服务体系，比较封闭，辐射带动作用弱，自身也缺乏活力；围绕外资研发总部的政策和服务支撑是重点，但是这种服务体系不是技术导向的，而是产值和税收导向的。关键是这两方面都不能在上海技术创新能力提升中发挥引领带动作用，国有企业动力不足，外资企业目标错位。

4. 上海在针对中小企业的创新服务体系方面发展不足

创新型中小企业在推动技术创新方面发挥着重要作用，微软、谷歌，戴尔等跨国科技公司，往往是从车库、学校创业兴起。目前，新兴科技巨头华为、中兴、腾讯、百度、京东、阿里巴巴等企业，均分别是从微不足道的小微企业起步，甚至不少都是在居民住宅内创业。上海在支持创新型中小企业成长方面服务滞后，“草根”型创新发展成为明显短板。

5. 孵化转化服务链条短，缺乏一站式服务机构且服务质量有待提高

孵化转化服务指生产力促进中心、企业孵化器、企业加速器等机

构直接参与服务对象的技术创新过程，依据市场的需求和科技创新政策导向为科技成果的产业化进程提供全程支持服务，如上海浦东生产力促进中心、上海市科技创业中心、各高校、园区、市区两级政府创办的企业孵化器等。一是上海的各类企业孵化器或园区提供的服务主要集中于项目申报等基本服务，缺少更深层次的融资服务、产品市场推广、技术支持、人才培训和管理法律咨询方面的服务。二是上海地区企业孵化器连接和整合的社会资源不足，很少为企业提供的增值服务，入驻很难享受到企业管理、市场营销、财务税收、法律、知识产权等方面的服务，而这些服务恰恰具有更重要的意义。三是上海地区大多数孵化转化机构是政府主导的，具有非营利性质，风险投资机构很少介入，导致用于创业企业发展的资金不足；孵化转化机构的法律地位不明确，各部门在其扶植政策上存在利益分歧，导致引导体系不健全。而从这些机构本身看，自我创新能力的缺乏导致产业同构现象严重，无法提供企业真正需要的服务。四是关于孵化转化服务体系中多机构、多阶段服务模式方面的问题。孵化转化机构对于科技型中小企业不同发展阶段的支持，还停留在需要不同机构配合、不同种类服务平台来完成的阶段，缺乏一站式的服务。多机构、多阶段服务的模式不利于企业形成连续和深入的服务，同时也造成了服务资源的重复和浪费。

(二) 创新资源配置服务体系方面的主要问题

1. 金融支持服务体系

(1) 政府直接资金补贴和税收优惠没有考虑处于不同生命周期企业的不同特点

在资金补贴方面，真正享受创新基金支持的企业比例不高，且多是创业后期的企业，此基金“项目资助”式的评价机制限制了处于种子期、初创期的企业获得基金的可能性。政府扶持资金力度太散太小。

对于科技创新基金，上海善于以撒胡椒面的方式补贴，大部分都是30万元、50万元，最多也不会超过300万元，看似支持的面很广，但实际收效却不明显。

在优惠财税方面，尽管上海对于科技型中小企业的优惠财税政策覆盖面广，但种子期企业因其特殊的阶段特征而不能享受到真正的优惠。针对科技创新的税收政策存在如下问题：一是覆盖的产业范围过窄，仅涉及软件和集成电路产业以及动漫产业，并没有覆盖国家重点扶持的如新能源、新材料、节能环保技术、信息技术、生物工程技术等十一大高新技术产业；二是在实际情况中，由于严格的认定条件和程序，国有企业享受了更多的优惠，而私有民营中小企业享受的优惠较少，采取合伙制或个人独资形式的科技企业则享受不到税收优惠政策；三是融资税收优惠的缺失，加重了企业融资的负担。

(2) 金融机构和创业风险投资机构中科技支行服务效率低下，而科技小贷公司资金能力有限

银行等金融机构和创业风险投资公司主要以两种形式提供融资服务，分别是科技支行和科技小贷公司。

一是科技支行服务能力弱。目前，商业银行主要通过科技支行的形式提供融资服务，科技支行不具有独立法人地位。上海地区有上海农商银行张江科技支行、交行上海五角场科技金融服务特色支行等。科技支行存在以下问题：不熟悉高新技术企业发展特征导致的服务不专业，尤其是客户定位和筛选方式存在问题；盈利模式单一，不存在期权和股权收益，只有较低利率的利息收入；风险控制机制落后；贷审分离、风险容忍和拨备仍受传统监管政策约束；科技成果的评估、定价和交易系统不健全；辐射空间有限，一般是城市的某个创业园区。

二是科技小贷公司融资能力有限，成本较高。科技小贷公司则主要是由创业投资公司发起的，与创投机构的联系较紧密。上海地区有浦东新区张江小额贷款股份有限公司等。科技小贷公司较科技支行

有更高的放贷积极性和普惠性,但资金并不富余,而其索取的高利息则增加了企业的财务负担。

三是科技银行政策限制较多。“科技银行”是拥有独立法人地位的合资“科技银行”,以债券融资,从企业通过风险投资的再融资或第三方投资中获得偿还。上海地区有浦发硅谷银行、上海市在担保有限公司等。浦发硅谷银行作为外资银行,面临许多政策限制:一是近三年不能开展人民币业务,目标客户非常有限;二是不能开展网银服务,为客户提供服务时不能跨越地域界限。政策的限制使浦发硅谷银行对中国科技创新产业的贡献远达不到预期目标。此外,《中国经济周刊》的报道从企业家的角度分析了浦发硅谷银行面临的问题:一是企业家不了解也不敢尝试该银行新的融资方式,二是高利率贷款也使许多企业望而却步。

(3) 风险投资法律制度不完善,对创新的支持力度较弱

由于缺乏有利于风险投资的法律制度,金融管制限制了国内资本的大规模聚集,也限制了国外大规模资本的流入。在风险投资领域还缺乏经验,风险投资的发展还不成熟,创新企业经常面临创新创业资金短缺的问题。上海目前真正对技术创新起直接支持作用的风险投资还是政府背景的资金,这种状况不能满足上海技术创新对风险资本的大量需求且难以适应风险程度较高的创新活动需要。更为重要的是,不发达的金融市场导致缺乏与创新活动特征相匹配的金融支持工具,影响了科技创新融资。

(4) 科技金融中介机构效率低下

科技金融中介机构包括担保机构、信用评级机构、律师事务所、会计事务所、资产评估机构等营利性科技金融机构,以及政府下属的事业单位、国有独资公司和科技金融行业协会等非营利性机构,其中政府下属的事业单位和国有独资公司主要提供政策性担保服务、高新科技企业项目推介服务和创业与创新资本风险资本对接服务等。

营利性中介机构缺乏信誉、服务态度不佳、不负责任而且收费不合理导致了很多处在初创阶段的企业不能顺利成长。非营利性机构政策性担保费率极低，担保业务的收益和风险不对称，尚未形成一种相对稳定的政策性担保资金补偿机制；一些地方政府担保机构往往由不熟悉担保业务的政府官员担任，造成现有从业人员能力和素质的欠缺。

金融中介机构发展不足，导致供需双方分散自由的场外交易仍然占有很大的比例，这样既造成资源浪费与效率低下，又给了技术诈骗以可乘之机，使技术商品的潜力难以得到充分发展。由于缺乏统一的科技中介法规，科技中介无论是在内部管理还是外部市场上均存在一定的混乱，难以发挥它们对科技创新信息的传递、科研成果的转化和科技资源流动促进等方面的重要作用。

2. 科技资源和信息的共享服务滞后

科技资源共享服务主要通过大型公共科技设施建设、科技数据和科技文献资源共享等，为企业、科研院所、大学、社会机构乃至个人等科技创新主体提供分散在各个行业和领域的信息资源，使得各创新主体之间进行数据交换、信息共享、协同创新。

上海较早地推进了科技资源和信息的共享服务。如在2004年，上海建立了研发公共服务平台，在2007年制定并实施了《上海市促进大型科学仪器设施共享规定》及一系列配套办法，在2010年修订了《上海市科技进步条例》中“科学技术资源共享与服务”相关内容等。上海在构建共享服务平台方面作了一些积极尝试，比如推进上海研发公共服务平台为主要载体的集成共享平台。

但总体上来说，上海科技服务机构在资源整合方面较乏力，缺乏有效的资源共享运作机制。一是科技型企业关注的资源与服务，掌握在不同的系统和部门手中，资源与信息之间的联通和结合渠道没有打通，不能实现资源的充分流动。二是平台之间相互独立，资源整合能力弱。现行平台具有封闭的特征,各个平台均为独立运作,各自运行,业务逻辑上基本没有联系,难以就同一个问题开展协作。给用户带来了较高的使用成本。

3. 创新人力资源

(1) 对创新型人才的培育能力较弱且评价体系存在错位

一方面,上海的确拥有一流院校,如复旦大学,上海交通大学等,但这些大学与世界一流大学相比,其科技研究水平还有待提高。要成为有世界影响力的创新中心,首先要有世界影响力的技术创新源头,譬如美国旧金山地区的斯坦福大学、加州大学伯克利分校等创新机构就有好几个学科、好几个领军人物是全世界最好的,这个就是全球影响力。要建成全球科技创新中心,上海的大学、研究所就要拥有世界领先的学科和能力,科研人员就要做出更多具有世界影响力的创新成果。用这个标准去衡量,目前上海还有很大差距。另一方面,由于科技人才的权益难以得到保障,很大一部分人才都流向海外。同时,上海现有户籍管理制度难以吸引高科技人才。人才作为科技创新的中坚力量如果得不到保障,科技创新工作很难被推动。

(2) 人事管理制度和收入分配制度不合理,影响创新人才的集聚和成长

科技工作者所在单位的人事管理制度对科技工作者的创新积极性的发挥有一定的阻碍作用,主要表现在选拔聘用制度、职称评审制度、职务晋升制度、工资/薪酬制度、进修培训制度等方面。据统计,有66.67%的受调查科技工作者认为,人事制度的阻碍作用表现在工资/薪酬制度上。

收入分配制度的不合理则主要表现在收入差距太大、个人收入与能力业绩不成比例、收入分配过于平均化、缺乏激励等几个方面。这极不利于形成稳定和谐的科研团队,不利于科研创新的持续性,特别是一些年轻的科技工作者在科研创新中的分配过低,影响到他们的收

入水平,进而影响到他们对科研工作的热情,阻碍他们的科技创新积极性和创新潜能的发挥,不利于科研团队的后续发展。

(3) 知识产权的保护有待于进一步提高

知识产权的保护可以防止科技工作者的科研成果被其他人剽窃,有利于提高科技工作者对自己的科技创新成果的享受,提高科技工作者的创新积极性。上海科技工作者存在知识产权被侵害的情况,从被调查的 1 300 名科技工作者来看,有 76 人在知识产权上被侵害过,所占比例达到 5.85%。知识产权受到侵害主要表现在成果被抄袭,所占比例为 3.69%,文章未经许可被发表或者转载所占的比例为 2.77%,技术秘密被盗用的比例为 1.46%。

(三) 科技中介服务机构发展不足

改革开放以来,上海科技中介获得了快速的发展,在科技成果的转化方面取得了很大的成绩。形成了上海技术交易所、上海技术产权交易所、上海科技开发交流中心、上海科技成果转化服务中心、上海科技创业中心和科技评估中心等单位为代表的科技中介服务机构,在科技信息传递和咨询、科技成果转化、对专利、技术、创新等评估方面作出了大量的成绩,为科技创新提供了大量的支持和帮助。但是,随着改革开放的继续深化,大量的科技中介机构应运而生,对科技中介机构相应的管理办法和法律法规的制定没有及时跟上,过去的法律法规跟不上新的形势发展的需要,导致科技中介机构的管理体制不顺和相关法律法规的不健全。例如,由于对技术交易场所技术交易方面缺乏相应的法律规定,供需双方分散自由的场外交易占很大的比例,这既造成宝贵的技术资源大量浪费,同时也给地下技术诈骗活动提供了可乘之机,使技术商品的潜力难以得到充分发挥。

此外,政府行政部门对科技中介机构存在多头管理和政企不分的问题，以及中介机构从业人员的素质落差大等种种因素造成中介机构自身的管理跟不上，导致了一些科技中介机构无论是在机构内部的管理还是外部的市场运作上均存在着不同程度的混乱。缺乏统一的科技中介机构地方性法规，仅靠相关部门颁布的规章制度难以确立科技中介机构的法律地位，难以发挥它们对科技创新信息的传递、科研成果的转化和科技资源流动的促进等方面的巨大作用。

(四) 软环境建设方面的主要问题

1. 创新文化氛围有待进一步加强

创新文化气息不足。城市空间商业色彩浓，文化气味则相对不足；人际交往中市场味道浓，人文关怀则相对不足；文化管理中条线色彩浓，条块合力则相对不足。

对“草根文化”的包容性不够。上海的跨国公司的研发总部数量众多，但是本土创新比较薄弱，尤其是“草根”的创新是短板，其中一个重要原因是对草根的“车库文化①”的包容性不够。

2. 相关法律体系不完善

发达国家在科技创新方面都有较为完善的法律制度。比如韩国政府在科学技术的开发应用、财税优惠、金融支持、人才培养等方面形成了较为全面的科技行政法体系，支持和鼓励科学技术的开发活动。而且，许多的科技行政规经过多年试运行和修订，最终都被韩国政府以正式的律法文件形式固定下来，其中最具影响力的有 1978 年制定的《基础科学研究振兴法》、1997 年制定的《科学技术创新特别法》和 2001 年制定的《科学技术基本法》。

① 微软、谷歌，戴尔等跨国科技公司，往往是从车库、学校创业兴起。目前，新兴科技巨头华为、中兴、腾讯、百度、京东、阿里巴巴等企业，分别是从微不足道的小微企业起步，甚至不少都是在居民住宅内创业。

上海现有的在知识产权保护、风险投资保障等方面的法律制度还不够完善。如在专利的申请和保护方面还存在着负面因素，政府对自主创新产品的采购也缺少必要的法律依据等。比如许多科研机构都是国有单位，在知识产权认定中，科研成果被视为国有资产，这对成果转让形成了一定的障碍。

三、上海推进科技创新服务体系和软环境建设的主要对策

（一）健全科技创新服务体系

1. 进一步完善科技中介组织

紧密结合科技体制改革，推动一批科研机构转为科技中介服务机构；提高科技信息机构的信息采集、分析、综合加工和服务能力，与技术交易机构共同发挥区域技术转移中心的作用。亟需以搞活资本经营，择优扶持一批大型科技研发企业，通过品牌创新，实现科技研发服务业的规模效益和品牌效应。

2. 建设具有更强辐射力和吸引力的技术服务平台

上海新一轮平台建设应该聚焦于服务高科技产业领域的共性技术，通过技术创新带动整个行业发展。依托重点实验室和技术中心建立研发检测和标准平台，形成对相关企业的吸引效应，以推动产业规范发展。进一步发挥产业技术创新联盟的作用，凝聚研发方向，优化研发布局。政府拨款引导企业与公共研发平台合作，形成以企业为主导、平台辅助提供研究人员和相关设备，并由政府监督的技术研发合作模式。

3. 健全科技金融服务体系

面向战略性新兴产业及高新技术产业化重点领域，以破解科技型中、小、微企业金融服务瓶颈为重点，逐步完善科技金融财税扶持机

制、科技企业信贷服务机制、科技企业股权融资机制和科技企业信用信息采集机制，大力发展天使投资，开展股权与分红激励试点，鼓励风险投资和私募股权投资发展，加快建设多层次的资本市场体系和科技金融支撑服务体系。

（二）加强产学研平台建设，促进产学研信息交流，提高科技创新成果转化率

1. 加强上海企业、高校、科研机构之间的合作，加快推进科技工作从“科技系统内部小循环”进入“经济社会发展大循环”

把高等学校科研院所的人才培养和科学研究全面融入经济社会发展大循环之中。把握创新规律，铺就创新通道，构建产学研创新战略联盟。利用创新的外部分工，弥补内部创新资源不足或资源结构缺陷，加强对产业界的共性关键技术和竞争前产品的前期开发。搭建产学研合作平台，构建产学研合作创新战略联盟。高等学校科研院所必须积极参与到“以企业为主体，以市场为导向，产学研相结合的技术创新体系”的建设中去，主动瞄准企业发展中的重大技术、科学问题，承担企业的重大项目，加强科研攻关，并积极促进科研成果向企业的转化，以提高企业的自主创新能力与核心竞争力。

2. 通过产学研平台建设，形成产学研战略联盟

在企业和高等学校、科研院所以及企业内部研发部门之间形成相互信赖、相互交流的合作机制，可以促使市场需求信息和研发机构的研发信息之间的整合，做到以需求为导向，同时又可以引导市场、培育市场，做到企业与研发机构之间的双赢，形成良性互动的局面。既有利于提高科技创新成果转化为现实生产力的比例，反过来又可以提高科技工作者的收入和创新经费，产生更多的可以转化为生产力的科技创新成果。

（三）推动科技管理机制创新

1. 转变政府职能，形成符合国际规则的创新制度安排

政府及各有关部门要加快管理角色的转变和管理职能的调整，在科技项目的立项与实施、科技成果的评价等方面要更多地发挥市场机制的作用，推进决策的科学化与民主化。改革完善科技计划体系，调整各类计划、专项的分类，制订更加科学有效的实施办法和管理制度。探索基础研究项目绩效评估和持续支持机制，建立以能力为导向、以过程效应为重点的科技绩效评估体系，推进产学研的有效结合。对于国有资产的技术转让收益问题，要进一步解放思想，开展政策创新和试点，增强劳动、知识、技术、管理、资本的活力。

2. 加强国内外科技合作与交流，逐步建立和完善科技管理新型关系

加强区域联动，进一步创新区域科技合作机制，合力推进长三角区域重大基础设施一体化建设，加快长三角区域产业结构优化升级和一体化发展。积极参与国际重大科技计划，在政府间合作协议框架下实施双边或多边科技合作项目；组织和支持举办双边或多边创新政策研讨会、高水平国际学术会议和标准组织会议。健全市区联动机制，实施区县“创新热点”计划，推进区县特色创新集群（一区一特）建设。推进杨浦创新型城区建设和浦东、闵行国家科技进步示范区建设。

（四）强化风险投资在高新技术产业发展过程中的基础性作用

目前，上海高新技术产业的风险投资仍是以政府主导的风险投资基金为主的，在经历了天使期后，未来，走向市场是必由之路。因此，还有几方面工作需要做：一是建立完备的风险投资平台，改善风险投资环境，加快发展风险投资公司；二是抓住上海建设国际金融中心的契机，积极探索高新技术产业投融资体制改革方案，向国家争取试点，

推动风险资本的社会化、多元化，建立多渠道、多层次的投融资体制，多方开辟和扩大风险资本的来源、风险投资的规模，以解高新技术产业发展的燃眉之急。如，在政策上引导并允许保险公司开展科技风险投资业务，支持大型企业集团及高科技企业参与风险投资。放宽对保险基金、养老基金、慈善基金、信托投资等机构介入风险资本运营领域的限制，等等；三是对现行高新技术产业和风险投资者的优惠政策进行整合，建立统一的鼓励风险投资发展的税收政策法规；四是解决好风险资本退出通道，建立多层次资本市场体系，完善风险投资基金的退出机制，为风险投资者和风险投资公司创造更多的投资机会和投资运作空间；五是在全世界范围内招聘富有经验的风险投资家来沪创业，推动风险投资创业企业健康快速发展。

（五）进一步优化科技创业服务

逐步建立完善高科技产业化的科技创业服务体系。一是重点建设科技资源共享、科技成果转化、科技企业孵化、科技投融资和技术交易五大科技中介服务平台，同时加快科技中介服务机构建设；二是探索政产学研的有机联系机制，完善产学研合作平台，鼓励合作建立实验室等多种形式的校企合作，以市场需求为考量，提高科研成果转化率；三是在高校周围或科技园区内设立一批专业化科技孵化器，助推各种产业类型的高新技术中小企业发展；四是加速载体建设，打破行政区划界限，优化空间布局，打造上海高新技术产业集聚区；五是探索建立高新技术产业的金融创新体系。不仅要加快金融政策创新，加大政策性引导资金对高新技术中小企业扶持，完善鼓励型政策工具，还要大力发展金融机构创新和金融产品创新。

（六）发挥科技中介机构作用推动一站式集成服务

充分发挥科技中介机构这一科技服务平台的作用，整合分散资源，为科技创新提供一站式集成服务，构建创新生态系统。加强健全科技中介机构法律法规，让科技中介机构在法律制度下合理地运作，促使科技中介机构公平有序竞争，为科技创新活动提供规范的服务。值得一提的是，需要加强对三类科技中介机构扶持和发展：一是为科技成果转化和产业技术应用提供服务的中介机构；二是利用技术、管理和市场等方面的知识为企业提供咨询服务的机构；三是为科技资源有效流动、合理配置提供服务的机构。

（七）加大创新人才培育力度

1. 变革传统教育模式，培养出更多的行业创新人才

改变传统教学方式，从灌输式教育到启发式教育，提高学生的创新思维和创新能力，培养出更多如马云、李彦宏等的人才。平衡科研人员和经济从业人员的收入回报，为科研领域引进更多的人才。同时，政府应该相应的给予科研人员更多的优待，鼓励科技创新型人才留沪。一放面营造良好的科研环境，吸引更多的海外学子学成归国，另一反面建立有利于吸引高端人才的户籍管理制度，如科技创新型人才的资格认定等，为上海创立全球性的科技创新中心储备更多的优秀人才。

2. 加大对创新人才的政策支持

出台对科技创新人才培养的政策措施，让从事科技创新的拔尖人才拥有良好的事业环境，创建一站式服务机制，为高层次的科技创新人才开辟绿色通道。从参与科研创新项目、科研设备等硬件措施的配套和科研工作的收入和奖励等方面来加强对科技创新人才的培养，鼓励上海科技人才用更多的精力从事科技创新研究。对科技创新人才的科研奖励经费实现税收优惠，对一些引进的高层次的科技创新人才、学科带头人的高收入实行个人所得税优惠政策。

3. 鼓励科技人才合理有序流动，让广大科技工作者能够根据自身的研究特长以及企业、研究机构的需求自由流动

破除认为设置的限制科技人才流动的制度。让上海科技工作者能够在企业、研究机构和高等院校之间合理有序流动。加强实施上海科技创新人才战略的力度，积极参与国内国际高层次的科技创新人才争夺战，围绕重大项目的需求，加大对国内外顶尖人才包括高水准人才团队的引进力度，提供一切可能的保障条件，形成一个吸引优秀科技创新人才的技术创新人文环境；同时，改革人才激励机制，采用多种形式留住和使用好科技创新人才，并探索利用期权等各种激励机制提高技术创新人才的收入水平，充分体现技术创新人才的创新价值。

4. 加强对知识产权的保护力度

制定更加符合科技创新特点的法律法规，加强对知识产权的保护力度，鼓励上海科技工作者对知识科技创新成果的专利申请、科技成果向产品的加速转化，让更多的科技工作者能够免受知识产权方面的侵害。加大对知识产权侵害的处罚力度，让一些剽窃他人专利成果的人受到严厉制裁。加强科技工作者的职业道德，拓宽与学术规范相关知识的获得渠道，从大学阶段和进入科研岗位后的继续教育中加强对科技工作者的职业道德教育。在日常工作中，注重学术规范的教育，以避免一些因为学术上的不规范行为而造成对别人科技创新成果的侵害。

（八）营造良好创新文化氛围

1. 营造宽容失败、鼓励创新的人文环境，形成世界级的创新思想市场，为上海建设全球科技创新中心奠定浓厚的思想文化氛围

一方面，要增加对草根的“车库文化”的包容性，努力营造容许失败的浓郁创新氛围，褒奖创新成功者，帮助失败者，改变“成者为王，败者为寇”这一对科技工作者的评价方式，从政府到企业再到个人，全社

会都来培育创新文化，弘扬创新文化，以激发科技工作者的创新潜能、创新思维。鼓励发展平民化、大众化的文化，让“草根”有更多的发展空间，形成精英文化与草根文化共同发展、相互包容的良好文化氛围；另一方面，要吸引到全球有影响的思想家、企业家，让他们乐于来上海分享他们的创新理念。

2. 积极倡导公正、包容、责任、诚信的价值取向

加强科研道德教育和学风建设，大力提倡科研诚信，弘扬团结、协作、奉献的科学精神，健全科技信用制度，引导和鼓励科技界加强学术同行监督；深入推动实施全民科学素质行动计划纲要。

3. 培育科普市场，激发创新文化

完善科普资源共建共享机制，着力发展科普文化产业，提倡敢为人先、敢冒风险、敢于创新、勇于竞争和宽容失败的精神，营造全社会崇尚科技创新的文化氛围，努力激发全民创新热情和创造活力，夯实全社会创新基础。

附件

国外科技创新服务体系和软环境建设的基本经验

一、美国以大学科技成果转化为核心构建服务体系

美国科技创新之所以始终保持领先世界水平的深层原因，是美国从技术研发、成果孵化、创业服务、产学合作、政策支持等不同环节，形成了良好的社会科研环境和有效的科技创新体系。

（一）依托大学构建产学研合作体系是美国创新服务的重要特征

在美国创新体系的执行机构中，官产学研各类机构互为补充，密切互动，形成了一个有机整体。企业、大学与研究开发部门开展各种有效合作。企业更加看重大学教育的创造性过程，将其作为创新的源泉。大学则把企业作为科研资金的一种重要来源和检验科研“有用性”的一种重要方式。随着大学基础研究与产业相结合的重要性愈益突出，大学的科研成果对企业的吸引力和影响力也越来越大，美国产学研结合的趋势日益增强，往往通过联盟的方式来提高创新主体各方的所得利益。目前，美国已有超过 200 所大学校园建立了 1 000 多个

正式的大学和企业联合研究中心。硅谷是大学、企业和风险投资公司相结合的典范，具有孵化高技术产品和培育高科技企业的良好环境。硅谷在技术孵化和企业创办过程的不同阶段都能从市场环境中获得支持。硅谷附近有斯坦福大学、伯克利大学和加州大学旧金山分校等世界一流大学，有斯坦福直线加速器中心、阿莫斯航天研究中心、劳伦斯·伯克利实验室等美国一流科研机构，从而集聚了能影响世界的众多高科技企业，引进了世界各地一流的高素质人才，大约有400多家风险投资公司，吸引了美国1/3的风险投资。

（二）多样化的校企合作模式

1. 斯坦福模式

美国惠普公司总部还有其他很多大企业建在斯坦福大学附近。这些大企业向斯坦福大学提供大量的科研经费，同时派人到斯坦福大学参与这些项目的研发，其产品的国际竞争能力在这样一个世界级大学的带动下得到增强，最后这些研究在斯坦福大学的推动下从这里走向世界市场。

2. 普林斯顿模式

普林斯顿大学和工业界的结合模式，主要是吸引国内各大公司在普林斯顿兴办科技园。学校专门辟出一片土地，建好公路、购物中心、宾馆等设施，公司在这里建立一大批与本公司产业方向有关的、与大学优势学科密切相连的科学研究中心。企业借助普林斯顿的科研力量，开展与本公司发展有关的课题研究，人们称之为普林斯顿科技园。

3. 犹他模式

犹他州作为美国西部腹地的一个内陆州，从20世纪90年代开始崛起为一座高科技工业重镇——世界软件工业谷，成为美国的新信息产业中心。其成功之处就在于依靠犹他大学、杨伯翰大学、犹他州立大学的高技术支持。犹他大学以及其他毗邻的大学在政府支持下，投巨资进行微电子技术与现代通信技术等研究，用光缆将电信网、电脑网和有线电视网连接，把信息高速度、高精度、高容量地传送到全州的办公室、实验室、图书馆、医院、家庭、教室和学生宿舍等终端，并提供交互式服务，为此吸引了1 000多家公司在此兴办软件公司，形成和带动了信息产业的发展，由此延伸带动了犹他州就业率的提高和居民收入的增加。

4. 北卡模式

也叫“研究三角区”模式。州政府在北卡罗来纳州立大学、北卡罗来纳大学和杜克大学的中间一块地方划出7 000英亩土地建设园区，设立专门管委会，提供优惠的税收政策以及人力资源、基础设施方面的服务，吸引和整合3所主要大学的科研资源，招募世界级公司的研发机构。该区域位于美国40号、64号和95号公路的交叉地带的研发机构以及政府的研究机构如微软、思科系统、爱立信、红帽、加拿大的北方电讯、网络存储设备公司、研究超级计算机的研究机构等，这些公司的研发主要与软件、生物医药、纺织等附近大学的优势学科资源紧密相关。

（二）科技园区与研究型大学良好互动

美国科技园区地理位置靠近大学，大学为科技园提供了良好的技术和人才支持，科技园将大学科技成果进行转化，二者相互依存，互为良性循环。

美国成功地建立了许多科技园区，加速了美国科技成果转化领先于世界的步伐。1951年，举世闻名的硅谷建立，硅谷是以斯坦福大学为中心而建立起来的高技术密集区。斯坦福大学始建于1885年，位于加利福尼亚州的斯坦福市，临近旧金山，是美国一所私立大学，被公认为世界上最杰出的大学之一，在时任斯坦福大学副校长弗雷得里克·特曼操持下，创建了著名的美国硅谷，孕育了享誉世界的现代科技文化。科技园区的创立，成为硅谷人才的孵化器，为致力于创业的有志者提供了技术、信息和资金的保障。

在斯坦福，教师和学生在不影响份内教学和科研工作的前提下，均可以直接参与创业活动。有了硅谷作为世界电子技术领头羊和大量风险资金集结的创业环境，再加上斯坦福对教师和学生创业的默许，斯坦福人对应用技术开发更是情有独钟，个人的创业热情高涨。斯坦福大学的毕业生创造了世界众多一流企业，包括 HP、Cisco、EBay、Electronic Art、Gap、Google、Nike、Sun、Yahoo 等数以百计的美国知名上市公司。如果说哈佛与耶鲁大学代表着美国传统的人文精神，那么，斯坦福大学则是 21 世纪科技精神的象征。

在科技园区，研究型大学科技成果转化主要通过三种途径实现：一是大学将自己的科技成果直接应用于科技园区的企业。这种做法可极大地缩短科技成果转化的周期和成本，提高科技成果转化率；二是通过科技园区的研发机构转化科技成果。科技园区的很多企业都建立了自己的研发机构，研发机构对大学的科技成果进行二次开发和产业化开发，最终实现科技成果的转化；三是直接创建企业，一些具有广泛市场前景而又还不成熟的科技成果，通过大学科技园区投资的企业进行开发、试验，形成稳定成熟的产品后，科技园再将技术和企业出售给大型企业，由大型企业来投入生产，从而实现科研成果的转化。

（四）科技企业孵化器的发展有力推动中小企业创新创业

伴随着新技术革命的兴起，企业孵化器于 20 世纪 50 年代在美国发展起来。1956 年，美国人约瑟夫·曼库索(JosephMancuso)首次提出了孵化器概念，全世界第一家企业孵化器——贝特维亚工业中心(Batavia Industrial Center)诞生。可以说，美国是孵化器的发源地以及世界上孵化器发展的最成功、最完善的国家。美国孵化器的发展基本上是从1980年以后开始的，当时只有12个，孵化器的产生是越南战争以后美国出现经济衰退，地方政府寻求并实施振兴地区经济发展的结果。在政府的直接扶持下，美国企业孵化器得到了较迅速的发展，从1980年的12家，到1989年的400家，再到2008年的1 400家左右，美国成为世界上企业孵化器最多的国家。

美国孵化器经历了四个发展阶段：第一阶段，着眼于企业组织创立的孵化器阶段(20世纪50年代—80年代前期)。这个阶段的孵化器是由政府和社区合作建立，以非营利性机构的混合形式存在。早期的孵化器主要功能集中在场所和基本设施的提供、基本企业管理职能的配备以及代理部分政府职能，政府资助的重心是降低企业融资的成本；第二阶段，从单个孵化器转向孵化系统(20世纪80年代中后期)。此时孵化器开始包括创业教育和培训、种子资金和启动资金的提供、增加区域技术的供给和扩大新创企业的社会影响等功能。政府从直接资助转向信息和网络的支持。从政府主导转向政府部门、企业界、研究教育机构和社会团体的全面协作，孵化器的经营主体转向多元化。企业支持项目从帮助企业组织的建立转向保证企业的生存和发展；第三阶段，孵化器的企业化运作(20世纪90年代后期)。这个阶段人们对孵化器的性质有了新的认识：孵化器本身是一个新创企业，其产品是健康发展的新创企业，这种新的认识使孵化器经营改由具有企业管理经验的管理者来承担。服务对象由内向外扩张，服务形式多样化，孵化的经营重心由孵化新创企业转向涵盖市场机会的识别以创建企业本身；第四阶段，创业孵化集团的出现(20世纪90年代后期)。创业孵化集团的支持网络是创业者、经营者和投资者构成的混合体。其功能融合了风险投资、多元控股集团和孵化器的功能。它实现了从过去将“鸡蛋”孵化成“小鸡”到将“种子”培养成“参天大树”的转变，适应了互联网企业对速度和竞争力的需求。

二、德国以非营利机构为核心面向中小企业构建创新服务体系

德国被誉为“科学技术之家”，是欧洲第一、世界第三经济强国，曾经的全球第一大出口国（目前列中、美之后居第三），汽车及其配套工业、机械设备制造工业、电子电气工业及化工业是其四大支柱产业。德国很早就致力于运用政策和法规构筑创新体系，促进创新活动，已建成典型的创新型国家。德国类型多样的科技创新服务平台发挥了巨大作用，除了政府投资外，同时吸引基金会、私人非营利性机构等投资，通过公司性质的市场化运作，开展各种技术咨询及技术转移服务，实现市场机制的科研成果转化良性运转。这种科技创新机制使产、学、研各环节有机地焊接成一体，全力以赴把各种创意、方法和研究成果转换成成熟的新产品，大大缩短了创新知识到新产品的转化时间。同时，综合运用政策导向，实行社会研发资源共享，充分利用现有设备，加速信息和知识传播，使研究成果得以迅速应用。德国科研成果转化率、创新产品商业化程度、科技型创新企业和知识密集型产品比重等世界领先。

（一）非营利科研组织发挥重要作用

非营利性科研组织属于官办性质的独立科研机构，是德国最重要的基础和前沿领域研究的科研力量，是国家长期战略性重点基础研究项目的主要承担者，如马普学会（MPG）、弗朗霍夫协会（FhG）、赫尔姆霍茨协会（HGF）和莱布尼茨学会（WGL）四大骨干国家科研机构。[①]

① 马普学会专注自由探索的基础研究，确保德国在科学发现与原始创新上持续保持世界领先地位；赫尔姆霍茨协会推进重大领域的战略科技创新，保持在重要战略高技术领域的世界领先；弗朗霍夫协会则着重解决工业应用技术关键、核心问题。

德国还有工业技术联合会(AiF)和为政府部门提供专门研发服务的专业研究机构(Federal/German Lander Institutes)。由于德国坚持“科学研究自由”的原则,提倡个人首创精神,因此,尽管这类研究机构的经费大部分来自政府财政拨款,但法律上这类机构都独立于政府,以责任有限公司、基金会或注册社会团体形式出现,实行自主管理。[①] 政府通过年度工作报告对非营利科研机构进行监督,并通过评估委员会定期对研究所和研究项目进行评估。德国政府为这些机构提供稳定的经费支持,赋予其很强的经费自主权和科研项目审批权。德国科研支出除部分由联邦和州政府直接拨付给资助对象外,大部分(约为77%,含由德国科学联合会(DFG)代管理的联邦和州政府拨付给卓越大学计划项目的经费)直接交由以四大协会为主的独立科研机构代为管理和运作。

(二) 创新平台多元化建设,技术转移市场化运作

在德国,知识界与产业界联系十分密切,大量科技研发人员除了从事基础科学研究外,更多的是行业针对性很强的应用技术研发,而这些成果因切合实际需求而能更快得到转化及产业化。其中,德国类型多样的科技创新服务平台发挥了巨大作用,除了政府投资外,同时吸引基金会、私人非营利性机构等投资,通过公司性质的市场化运作,开展各种技术咨询及技术转移服务,实现市场机制的科研成果转化良性运转。

1. 汉堡商会:驿站式服务

汉堡商会有着300多年的历史,拥有14.7万家企业会员,一直以来承担着连接高校与企业的桥梁作用,并与经济界和政治界都有紧密

---

① 德国是几个发达国家中唯一没有设立促进科研税收项目的国家。非营利机构都享受政府特殊税收政策,基本上是零税率。

合作。商会每年的工作经费约100万欧元,主要来源于企业会员会费缴纳。商会设立5人创新联系项目组,其中3个行业专家负责联系企业(由企业付薪),另2人负责与高校联系(由高校付薪)。项目组负责在所有企业中筛选有创新意向的企业,通过专家咨询会诊找出其创新需求,寻找相关专利或技术支持、技术转让。对于没有资金购买专利的企业商会还会以持有企业股份的形式给予资助。另外,汉堡商会还通过举办高校峰会论坛探讨科技成果转化问题;每月带领企业进入大学参观调研使企业和高校相互沟通;创办应用研究中心进行应用技术研发以使成果快速转化;为企业提供专利管理、政策及法律咨询、创业资助、职业培训等多方位服务。

2. 易北河—维塞河地区革新技术转化中心:政府市场化管理机制

易北河—维塞河地区革新技术转化中心为私有企业,是受政府委托从事知识界与企业界之间技术转化服务的中介平台,经费75%来自欧盟支持,25%来自当地政府。其服务业绩决定了政府是否继续委托或换用其他公司,这种自由竞争的市场化管理机制既充分发挥了服务机构的积极性,也保证了技术转化服务的有效性。中心一方面对地区企业产品和技术情况非常熟悉,能为企业提供各类技术咨询及需求评估,优化已有技术并开发新的技术,对专利、知识产权保护提供支持;另一方面也与高校、研究院及科技园有密切的联系,可为企业的创新需求提供技术支持,实现成果由知识界向经济界的转化。

3. 纽伦堡能源技术中心:产业集聚型创新服务平台

纽伦堡能源技术中心聚集了大批有关能源发展、应用及研究方面的企业。中心通过优惠的场地租金(甚至在开始几年全免)、统一的人员培训、完善的配套设施及帮助企业申请联邦及欧盟的资金补贴等措施吸引大量能源产业相关企业入驻,以便于能更好地在有关项目上开展合作,促进企业与研究机构共同研究相关项目,以应对能源在未来的挑战和要求。中心对入驻企业能源方面的项目给予资助和支持并管理协调项目执行;利用国家、欧盟及国际能源网络为潜在新能源项目开发寻找合作伙伴。中心自2001年成立以来已吸纳了22家能源产业相关企业,园区面积已达4 500平方米,形成良性产业集聚。

4. 斯泰恩拜斯技术转化基金会:市场机制的科研成果转化平台

斯泰恩拜斯技术转化基金会充分发挥品牌效应,广泛吸纳创新成员,与全球50多个国家开展合作,与大学院校建立友好关系(与中国清华大学也有合作培养人才计划)。基金会日常运作由科技知识转让联合有限公司负责,联合有限公司下设研究机构、咨询机构、技术转让机构、私立大学(位于柏林的斯泰恩拜斯大学)及控股公司。从企业需求发掘到科研院所技术研发及最终产业化(包括相关人才培养)完全市场化运作,效果显著,2010年创造产值1.24亿欧元。

(三) 日趋完善的科技创新法律环境和政策支持体系

德国政府历来重视科研成果转化,明确提出了知识建造市场的口号,促进研究成果尽快进入市场。

1. 建立法律制度体系,保障产学研合作创新

为给产学研合作创新创造良好法治环境,德国除了制定有《科学技术法》和《专利法》、《版权法》等专门法律之外,许多法律法规中都有促进科技进步,保障经济发展的规定。例如,《德国经济稳定与增长促进法》规定,财政补助可以“用于促进企业或农场生产的发展和增长,特别是使用新研发的生产方法和生产设备”。德国《高校法》规定高校有义务把成果转化为经济投入市场,原则上研究成果是无偿提供给企业的,当然如果是承接企业的委托进行定题研究的经费还是由企业承担。

2. 高度重视企业创新活动,让企业成为技术创新主体

德国政府先后出台《工商企业研究开发人员增长促进计划》、《企

业技术创新风险分担计划》、《中小企业研究合作促进计划》、《小型企业服务投资促进计划》和《欧洲复兴创新计划》等，形成强有力的推动企业开展创新活动的政策体系，促使科研单位积极为企业创新服务，并使企业保持旺盛的创新热情。① 因此，科研机构选择科研项目，首先想到的是必须为将来的产业化服务，一开始就不能盲目选题。同时，企业通过参与科研项目研究和开发的整个过程，深入了解这一成果形成过程的设计思路、工程结构和工艺方法等全部细节，也为它的产业化打下坚实的技术基础，更有信心和热情发展这一创新产品。

3. 形成有利于创新的收入分配政策，激发人们创新的勇气与潜能

德国政策允许大学推广教授拥有的发明专利，获益分配的通常比例是：发明专利所有人、专利推广人和大学各得1/3。德国还专门制定政策，鼓励弗朗霍夫协会及其研究所的创新行为。②

4. 针对企业创新的金融支持政策

德国国家重建信贷银行对新创业的企业给予最高达1 000万欧元的贷款，利息低于主要银行3个百分点，还贷时间最长达20年，新建企业可从第4年开始还贷；对于成果转化新创业的企业给予每月1 000欧元补助。此外，新建企业还可通过向政府申请获得“天使投资人”（投资创新项目而不分享利润）的无偿资金资助及技术支持。国家对重点扶持产业如可再生能源行业企业给予成立补助、价差补贴及用户差额补助等资金支持；政府投资建设专门的孵化器扶持最新成果进入市场；鼓励学生自主创业，对转化为生产力的成果研究给予重点支持等。

---

① 如有关政策规定，任何国家级大型科研项目，必须至少有一个中小型企业参加，否则就不予批准。

② 弗朗霍夫协会是德国最大的应用技术研究机构。它在生物技术、微系统技术、信息与通信技术、新材料、光电子及半导体照明、新能源及可再生能源、先进制造等领域拥有雄厚的创新实力。德国政策允许它使用以下措施：一是弗朗霍夫协会及其研究所的技术发明人可以无偿使用职务发明创办企业；二是协会或研究所用资金对创新型企业入股，一般占总股份的25%，扶持2—5年，如果企业开发创新产品获得成功则转股退出；三是研究所给聘为研究员的技术发明人发一年的工资，第二年技术发明人不再具有研究员身份而在公司领工资。

(四) 不遗余力鼓励中小企业研发和创新

中小企业是德国重要的经济支柱。由于中小企业经济实力相对较弱,很难承担巨大的研发成本,因此在创新方面处于劣势。德国政府高度重视中小企业发展,鼓励企业积极进行研发和创新活动,并采取一系列措施提高中小企业在创新方面的竞争力。

中小企业创新核心项目(ZIM)是德政府促进中小企业创新最主要的措施,覆盖范围最广。该项目由多个促进项目组成,旨在鼓励中小企业进行科研活动,并与其他企业和科研机构开展合作,帮助中小企业增强企业科研实力,同时也有利于科技知识和研究成果更快向生产领域传递,转化为产品推向市场。[①] 除 ZIM 外,德国还制定了一些针对性较强的中小企业创新促进措施。如针对德国新联邦州(含柏林)经济实力弱,科技企业较少的问题,德国专门制定了促进新联邦州中小企业创新的措施和优惠政策,即 INNO-WATT 项目[②];ERP 项目主要帮助解决中小企业创新融资难问题,同时也减少商业银行的投资风险[③];同时,德政府也鼓励其他银行和投资商在为科技企业融资时,充分考虑其非物质资本,并且努力发展完善非物质资本评估体系;德政府鼓励中小企业接受外部创新咨询服务,出台名目众多的促进创新管理项目,为方便企业进行查询并找到合适的项目,经济部与其他联邦

---

① ZIM 项目为企业间和企业与科研机构间合作开展的科研创新项目提供资助,科研内容不受技术领域限制。除合作形式外,首次进行科研活动的企业以及科研活动停止 5 年后再次启动的企业也可获得资助。资助金额方面,企业可获得自身对该科研项目投入的 35%—50%,而科研机构最高可获得出资额的 100%。一般来说,雇员少于 50 人的小企业、新联邦州企业和科研机构以及有国外合作伙伴参与的项目可获得相对较高的补贴比例。单个项目最高补贴额为 35 万欧元,大型项目(至少 4 家企业和 2 家科研机构参与)补贴额上限为 200 万欧元。另外,科研活动的前期准备,如市场调研、合作伙伴调查等还可获得额外促进资金。

② 该项目由 EuroNorm 公司负责实施,主要任务是为新联邦州工商业领域的中小企业提供科研补贴。补贴额最高为企业科研投入的 45%,上限为 37.5 万欧元。德国每年约有 350 项研发项目获得 INNO-WATT 补贴,很多刚刚起步的企业由此发展成了当地经济发展的主要力量。

③ 德政府委托德国复兴信贷银行为企业的创新计划提供长期低息贷款,即 ERP 贷款,它由两部分组成,一部分是普通商业贷款,需要担保,但前两年可暂缓支付利息;另一部分是免担保贷款,前 7 年可暂缓支付利息。

机构共同设立了联邦促进咨询系统和数据库，为中小企业就联邦、州和欧盟各个层面的科研创新项目信息提供咨询服务，[①]通过专业咨询服务，企业能够明确发展方向，又降低了创新可能带来的风险，从而更好地适应日益复杂的经济环境和不断加快的技术更新速度，提高了竞争力。此外，德国还积极参加与构建欧盟内企业研发促进计划，加强欧盟内合作，将推动中小型高科技企业参加知名专业展会视为促进国际工业研发合作的手段之一，对高科技中小企业参加国内知名展会（主要是前沿技术和环保技术展会）给予展位租金和展位搭建补贴。联邦经济部每年还制定海外参展计划。2010 年，全球有 289 个展览会列入该计划，涵盖了世界主要国家。

（五）加强普通教育与职业培训，为创新提供高素质的人力资源

德国有关法律和政策规定，实行 12 年制义务教育，公立学校学费全免；教师为终身公职人员，必须受过高等教育。目前，儿童入学率百分之百，大学毛入学率达 42.7%。德国现有高等院校 300 多所，其中主要有三类：一是综合大学，又称为学术大学，有 80 多所。它表现为学科较多、专业齐全，强调系统理论知识、教学与科研并重，设有工科、理科、法学、经济学、社会学、医学、农学以及林学等学科；二是应用技术大学或高等专科学校，也叫做专业大学，有 130 多所。它的主要特点是课程设置除必要的基础理论外，多偏重于应用，设有工程、技术、农林、经济、金融、工商管理、设计、护理等专业；三是艺术学院和电影学院等，又称作“艺术大学”，有 40 多所。这三类大学属于同等的高等学校，毕业生具有国家承认的就业资格。

---

① 如帮助新联邦州工商业和手工业的小企业创新咨询的促进措施。小企业标准是员工不足 50 人，且年营业额不超过 1 000 万欧元。德政府指定了 20 余家咨询机构为该项目的授权机构。符合条件的小企业与这些机构签订咨询合同，机构即可向政府申请补贴，补贴额为合同额的 45%—55%。咨询内容包括评估企业发展潜力、提出下一步发展建议、为企业具体问题设计解决方案、为企业介绍技术提供方、对企业进行外部项目管理、为企业创新项目进行总结。

德国享誉全球的职业培训被誉为推动德国经济发展的“秘密武器”。德国有职业专科学校、职业提高学校、专科高中、职业高中、职业或专科完全中学和“双证制”学校等全日制职业教育学校，有职前培训、在职培训和转岗培训等职业培训形式。德国通过半个多世纪的探索，先后推出《对历史和现今的职业培训和职业学校教育的鉴定》、《职业教育法》、《青年劳动保护法》、《职业教育促进法》、《实训教师资格条例》等职业教育法律，逐步发展和完善了校企合作的“双元制”职业培训形式：青少年完成初中学业后，一方面升入职业学校接受职业专业理论和普通文化知识教育，另一方面又到企业接受职业技能及相关专业知识培训。它把学校与企业、理论与实践、知识与技能有机结合起来，以培养高水平专业技术工人为目标，是职前培训的主要形式。德国也非常重视在职培训和转岗培训，几乎每年都会推出一些新的政策和培训计划。如 2006 年德国政府签署了一项新的《东部培训岗位计划》，联邦教研部为其提供 8 800 万欧元的专项资助。

三、日本围绕大企业组建创新联盟发展完善服务体系

在重点产业领域依托大企业构建具有创新联盟特征的技术研究组，是日本创新服务体系的重要特色。

（一）产业技术创新联盟

1961 年，日本政府颁布实施了《工矿业技术研究组合法》。以该法为核心，配以一系列相配套的财政补贴、税收优惠政策措施，形成了特色鲜明的产业技术创新联盟政策体系。技术研究组合是日本产业科技创新战略与企业发展需要的有机结合，设立技术研究组合的目的是重点研发具有关键性、基础性和共同性的技术，提升产业自主创新能

力。实践证明，产业技术创新联盟在日本产业技术发展中起到了贯彻国家产业科技战略、部分弥补市场机制缺失、提高科技研发投资效率的重要作用。截至2008年，已累计有182个技术研究组合成立。目前正在运行的有32个，其中22个归经济产业省管理，7个归农林水产省管理，还有3个归国土交通省管理。

技术研究组合是介于公益法人和公司之间的一种特殊法人。虽然也不以营利为目的，但是它还追求组织成员的共同利益而非公益，因此属于半公益性质。同时，技术组合还具有非出资特性，由成员共同分担研发费用，不具有股份性质，成员具有平等的投票权，因此不是股份有限公司。此外，技术研究组合并不是一个永久性组织，而是"完成既定目标就解散"，其参与成员由行业内多家相关企业组成。如VLSI技术研究组合的成员就包括日本电气、东芝、日立、富士通、三菱电机等当时日本境内所有的大型半导体生产企业；超尖端电子技术开发机构研究组合则包含了富士通、日立、IBM、因特尔、日本电气、松下、夏普、东芝、山一等32家企业，而石油集团高度统合运营技术研究组合，目前有新日本石油株式会社、新日本石油精制株式会社、住友化学株式会社、富士石油株式会社、三井化学株式会社、三菱化学株式会社等28家成员。

技术研究组合的研究经费由参与成员分摊，同时也接受政府的研究补助。实际上，研究组合多是为承接政府委办的研究计划而设立，因此政府补助金实际上已成为组合重要资金来源。例如，1983年，日本共有44个研究组合在进行研发工作，研究总经费是644亿日元，其中有328亿日元(约占51%)是由日本政府补助的。VLSI技术研究组合运行期间，其总的事业经费为720亿日元，其中通产省的补助金就高达291亿日元，约占总费用的40%。

(二) 创新型产业集群

创新型产业集群是以创新型企业和人才为主体，以知识或技术密集型产业和品牌产品为主要内容，以创新组织网络和商业模式等为依托，以有利于创新的制度和文化为环境的产业集群。在经受90年代泡沫经济破灭考验后，日本政府对传统产业集群的发展策略进行了调整，将推进创新产业集群作为其今后发展经济的主要手段。2001年开始，日本政府推行新的产业集群政策，即日本经济产业省(MET I)的“产业集群计划”和文部科学省(MEXT)的“知识集群计划”。以产业集群计划为例营造良好的区域环境条件，推进大规模、不间断的创新，METI根据研发能力和产业集中的特性，2001年开始制定产业集群计划，在传统的产业集群基础上大力发展高新科技产业为主体的创新产业集群。通过借鉴各国产业集群形成的经验，METI将计划的规划期选择为20年，并分3个阶段实施，分别为产业集群启动阶段(2001—2005年)、产业集群发展阶段(2006—2010年)、产业集群自主成长阶段(2011—2020年)。

日本创新产业集群具有以下特点：

一是以技术研发型机构为组织核心，如各工科类高校或研究所，这些技术型机构在产业形成初期发挥了很好的核心、凝聚作用，并在此基础上逐步形成了以技术研发为中心，以技术转移中介、金融投资机构和技术开发型企业为延伸的创新型产业集群。以TAMA为例，在TAMA产业活性化协会形成之初，发挥了重要的核心作用，根据古川勇二的统计，截至2008年，自愿入会会员650家(其中地区企业会员328家)，高校教育机构37所，地方政府行政机构22所，金融机构16家。除广泛设立科研机构外，科学研究人员的比重也体现出以技术为核心的特点。围绕着TAMA产业活性化，协会吸引了一大批企业技术人员参与创业。根据日本通商产业省关东通商产业局统计，TAMA地区科学研究人员约1.8万人，技术人员约18.2万人，占全部工作人员比例的0.6%和5.9%，超过各自全国平均值的0.2%和3.4%。

二是以中小型技术企业为主体。长期以来，受劳动力价格、土地资源等因素影响，日本国内大批量产品生产线向海外转移现象比较明显。国际间的竞争迫使日本国内企业开发更多小批量、高附加值的新产品才能够适应新竞争的需要。日本政府也出台相应政策，引导国内中小企业向创新型产业集群发展。日本经济产业省2005年对日本产业集群所作的描述："不是简单的企业扎堆，而是通过具有一定水准的企业间协作以及官产学的协作网络，灵活运用各机构间的经营资源，形成企业孵化环境，促进新企业、新业务的不断产生，从而形成优势产业，并以此为核心形成产业的聚集。"其政策宗旨为"以形成产业集群为目标，在集群内形成官产学、企业和不同产业间的协作网络的同时，促进创新，创造出新的产业与新业务"。同时，很多大型企业、高校科研机构、研究所等分离出来的人才利用自身技术、资源，创立产品开发型企业，将所开发的产品向基础技术型中小企业推广，满足了市场需求的多样化要求，在地域性经济中发挥了很强的骨干作用。根据日本经济产业所2007年的调查，从大企业独立出来成立新公司的占到了发明者成立新公司的大约60%，小企业和大学的发明者作为成立新公司的种子技术来源更为重要。

三是以科技服务中介机构为枢纽。众多科技服务中介机构的存在为保障科研成果的技术化、产业化建立了很好的联系渠道。

（三）大力建设科技中介服务体系，促进官产学合作

为促进日本企业的技术进步，加强独创性和基础性研究，日本政府于1998年修改了《研究交流促进法》，以促进高等院校、研究机构与企业之间的合作。此外，随着《大学技术转让促进法》的公布实施，技术转移机构（TLO）应运而生。截至2010年10月，日本共有经官方批准的国家级技术转移机构46家。其中国立公立机构以日本中小企业事业团（隶属日本通产省）、日本科学技术振兴事业团（隶属日本科技

厅)、日本中小企业风险投资振兴基金会(通产省指导,公立性质)为代表,民营私营机构以先进科学技术孵化中心、关西 TLO 公司、东北技术使者、日本大学国际产业技术商务育成中心、早稻田大学外联推进室、TAMA-TLO 较有代表性。

目前,日本的技术转移机构承担的主要任务有:充分发掘科研机构的研究成果;代理技术专利申请、办理;向企业推销、使用专利权(实施许可);收取合理的技术专利使用或转让费用,并以研究费方式返还技术所有人;将企业的需求及评价及时反馈给相关研究机构;对创办中的企业或创造性技术研发活动进行评估,提供"研究开发补助金"等的优惠融资和补助等。在传统的共同研究制度、委托研究制度基础上,科技中介还联系各企业建立委托研究员制度,强化对企业技术人员的培训。通过将企业的技术人员派到国立大学接受高水平的指导,及时了解当前技术的研究动态,通过培训,为中小技术型企业积聚研发的技术力量。同时中型以上企业也广泛地与各高校联合设置共同研究中心,高校直接参与企业项目开发研究,并以共同研究中心为基础广泛开展人员培训。目前,日本国内已设立共同研究中心的国立大学有近 60 所。

正是众多技术转移机构的存在和有效运作,使得高校、研究机构、企业间的技术转移和专利转让活动得到顺利开展,为促进大学科研成果专利化、实用化和商品化研究作出了积极贡献,极大地促进了日本产学研合作的发展,保证了新技术能够及时运用到企业生产中。2009 年,日本 TLO 接受的专利申请数(含国内外)超过 4 000 件,受理的申请数接近 4 000 件,TLO 机构当年的许可利润超过 500 万日元。2003—2009 年,日本产学研合作研究的数量从 9 000 项增长到近 1.8 万项,大学与企业的合作研究项目从 7 000 件增长到 1.4 万件。在此期间,企业向大学提供的委托研究数量从 8 000 件增长到 2.2 万件,委托金额从 600 亿日元上涨到 1 800 亿日元。企业申请的专利数也从

2003 年的不到 2 000 件增加到 2009 年的 7 000 件，专利许可的数量在 7 年间增长了 30 倍，许可收入增长了 1.6 倍。可以说，技术转移机构已经成为大学与企业之间合作研究的重要桥梁和纽带。

为了促进官产学合作，日本政府还加大了科技体制改革的力度，具体措施包括：一是强化产业竞争力，改革官、产、学组成系统；二是振兴区域科技发展水平，培育知识基础环境；三是改革人才培养和有关科技教育的实施体系等。政府通过制定和改革相关科技政策，在重要科技领域开展选题，主持民（民间企业）、官（政府研究机构）、学（大学）相结合的共同研究开发计划，集中优势力量攻克科技难关，从而使日本继续保持和巩固世界经济和科技强国的地位。

执笔：孙福庆、李伟、蒋媛媛、樊福卓、张彦、曹祎遐

专题报告五

关于人才新战略与政策创新研究

人才是上海建设具有全球影响力科技创新中心的关键和基础。在新的战略架构下，上海的人才战略及其政策必须与时俱进，战略上要完成升级，战术上要突出主线，政策上要更加积极，努力造就全球人才竞争比较优势，为国家战略和城市使命奠定坚实的人才资源保障。本报告为上海社会科学院2014年重大课题《上海建设全球影响力科技创新中心战略研究》的人才子课题总报告部分，共分五个部分，一是上海人才战略新定位，二是全球人才战略的内涵，三是需要破解的瓶颈问题，四是关于构建人才创新创业生态系统的若干建议，五是关于创新人才政策的若干建议。

一、建设全球科技创新中心与人才战略新定位

建设具有全球影响力的科技创新中心，是国家战略，更是上海即将基本建成"四个中心"之后又将全力推进的中长期发展新战略，其中"全球影响力"是关键词，其对人才的需求也将上升到全球影响力的战略高度。全球影响力表现在三大方面：

一是在全球前沿科技、关键技术的创新研发上形成全球影响力。这就要求上海必须加快战略布局，依托自主创新力量，组织开展未来

20—30 年可能影响全球科技革命进程的前沿科技和关键技术，从追赶走向领先，甚至引领。这也要求上海在培育和壮大自主创新力量上必须确立全球一流的标杆，努力建设若干全球一流的大学、研究所和实验室，以及一支全球一流科学家队伍，更好地承担起科技创新的战略任务。

二是在全球前沿科技带动产业变革、驱动经济发展上形成全球影响力。这就要求上海必须构建更有竞争力的科技引进政策，营造更加良好的产学研合作环境和营商环境，加快全球科技创新成果在上海及长三角地区的孵化和产业化。这也要求上海必须培育和集聚两大企业群体，即全球技术领先、具有集成创新能力的高科技先锋企业群体，以及在新产业、新技术、新业态、新商业模式上原始创新并寻找突破的中小微企业。支撑两大企业群体的是三支队伍，即具有全球影响力的企业家、成千上万的创业家，以及支撑创业的一批投资家。

三是在全球前沿科技创新资源的集聚、配置上形成全球影响力。这就要求上海必须放眼全球、接轨国际，以上海自由贸易试验区的制度创新为动力，以中国机遇、上海建设全球城市为引力，进一步加大改革开放力度，建设一批科技创新资源的集聚、配置平台，加快培育和增强全球配置能力。这也要求上海必须积极培育和造就一支国际化的科技创新中介服务队伍，更好地服务于科技创新成果的引进、转化、孵化、跨国合作及知识产权保护。

二、构建人才全球战略

《上海中长期人才发展规划纲要(2010—2020)》提出，到 2020 年，将培养和集聚一批世界一流人才，充分发挥各类人才在支撑和引领经济社会发展中的关键作用，把上海建设成为集聚能力强、辐射领域广的国际人才高地，建设成为世界创新创业最活跃的地区之一，为落实人才强国战略发挥先导作用。

在建设全球科技创新中心这一新的战略坐标下，要更加重视人才的第一资源作用，大力集聚海内外高层次人才，激发各类人才的创新创业活力，为上海的转型升级奠定坚实的人才资源基础。要积极推进战略层面的升级，对应新的战略坐标，从支撑“四个中心”和现代化国际大都市的国际人才高地战略基础上，谋划支撑全球科技创新中心的人才新战略。

我们这里特提出“人才全球战略”的战略思路。这一战略的内涵可概括为：紧紧把握国家的现代化建设和全球化战略部署，牢牢服务于上海建设全球城市和全球影响力科技创新中心的发展大局，进一步加大改革开放力度，进一步构建良好创新创业生态系统，进一步优先保障人才发展，积极实施全球一流、全球引进、全球配置、全球接轨的人才全球战略。

（一）全球一流

拥有一支全球一流的高端人才队伍是全球影响力科技创新中心的重要标志和基础。这支队伍，由全球一流的科学家、企业家、投资家、创业家、创意家组成，是上海当前和未来一个时期最短缺的人才资源，或者可以说是当前上海发展中的一个短腿。要勇于瞄准全球一流人才，坚持高端引领的战略导向和扎实行动，通过长期不懈的努力，着力引进和培养具有全球影响力的科学家和企业家人才，同时也要高度重视和积极引进培养具有全球影响力的投资家、创业家和创意家人才。

培养造就全球一流的高端人才队伍，关键是要培育和造就一批能够吸引和承载全球一流高端人才的平台或载体。要特别重视建设五个高端载体：一是建设若干能在全球排名进入前50位甚至前30位的一流大学和科研院所；二是集聚一批全球布局的跨国公司和高科技先锋企业，尤其要造就若干代表中国，从上海出发的国家企业；三是集聚一批立足上海，面向全球的大型金融机构和创业投资机构；四是集聚一批具有全球影响力的艺术团体、艺术博物馆和创意设计机构；五是集聚一批参与全球治理的国际性机构。

上海拥有建设全球一流机构的有利条件。除了中国壮大这一客观条件外，上海这座城市，是中国工业、商业的发源地和集聚地，其最大的特点就在于它拥有综合性的产业配套力和优势。而到2020年，在基本建成“四个中心”后，这种综合优势将更加突出，将为建设全球一流的高端人才集聚平台提供充分的物质保证和配套空间。同时，上海又与多数的国际大都市有所不同，它更类似于纽约州、东京都市圈，有6 400多平方公里，可以承载3 000万左右人口的空间，人才的高集聚度，加上社会需求的大空间、文化交流的高频率，这些也可以成为上海建设全球一流机构的有利条件。

（二）全球引进

按照全球影响力的战略定位，上海建设全球科技创新中心，既要大力提升集聚全球一流高端人才的竞争力，也要大力提升集聚全球各类人才前来上海创新创业的吸引力，前者为引领，后者为支撑，两支队伍同等重要。

在集聚全球一流高端人才方面，针对当前高端人才集聚不足，高端引领明显乏力的人才短腿，在一个比较长的时期内，必须坚持以引进为主导，以引进为发动机，以更大的开放度和政策竞争力在全球范围内物色和引进建设全球科技创新中心最急需的高端人才。要组织动员和支持上海的大企业、大学和科研机构搭建引进平台，提出引进清单，专门瞄准全球一流人才集中的跨国公司、大学、科研机构，通过全面引进、柔性引进或在发达国家设置分支机构等形式，想方设法引进和使用好全球一流人才。

同时还要坚持海纳百川。既要大力引进发达国家的各类人才，也要积极引进其他国家的各类人才，海纳五湖四海人才；既要从全球各地大力引进各个层次的科技创新创业人才，也要从全球各地积极引进从事国际贸易、国际金融、风险投资、法律服务、专业咨询等方面的各类专业人才，形成综合配套的活跃格局。上海要敞开大门，全面开放，努力造就创新创业的巨大活力和魅力，为全球各类人才到上海发展创造更多的事业机会和更强的包容文化，努力成为全球各类人才最向往的全球城市。

（三）全球配置

全球配置，就是要构建发自上海的全球人才配置体系。这个体系要具备两大功能：一是集聚功能，配合上海及周边地区企业、机构的海外人才需要，建设全球人才信息和引进网络，形成全球性的人才集聚中心。这个中心，有的以上海为配置主体，主要服务于本土的企业和机构，有的以海外的跨国公司为配置主体，借助其总部的全球配置网络，服务于上海及周边地区的跨国公司分支机构；二是调配功能。配合中国经济全面走出去战略，配套本土跨国公司跨国布局需要，从上海出发，对人才实施全球范围的调配。这种调配，有的要从上海或中国外派国际化人才到跨国公司的分支机构工作，有的按照上海总部的战略和计划为其布局在全球的分支机构进行全球范围内的招聘和配置。

我们特别强调“全球调配功能”在建设全球科技创新中心中的重要性。全球科技创新中心，是一个面向全球、辐射全球的中心，不仅各类大学、研究院所、大企业和社会组织等都要有很高的国际化程度，与国际建有广泛的合作与交流关系，而且还要有一批机构走向全球，在一些国家和城市设立国际分支机构，服务于其全球化战略。再经过若干年的发展，由中国本土企业主导的跨国投资、跨国采购、跨国生产、跨国研发等将越来越多，成为常态，这就同步要求上海的人才配置功能必须从目前的集聚为主，转向集聚与调配双功能并行，加快培育和增强全球调配功能，把国内人才调配到海外，还有从海外完成人才调配。另外，从海外引进最需要的高端人才，遇到地域文化、城市依恋、生活习惯、家庭照应等众多因素的制约，与货物和服务的流动有着根本性区别，因此现在已经有一些企业为克服这些引才制约，主动采取海外合作、海外设立机构的做法以引进和使用急需的高端人才。对应充分利用国际创新资源加快提升自主创新能力的战略需要，今后会有越来越多的机构将直接到海外设立分支机构，搭建人才集聚载体，因此人才的全球调配功能将越来越重要。

全球配置，要着力构建一些功能性的载体或平台。主要包括：一是全球性的人才市场。建立有全球影响力的人才市场载体设施，构建全球发布的信息系统，为各类机构提供面向全球、具有全球领先水平的人才招募、人力资源管理等服务；二是全球性人力资源专业公司。既要引进人力资源跨国公司，更要大力培育和发展本土的人力资源跨国公司。要与本土企业的全球化发展保持同步、紧密配套，促进本土人力资源大公司走向全球，在上海打造有全球影响力的人力资源跨国公司总部基地；三是全球性的人才数据库。依托人力资源跨国公司的力量和网络，建设全球人才数据库，为国内外的企业提供更加丰富、全面的全球各地各类人才，尤其是高端人才的大数据服务。

（四）全球接轨

要吸引全球各类人才加入到上海建设全球影响力科技创新中心的战略行动中来，构建与全球接轨的创新创业环境或生态系统是前提和基础。因为当前的上海在创新创业环境与全球科技创新最活跃的城市与地区相比还有很大的差距，特别在一些体制机制和政策方面存在着诸多尚未接轨、未能融入的地方，如果不能加快接轨、缩小差距，上海就不可能吸引全球人才，更有可能失去追赶的机会。比如对创新缺乏激励，就难以激发人才的创新激情；对知识产权缺乏保护，就难以吸引和留住创新人才，也难以鼓励企业家对创新的投入；对大学和研究院所缺乏服务社会的支持配套，就难以释放其驱动发展的能量；对来自海内外各类人才缺乏文化包容，就难以形成创新创业的文化氛围；对青年人才缺乏宜居宜业的低成本支撑，就难以集聚创新创业大军，等等。

全球接轨，就是要与全球最先进的创新创业环境：其中最重要的含义是，开放自己、主动接轨，开放中学习、开放中引进、开放中超越。开放倒逼解放思想，让我们敢于学习和引进；开放倒逼改革，加快体制机制和政策创新。全球接轨的另一层特殊含义是，既然接轨，就要不折不扣、认认真真。激发人才的创新创业激情，走创新驱动发展之路，我们的体制机制和政策还有很大差距，学习人家的先进经验，没有捷径可走，只有对上轨道，大胆学习、大胆借鉴，才能释放全球接轨的能量。比如对于硅谷的成功，已经有了很多的经验总结，已经得到了全球各地的高度认同和学习借鉴，其中很多已经成为全球认同的创新规则，虽然我们难以学到所有，也有一些因土壤不同而不可能全面复制，但只要有利于创新创业，有利于吸引全球人才，就要努力学习和借鉴，比如对创新的激励、对创新的保护、对风险投资的支持、对人才的评价、对多元文化的认同，等等。

全球接轨，重点要在五个方面推进：一是创新创业人才激励的接轨。充分认可人才的创新创业价值，对人才的创造发明有充分的激励，对人才的创业活动有充分的保障；二是创新创业人才培养的接轨。建设开放型、创新型大学，培养创新型、创业型人才。要特别重视理工科人才和高技能人才的培养；三是风险投资机制的接轨。集聚创业资本，造就风险投资成长的土壤，发挥风险投资家和种子投资家的引领和助推作用；四是创新创业服务体系的接轨。有与大学、研究院所紧密结合的平台型公共服务体系，更有发达的法律、咨询、人力资源等的商业性社会服务体系；五是创新创业文化的接轨。就是要形成鼓励创新、宽容失败，大众创业、万众创新的文化氛围，特别要宽容流动，支持青年人才向往更有前景的职业。包容失败，为失败者继续提供新的创新机会。

三、需要破解的瓶颈问题

（一）思想认识瓶颈

存在三个层面的思想认识瓶颈：

1. 对人才重要性这一最基本层面的认识，没有真正入脑、入心，落到行动

现在都知道人才是上海发展最重要的第一资源、战略资源，但实际认识尤其是工作部署，仍然是“见物不见人”，抓“工程建设”、“招商引资”硬，抓“人才开发”、“引才引智”软，人才投入上不去，人才政策原地踏步走。政府工作报告、重要部门的行动计划，人才工作不仅排不上位，即使有些笔墨，也是虚的多实的少。很多部门设立的人才工程项目，重在评奖、推领军，重在立项目、下资金，系统布局的很少。

2. 对人才工作的认识，经常等同于人才项目

现在承担人才工作的，除了组织部的人才工作处（科）外，其他都是干部人事部门兼顾人才工作，但与干部工作相比，人才工作相对单薄，而且较多集中于抓几个人才项目。人才工作部门很重视具体的人才项目，这样工作就有了抓手、有了权威，但对人才项目的操作，绝大多数是供给导向方式，仍然沿用行政手段选一批人、资助一批人，其中有成功的，也有不了了之的，甚至还催生了一些有荣誉无创新的所谓高层次人才。对于最重要的改善人才发展综合环境，或者构建创新创业生态系统，较多停留在口头上、纸面上，攻坚克难的较少、部门协同

推进的也较少。

3. 对人才战略的认识，没有紧跟甚至超前全球化进程，对全球性战略，不敢想，也不知如何做

经济已经进入全球化时代，中国也已成为全球排在第二的最大经济体，但对于科技创新如何赶超发达国家，普遍缺乏自信，而对于培育全球顶尖大学、造就诺贝尔奖科学家、建成全球高端人才配置中心，等等，很多人习惯从现实出发认为不够现实、过于遥远，也就缺少从当下开始的坚定恒心与长期努力。

（二）人才队伍结构性瓶颈

建设全球影响力科技创新中心需要各类人才的支撑，其中最重要最关键的，也是上海目前来看最为稀缺和不足的，是企业家人才、科学家人才、科技创业人才和风险投资人才四类人才。这也带来了四大结构性瓶颈问题：

1. 缺乏面向全球、引领创新驱动发展的企业家人才

未来的发展对企业家提出了更高的要求，既要坚定创新，还要引领创新，更要在全球范围内动员创新资源，付诸创新计划。但上海的企业家队伍存在一些明显的结构性弱点，如大企业的企业家多数属于国有企业和外资企业，民营企业家力量较弱；又如愿意扎根于实体经济领域的企业家人才这些年流失比较严重，或者转做房地产，或者很容易被周边地区吸走；还有能够走出国门谋篇全球发展的企业家更是凤毛麟角。只有企业家队伍强大了，上海才能把建设全球科技创新中心变为现实。

2. 缺乏具有全球影响力、引领科技创新前沿的科学家人才

由于上海目前的创新平台级别不够高、管理体制不够活、创新氛围不够浓，在引进海外顶尖科学家方面仍然缺少竞争力。即使上海拥有的院士和国家千人计划专家数在全国排名第二，但其中能够真正进

入全球前列的科学家屈指可数。上海企业层面的研究院或研发中心，较多为国企和外资企业建立，自主前沿的创新研发较少，也没有建立储备科学家的体制机制。而深圳的华为、光启、华大等高科技民营企业，都已吸收到若干位全球顶尖科学家的加盟，华为更是积极实施战略科学家计划。

3. 缺乏掌握最新科技知识、怀揣创新创业梦想的科技创业人才规模化群体

从硅谷、深圳的成功经验看，它们都形成了规模化集聚的创客簇群，这是一批受过理工科学历教育，很多都有高科技企业从业经验的科技人才，他们为追求创新创业而来到一个城市、一个园区，甚至环绕一所大学、一家高科技先锋大企业形成集聚。这样的创客簇群在上海的张江、杨浦等已有雏形，但影响力还不大，与深圳、北京比已有差距。有三个促进创客簇群形成的重要影响因素，即可以释放众多创业机会的创新源、保障创新创业低成本进行的商务成本条件，以及满足创新创业活动需要的产业链配套条件。上海在前两个因素上存在明显制约，创新源不强、不活，商务成本居高不下，导致吸引力下降。

4. 缺乏能够调配资源、助推创新驱动发展的风险投资人才

现在对风险投资在促进创新驱动发展中的作用有了积极的认识，从市到区县层面也在通过发展科技金融来吸引风险投资的集聚，但目前存在风险投资人才严重不足、对风险投资的政策不够灵活，以及风险投资退出通道不够畅通等三大制约。其中对于既能调配资源又具丰富行业经验的风险投资家和天使投资人，最为稀缺。以往对这类人才我们不够重视，基本没有专门的人才政策或举措进行引进和培养，而且即使现在已经集聚了一些风险投资家和天使投资人，但其中的相当部分或者只在寻找有上市机会的成熟项目，或者在全国各地寻找投资项目，并没有在上海的创业发展中发挥出他们应有的作用。

（三）创新创业生态链瓶颈

对于人才的创新创业活动，政策固然重要，但更为基本和重要的，是创新创业生态链或生态系统，也就是我们习惯说的人才发展综合环境。特别对于那些年轻的人才来说，他们更需要一个良好的创新创业生态链才能确保他们的创新创业活动可以生存下来、延续下去，可以充满着成功的预期激励他们不断努力、不怕失败。放在全球背景下比较，上海的创新创业生态链在三个环节上瓶颈制约非常突出，如果不能予以重点破解，就很难保证人才新战略的实施效果，更难以加快迈向全球影响力科技创新中心。

1. 过早面临的高商务成本成为成长中的致命制约

上海商务成本的不断走高是一个必然的趋势，但也必须看到，高企的商务成本对于创新创业是一大致命伤。比如上海中心城区的房价已经接近甚至超过纽约、伦敦、东京、香港、新加坡等国际大都市，郊区的房价也因轨道交通建设上升很快，明显超过了周边的一些城市，如果考虑到人民币进一步升值的趋势，以及我们对土地财政、房地产市场的路径依赖短期内又难以改变，这一块的商务成本压力会越来越大。另外上海的薪酬成本上升很快，不仅明显高于周边地区，而且也因人民币升值，与日本、韩国和我国的台湾地区等越来越接近。在一个全球竞争性的科技创新氛围中，一方面，我们的创新创业环境总体来说没有人家理想，特别是雾霾、食品安全等因素已经明显影响到上海引才聚才的竞争力；另一方面，在我们的基础设施、生态环境、生活便利等还没有达到发达国家水平时，我们的房价、薪酬却已提前接近甚至超过发达国家水平，这是必须予以高度警惕并要着力解决的瓶颈问题。当然要全面降低商务成本可能不现实，但我们可以通过一些特殊的政策打造一些特殊的商务成本洼地。

2. 庞大的大学和科研院所群体在事业单位框架制约下未能真正成为创新创业的策源地

当今最成功的高科技企业中，其早期都有大学和科研院所的策源地身影。斯坦福大学被认为是硅谷成功的“触酶”，引发了创新创业的分子裂解，释放了巨大的创新创业能量。中关村的成功，中国科学院及北京大学、清华大学的能量释放功不可没。深圳的成功，也是从体制内走出的一批创新创业者借助特区环境造就了一批立足自主创新的高科技领先企业，而且全国一些著名高校和科研院所在深圳设立的分校、分院，以及香港的大学力量，也发挥了积极的作用。反观上海，就一个同济大学在其周围形成了环同济经济圈，但这个经济圈是以规划、设计为主的，其他大学和科研院所，多数建有科技园区，但效果并不显著。在深圳，不少全国著名大学南下建立了分校，但竟然看不到一所上海著名大学的影子。上海的大学和科研院所有能量，而且政府对其投入一直很积极，但能量就是释放不出，原因何在？是行政化太强，市场化太弱，校长、院长、所长们更关心行政级别，更重视内部平稳，更用心如何从政府那里获得经费；是政府部门不能解放自己，还在用传统的方式方法分配资源，激励那些论文、获奖导向的所谓创新；是政府部门还在用管理执法类公益机构的方式方法管理大学和科研院所、管理教师和科研人员，规范化管理的条条杠杠越来越多，不允许在职人员在职创业，不允许自行转移创新成果，不敢把知识产权收益大头分配给相关人员。这样之下能量如何释放。但如果大学和科研院所不能成为重要的创新创业策源地，上海就少了吸引海内外人才前来创新创业的竞争砝码。

3. 白领文化渐渐占据主导，即使外来人才的冒险精神也会被弱化

上海曾经被称为冒险家的乐园，拿今天的话讲，就是各路人才近悦远来的创新创业之地。但曾经的那种冒险精神在今天的上海可能不再常见，相反我们一直在自问，为什么上海本地籍人士少有成功的

企业家，为什么马云到了上海又回到了杭州创业，为什么那些来上海创业成功的企业家比较愿意交出自己的企业被收购兼并，其背后是地域性文化因素影响，这就是大家都已承认的白领文化，就是工作细致、讲究程序，追求安稳、小富即安。这种文化有其优点，但少了冒险、少了激情，不利于创新创业。而且我们发现白领文化不仅主导着本地籍的上海人，也在影响着新一代上海人。比如去深圳工作的青年人才，很多人身上都有那种华为公司倡导的狼性精神，拼搏工作，也可以根据公司安排冲向全国各地开辟市场；而来上海工作的青年人才，更多人是在努力谋取上海户籍，然后就是安家上海、小康生活，常听到一些企业人事经理抱怨说派上海员工到外地工作总有这样那样的困难。

（四）人才政策创新力瓶颈

推进人才全球战略，必须遵循人才创新创业规律，借鉴发达国家的成功政策做法，实施更加开放、更加积极的人才政策。特别是，我们是在体制机制转型过程中实施追赶型战略，一方面为了缩小差距实现赶超，必须创新人才政策，加快与国际接轨，甚至必须采取政策聚焦，努力创造赶超的特殊条件；另一方面突破传统体制机制制约不是那么容易一蹴而就的，需要有一个渐进的，甚至是革命性的过程，为此只能由点到面，先在某些特定区域进行试验，在某一阶段内实施一些特殊的政策，就如早期的特区政策，现在的自贸区政策等。对上海来说，创新人才政策既有来自国家层面的制约，也有地方自身层面的制约。

1. 国家层面对地方率先创新人才政策的制度性制约

上海承担了国家多项先行先试的改革开放实践，包括浦东新区的综合配套改革、浦东新区的自由贸易实验区、张江的国家自主创新示范区，还有司法体制改革、文化综合体制改革和教育体制改革，等等，这些改革基本是在国家相关部门的授权范围内进行，而且必须遵循现有法律规定，但上海要改革开放先行，就必须突破现有的一些政策法规框框，就必须争取国家有关部门的特殊授权，这是一项艰难的部市协调工作。比如对海外人才的绿卡政策、技术移民政策、社会保险政策、税收政策等，地方基本没有相对独立的权限；对大学和科研院所科技创新人才留职创业、分享职务发明成果转让收益、减免股权分红所得税，等等，地方也没有多大放权的空间；对于引进全球著名大学、国际机构这样一些高端人才集聚平台，更是限制多多。

2. 地方层面对创新人才政策的旧框框制约

有些政策，特别是降低人才创新创业门槛、改善人才公共服务的政策，地方有较大的自主创新空间，但实际推进总会遇到各种旧框框的制约。如同上海自贸区的制度创新，其中地方有很大自主创新空间的，就是政府对企业的监管从市场准入的行政审批监管转变到事中事后的日常营运监管，要在全市范围内全面复制这些经验，需要很大的决心和有力的行动，因为这不仅涉及观念、机构、流程再造和具体操作规章等众多方面，更涉及长期形成的政府管理方式和利益格局旧框框，其难度是可想而知的。来自地方层面的旧框框制约主要有三类：第一类是以管理代替服务。习惯于申请审批，习惯于资格认定，习惯于评奖立项，比如申请人才居住证和户籍、高科技企业认定、人才评价等。甚至一些公共服务机构也要争取一些审批权、资源分配权来提升所谓的权威性；第二类是习惯于严格的事前监管而轻视更为重要的事中事后监管。比如对人才市场机构的监管、对科技金融机构的监管、对专业服务机构的监管等，这些事前监管很多变成了行政管制，变成了行业门槛；第三类是审批权限和公共资源配置较多集中在市级部门，放权不够，区县自主空间受到较大制约。如郊区的区县行政级别与周边的苏州、嘉兴同级，但拥有的自主权和公共资源配置实力还明显不如周边的昆山、嘉善等县级市。

（五）人才工作体制机制瓶颈

实施人才全球战略必须坚持党管人才原则。《中共中央关于进一步加强党管人才工作的意见》(2012年)对于健全党管人才领导体制提出了“五位一体”领导体制和工作格局，即加强党委统一领导，发挥组织部门牵头抓总作用，促进职能部门各司其职、密切配合，发挥用人单位主体作用，调动社会各方面力量参与人才工作的积极性；对于进一步健全党管人才运行机制提出了“四大”工作机制：科学决策机制、分工协作机制、沟通交流机制、督促落实机制。从当前上海人才工作的体制机制看，存在两方面的瓶颈：

1. 党委及组织部门抓人才工作的领导体制还不够强大

在党委主抓的各项重点战略性工作中，人才工作相对薄弱，特别在组织部门的干部、党建、人才三驾马车中，干部分量最重，党建长期在抓，人才最难牵头抓总，因为在领导体制上还不能全面支撑人才工作组织部门牵头抓总职能。人才工作与干部、党建工作不同，覆盖了全社会，更需要宣传、统战、人社、科技、教育、计卫、财政、发改委、公安、民政等政府各个部门的通力合作、共同努力，更需要赋予组织部门更强的组织领导力保障。但在原人事局和劳动局合并为人社局后，分管科教文卫干部与人才工作的副部长不再兼任人保局局长，也不再兼任编办常务副主任，这样必然弱化人才工作的实际领导力。另外人才工作处(人才办)在组织部门各个处室中分量相对较轻，也一直没有予以干部高配(副局)，对发挥牵头抓总作用多少是有影响的。在一个强政府的模式框架下，只有领导体制力强，还有领导配强，才能有更强的牵头抓总能力，才能更加有力地推进一些攻坚克难工作。

2. 各个部门抓人才工作的推进机制还不够健全

对于需要中长期实施的人才全球战略，更要建立健全“统分结合、上下联动、协调高效、整体推进的人才工作运行机制”予以保障，但现在这套机制还不够有效。在科学决策机制方面，有形式内容缺实质突破，专家参与度不高，相关部门征询意见大多是要求列入有利的、好做的，去掉放权的、难做的。经常看到制定的人才规划有战略少战术、有任务少要求，提出的年度人才工作有方向无具体。在分工协作机制方面，形成合力至今仍是一个大难题，人才开发分属不同政府部门，各个部门尤其是一把手对人才工作的认识不同、摆放位置不同，以及对组织部门牵头抓总的认同不同，就有不一样的协作态度和做法，特别在放权和资源配置方面，仍然存在明显的条块分割现象。有些部门政策是积极的，资源配置是滞后的；有的部门守旧动作慢，资源配置过于固化。在沟通交流机制方面，现在论坛、会议减少了，某些方面也有可能减少社会各界与政府部门的沟通交流；再是至今还未健全人才统计制度和信息发布机制，对体制外的人才队伍状况了解不准、不及时。在督促落实机制，多数部门和区县没有建立人才工作责任考核制，就是建立了也多数流于形式；对人才发展规划、人才政策、人才工程和项目等试行的事中事后评估，也只是有关部门主导下的评估，并没有形成真正意义上的社会第三方评估机制。

四、构建更加积极的人才创新创业生态系统

我们特别强调，实施人才新战略，首先要转变政府的战略实施模式，从过去一个个具体项目、人物的支持扶持，转变到构建良好的人才创新创业生态系统。这个生态系统包括六大元素，即宜居宜业的生活环境、集群发展的高科技先锋企业、开放的大学和科研院所、集聚的创业资本和风险投资家、专业服务的孵化器、多元融合的创新创业文化。着眼于“十三五”的战略行动部署，应该在建设人才创新创业生态系统方面采取六个方面的相应措施：

（一）着力提升宜居宜业的生活环境

一般认为上海作为一个国际化的大都市，自然能够成为人才最向往的地方。但放在全球竞争的条件下，今天上海的生活环境还是有很大差距的，即使放在国内视野，北有北京、南有深圳，上海也有短腿的一面，而在高铁和城际铁路快速发展的形势下，长三角城市群边界扩大，融为一体，周边城市与上海的差距更快缩小，而诸如生态环境和生活成本优势更加胜出，无疑会对上海吸引和留住人才带来新的挑战。所以我们特把宜居宜业的生活环境列为上海构建人才创新创业生态系统的第一要素，而且需要积极作为、长期努力。

1. 着力降低居住成本

在房价高企之下，要确保宜居宜业，必须把稳定和降低房价及居住成本作为当前最需努力的举措。要尊重市场之手，同时也要发挥政府之手作用，实施差别化的空间政策，对中心城区或重要商住圈，坚持市场导向，充分体现开发价值；对高科技园区、高校周边、郊区开发区区域，要通过减免或返回土地出让金、降低开发商税负、提供政府贴息贷款等特殊措施切实降低住房建造成本，并明确这类住房的专用导向。另外可以借鉴新加坡做法，以区县和园区为主体，形成一批政府公共租赁房，以低于市场的租赁价供年轻的创新创业者居住。目前不少园区有建造低房价或低租金人才公寓的积极性，但苦于土地开发投入难以平衡，所以需要市级层面设立专项资金予以支持。

2. 着力改善生态环境

生态环境也是人才选择创新创业和居留地的重要因子，特别在新一代信息技术及应用突飞猛进的今天，信息渠道更加宽广、畅通，交易手段更加虚拟、网络，原来只有特大城市所特有的集聚创新资源传统优势正在受到极大挑战，甚至已经出现一些弱化的迹象。同时，特大城市还因人口、产业、交通的过度集中正面临更大的生态环境压力，也在弱化其集聚创新资源的优势。必须把优化生态环境、建设美丽上海作为上海吸引人才的重要砝码和竞争优势，坚持全球城市的环保标准，坚决淘汰低于标准的产业项目和各类交通工具，统筹推进全市域的农业生态园区、森林公园、郊野公园、湿地公园、绿色廊道、城市公园的建设，统筹水资源、水环境、水安全治理，精心设计和整治郊区村庄，让上海的天更蓝、地更绿、水更清，形成与全球城市相匹配的城市品质。

3. 着力提升生活便捷度

专门研究创新人才的美国学者佛罗里达认为，创新人才喜欢的居住地不一定是有大机场、大超市的地方，而是文化氛围良好、具有波希米亚情调、便于生活的地方。今后科技创新创业的主战场和创新创业人才的集聚地都将布局在郊区，但与中心城区相比，郊区的生活便捷度和城市品质仍有较大差距，所以在全球城市的战略框架中，要更加重视郊区新城、新市镇建设，努力缩小城乡差距，促进深度城市化，同时更要精心规划和建设，打造一批更加宜居宜业、更具城市魅力的中小城市。

(二) 打造高科技先锋企业集群

高科技先锋企业属于高新技术产业领域中的创新者、领先者，有的已经成长壮大为行业领军者，有的专注于某一专业技术领域并具有竞争力。往往高科技先锋企业都以区域集群的模式出现，比如美国的硅谷、北京的中关村，还有深圳等。绝大多数专家学者都认定深圳是我国最具创新活力和创新驱动发展最成功的城市，其中最值得总结的就是它因特区政策和宽松环境而吸引了一大批创新创业者，造就了华为、腾讯、中兴、华大基因、光启等一批成功的高科技先锋企业，集聚了更多正在创新创业中的高科技先锋小微企业，形成了开放、多元的产业链集群。产业链集群，不仅可以为人才的创新创业提供更多的机会和平台，而且可以形成更强更广的人才集聚效应，造就创新创业文化，激发创新创业热情。所以上海必须在打造高科技先锋企业集群上有更加积极的举措。

1. 进一步扩大张江、杨浦、漕河泾、紫竹等国家级高科技园区的承载空间

这些国家级园区已经集聚了一批高科技先锋企业,但距形成具有全球影响力的产业链集群,仍有不少差距,如缺少全球影响力的高科技先锋企业,缺少一批拥有自主技术且技术领先的中小企业。为此要为培育和引进这样一批高科技先锋企业提供最基本的承载空间。在建设用地零增长的现实下,要实施战略聚焦,一方面通过政策措施聚焦倒逼这些园区进一步优化结构、腾笼换鸟;另一方面通过全市的建设用地资源合理配置和老工业基地改造,优先保证这些国家级园区空间拓展。我们建议把闵行的大紫竹地区作为重点予以空间拓展,因为这里有上海交通大学和华东师范大学两所名校,还有上海最重要的先进制造基地,特别还有18平方公里正在实施整体改造的吴泾老工业基地。如果在城市功能、交通配置、环境治理等方面提供重点支持,大紫竹可以在集聚高科技先锋企业方面发挥更加重要的作用。

2. 进一步推进张江、杨浦、漕河泾、紫竹等国家级高科技园区的体制机制和政策创新

必须解放思想,敢于学习、敢于实践,学硅谷、学中关村、学深圳,只要有利于高科技先锋企业成长、有利于创新创业人才的引进和发挥作用,都可以学习和借鉴,甚至可以拿来主义,不能用一句我们学不来、学不像而安于现状和不思进取。我们建议可在这4个国家级高科技园区创建战略特区,把自贸区的制度创新嫁接过来,把中关村、深圳的成功做法和正在探索的创新实践嫁接过来,把硅谷的模式、机制、文化等嫁接过来。

3. 着力培育或引进高科技先锋企业集群的领头羊

杭州的阿里巴巴带来了杭州和周边地区的信息经济发展。深圳

的华为、中兴、腾讯带动了深圳的信息经济发展。相比而言，上海的大企业，以传统行业的国企和加工组装型外资企业为主，在新兴的高科技产业领域缺少民营的领头羊企业。要把民营高科技企业作为建设全球科技创新中心的主体力量，一方面要营造更加良好的营商环境和低商务成本条件，让民营高科技中小企业更好成长；另一方面要关注民营高科技先锋企业苗子，有效发挥政府作用，定向培育、定向引进，培育出若干有影响力的集群领头羊。

4. 加快推进郊区工业开发区向高科技园区的转型升级

现在产业用地较多集中在郊区的各个工业开发区，但有较多工业开发区现在集聚的产业项目层次并不高，有相当数量的项目用地多、效益差，属于淘汰、转移的项目。要围绕全球科技创新中心这一重大战略，对郊区各工业开发区进行重新定位，重点是向高科技园区转型升级，通过一些特殊政策手段倒逼园区腾笼换鸟，通过与国家级高科技园、大学和高科技大企业的合作，建设一批高科技分园。

（三）促进大学和科研院所的全面开放

谈到硅谷的成功，必然要谈到斯坦福大学的贡献，这所大学不仅为硅谷企业提供受过良好教育的新员工，并为现有员工提供再教育机会，而且还直接和间接地支持创办了很多高科技企业，被称为斯坦福创业企业，这批由斯坦福大学人员和技术开办的企业其收入占硅谷经济收入的比重高达50%—60%[①]。我国台湾的新竹科技工业园区，建在台湾交通大学和清华大学周边，而且还专业配套建设了台湾工业技术研究院，著名的台积电集团，最早的技术和人员都来自该研究院的一个研究所。所以大学和科研院所的创新和开放对于上海建设全球

---

① 李钟文、威廉·米勒等主编：《硅谷优势——创新与创业精神的栖息地》，人民出版社2002年版，第234—235页。

科技创新中心，对于人才的创新创业，是极其重要的。但上海的这支重要力量绝大多数属于事业单位，按照目前的体制机制，很难承担起这样的重任，所以必须加大改革力度，激活内在活力。要积极争取国家科技体制改革和国家实施创新驱动发展战略的试点任务，对大学和科研院所在四个方面先行推进改革：

1. 深化行政管理体制改革，激活内在动力

健全法人治理结构，淡化行政级别，引入市场机制，完善评估导向，促使大学和科研院所更多地面向市场和社会实际需要，建设开放型、国际化的大学和科研院所。在财政资金的预算管理方面，要加大产学研合作、科技创新溢出方面的考量力度，并与财政资金的预算分配挂钩，鼓励大学和科研院所通过产学研合作筹集发展资金。特别在科技创新的财政支持方面，要进一步完善科技创新项目资金的申请、使用、考评等管理机制，进一步提高用于调动科研人员积极性的智力资本支出。

2. 深化知识产权管理体制改革，促进成果转化

可以借鉴美国斯坦福大学的做法，允许和鼓励科研人员把在大学、科研院所获得的科技成果向企业转移，所获知识产权收益，多数归参与科技创新的科研人员及其团队，包括那些担任行政职务的团队负责人；在大学和科研院所设立知识产权服务机构，配置更多的专业人员，促进科技创新成果及时转让，并更好地引导科技创新与社会需求的对接。鼓励大学和科研院所通过产学研合作和知识产权入股获取发展资金，并增强这部分资金使用的分配自主权。

3. 深化人事制度改革，调动各类人员的创新创业积极性

开放应该是全方位的，尤其要通过人事制度改革，促使所有的基层单位开放，包括学院、研究所、研究室等，岗位公开招聘、人员无障碍流动、薪酬市场接轨、创新权益充分保障。应允许和鼓励科研人员离岗创业，创业期间保留其原有身份和待遇；允许和鼓励科研人员在完

成本职工作前提下在职创业，或到企业兼职，并可获得相应的个人收入或股份。

4. 深化大学和科研院所科技园区建设，促进校区与园区的紧密结合

现在多数高校都在郊区设立了新校区，而且校区空间面积都比较空余，对此可以在规划上作一些新的突破，除了在校区周围再配置一些创业空间外，还可在现有校区内开辟创业楼宇。比如位于紫竹的上海交通大学、华东师范大学校园面积都很大，完全可以腾出一些面积建科技园区，这样即可以充分利用校园设施，也可以建成紧凑型校园。一些高校在市区的原校区现在的利用率普遍不高，也可以考虑劈出一些空间建创业楼宇。

（四）大力集聚和壮大创业资本和风险投资家队伍

集聚和壮大创业资本或风险资本是促进创业的重要基础，这也得到政府、企业和学界的高度认同。风险资本是主要投资于高科技新兴产业未上市公司的资本，它的特点在于一是由专家管理，二是拥有股权式金融工具，三是专注于新兴的公司，而且往往是那些尚未盈利、尚未销售产品甚至还没有开发出产品但具有增长潜力的公司。风险投资家被称为创业者的教练，可以推动并引导创业者走向成功之路。上海要充分发挥"四个中心"的功能优势，在引进和集聚创业资本和风险投资家方面争取更多突破，同时也为提高全球科技创新资源集聚力和配置力奠定更好的基础。

1. 构建更加积极的创业投资政策和法规体系

与美国相比，我们的风险投资还刚刚起步，现在一些发展成功的高科技上市公司更多依赖于国外的风险投资。要学习和借鉴美国硅谷的经验，积极为风险资本行业的成长创造条件。比如必须深化科技金融体制机制改革创新，建立更加有利于各种类型创业投资机构发

展，更加有利于创业（风险）资本基金成长，更加有利于社会资金投向创业资本的专门政策。其中也涉及一些具体的政策，如对创业投资机构股权投资获得的收益，要区别于一般服务业税收；对创业投资机构投资所形成的损失等应允许作为成本进行税前扣；对大学设立的发展基金、社会养老金、社会慈善基金等，可以学习美国等国家的做法，允许其投向创业基金或直接投向创业企业，并给予税收上的优惠，等等。还要研究制定相应的保护性法规，加快与国际的接轨，营造更加良好的风险投资土壤。

2. 建设更加发达、更加规范的企业股权转让市场

这是创业资本和风险投资家得以成长的前提条件。要降低沪深两市上市融资门槛外，还要进一步扩大新三板市场，让更多的创业企业获得股权转让通道，形成风险投资便捷的退出机制。加强股权托管中心建设，更好服务于创业企业的股权流动和管理，逐步形成与新三板不同的股权交易平台。加快建立健全股权交易法规，更好保护创业者和风险投资者的利益。

3. 大力引进和培养风险投资家队伍

高度重视风险投资家以及天使投资人在创业中的积极作用，加大引进和培养力度。鼓励那些已有财富积累，并有丰富创业和行业经验的成功人士乐做天使投资人，积极帮助青年科技人才的创业活动，并通过股权投资实现财富增值。营造良好的创新创业生态环境，出台积极的激励和保障政策法规，吸引风险投资家到上海设立创业投资机构或加盟上海的创业投资机构。支持大学商学院开设风险投资专业MBA或EMBA，吸收一批工科背景并拥有管理经验的工程师进行深度培训，培养一批风险投资家后备人才。

（五）建设高水平的创新创业孵化器

创新创业孵化器也可以称之为创客空间或创客中心，是创业者创

业起步的栖息地和小微企业的起步承载空间。对于这样一群带着梦想却是市场弱势群体的创业者,因为他们的创新创业活力而越来越得到各地政府的重视,因为他们之中有可能成长出未来新兴行业的领军者而越来越得到各地政府的重视,甚至成为各地人才争夺的重要对象。其中建设高水平的孵化器已经成为推动创新经济发展的基础设施建设项目,更是提高创业人才吸引力的重要手段。上海要积极建设一批高水平的创新创业孵化器,其中特别要注重四个方面的功能建设。

1. 注重全球领先水平的智慧功能建设

越来越多的创新创业与信息化有关,并依赖于最新的信息与互联网技术,依赖于智慧城市建设和智能制造、智能服务企业的市场新需求。因此上海要努力建设一批在智慧功能水平方面可以达到全球领先水平的孵化器,让智慧功能吸引人才,让智慧功能激发人才创新激情,让智慧功能创造出更多的新智慧。

2. 注重产城融合的综合功能建设

不能用工业园区、工业楼宇的模式建设孵化器。信息化时代的创新创业,更加注重生活设施的配套和便捷,注重周边生活情调的营造,注重城市功能的建设。孵化器内部设施也好,周边配套设施也好,要充分考虑就近工作、就近居住,这样才能让创新创业者有更多的时间和精力用于创新创业。

3. 注重创新创业活力的文化功能建设

孵化器不是一个封闭或孤零零的建筑群,它不仅要融入周边的城区或城镇,还要融入周边的产业集聚区,这些城区或城镇,不是工业化时代工人的生活集聚地,而是特别需要在周边配置大学、研究所,还要配置文化场馆和教育培训设施,还要有可供不同企业的研发人员、工程师、管理人员,以及大学、研究所、风险投资机构、律师事务所的专家进行自由交流的空间场所,这也被称为企业、家庭之外的第三空间。

来自不同地区、不同企业和机构的人才有了交流机会，就会产生积极的创新文化元素。

4. 注重发达的公共服务功能建设

在孵化器中要配置基本的公共服务，包括创业融资、创业辅导、创业教育、信息提供、知识产权保护、社会保险、雇佣人员，等等。这些公共服务要加入大的服务网络，才能使服务更有效，还要配备专业化的服务专才，才能把服务做到位。

(六) 造就多元融合的创新创业文化

远看硅谷，近看深圳，从文化层面考察，都有两个共同的基本元素，这就是移民和开放。移民带来多样性的文化，带来追求改变和成功的创新创业文化。开放，从政府、大学、研究机构层面，再到企业层面，都有开放的意识和氛围，由此带来很强的包容性，包容多样性、包容流动性、包容相互竞争，也就有了更多共享共荣的机会和通道。对上海来说，要着重从两个方面努力造就充满活力的创新创业文化。

1. 坚持人口和人才开放政策，造就丰富多样、追求事业的移民文化

上海曾经的海派文化，就是脱胎于 20 世纪 20—30 年代的移民文化，是海内外的移民共同汇聚到上海创新创业，形成了一种带有上海显著烙印的海派文化。虽然目前上海的常住人口已经达到 2 400 万，并已采取调控措施，但从中长期看，对外来人口的开放，对海外人才的开放，仍是需要坚持的一条基本策略。一方面，上海郊区的新城，仍需导入人口以支撑经济与城市发展；另一方面必须保持一定的流动性，不断增添新移民，才能保持城市的活力。有了更多来自世界各地和全国各地的移民，尤其是受过高等教育的人才，才能形成丰富多样、创新求胜的移民文化。

2. 促进官、产、学、研的开放，造就包容、宽容、合作的开放文化

从一个单位，到一个产业集群，再到一个城市，都要有开放的理念和举措。要有开放的心态，包容外来文化、包容人才流动，宽容创新失败、尊重创业失败者；要有开放的交流，破除围墙，促进产学研之间的交流，促进思想者、创新者、创业者之间的交流，不但碰出创新火花，还要有开放的合作，优势互补，整合创新资源。对上海来说，更要强调政府的开放。在经济管理方面，包括了降低行业进入门槛、实行负面清单管理、保障市场公平竞争、保护知识产权等；在公共资源配置方面，包括了信息的公开、决策的透明、政策的公道等；在公共机构管理方面，包括了促进大学、研究机构开放、提高公共服务机构效能等；在政策法规建设方面，要通过积极的政策和法规设计，为产学研合作、大学和研究院所知识产权向社会流动、尊重创新创业者权益、宽容创新创业失败等提供保护和支持。

五、构建更加积极的创新创业人才政策

（一）进一步深化海外高端人才引进政策

把引进全球一流、引领创新的海外高端人才作为高层次人才引进政策的聚焦重点。必须看到上海的高端人才与全球一流人才之间仍然存在很大的差距，必须清楚地认识到培养全球一流的高端人才国内尚未具备充分的条件，同时还要清楚地认识到如果没有海外高端人才的带动效应和鲶鱼效应，封闭条件下我们也很难培养出全球一流的高端人才。因此在一个较长的时期内，上海必须坚持高端人才海外引进的主导性，将其作为长期战略进行部署，这方面需要好好向韩国、新加坡和我国台湾学习。应着力创新五个方面的政策措施：

1. 创新海外高端人才工作平台政策

就是要构建更加积极的筑巢引凤政策。要进一步创新现有的高

科技园区政策和海外高层次人才创新创业基地建设政策，在特定的大学、科研院所、高科技园、高科技先锋企业、风险投资机构、文化创意机构等，围绕打造一批海外高端人才工作平台这一战略要务，建设科技创新战略特区，以战略的部署、特区的政策，大力提升海外高端人才工作平台的创新力和影响力，不断吸引到全球一流人才的加盟，进而培养出更多全球一流的顶尖人才和创新创业团队。创新工作平台投入政策，建立科技创新重大工程和项目专项基金，以风险投资的方式方法对平台进行战略性长期投资。创新工作平台评价政策，坚持建立以科技创新成果转化应用为导向的评价体系。创新工作平台激励政策，积极建立与最先进的激励做法紧密接轨的创新成果转化、分享保障政策。创新工作平台用人政策，杜绝行政级别，退出事业单位管理模式，建立充分发挥平台负责人或首席专家作用，可以自主用人、自主定酬，与高科技企业用人方式接轨的人事保障政策。

2. 建立与国际接轨的绿卡政策

参照美国、加拿大等国家的做法，进一步降低绿卡申请门槛，消除就业限制，赋予其更多的国民待遇内涵。争取国家下放绿卡审批权限，在上海设立第二总部等级的机构，便于海外人才申报绿卡。实施积分制，对上海亟需引进的全球一流人才和各类紧缺人才，赋予高积分确保在其引进时就可获取绿卡，方便出入境，方便享受各类社会保障。要允许绿卡持有人在离开中国时可以带走缴纳的社会保险费，充分保障其基本权益。要充分配合本土企业跨国发展的需要，对配置在海外的海外人才同样适用国内的绿卡政策，并尽可能减少政策性的门槛障碍。

3. 完善引才专项基金政策

设立两类引才专项基金：一类是专门针对引进全球一流人才的引才专项基金。该项基金重点用于引进全球一流的科学家、创意家，提供全球接轨的薪酬条件和人才公寓居住条件，提供可供长期创新创意的项目资金，提供平台建设单位设施配套建设资金；另一类是针对面广量大海外人才的引才专项基金。该项基金重点用于引进外籍创新创业人才，为他们在上海的生活和创新创业活动提供一些基本保障，包括租房补贴、创业资助、研发启动资助等，也可以在现在的浦江计划资金基础上进行扩盘。要舍得投入，增加财政安排，动员大企业支持，扩大资金盘子。要创新基金运作，一方面可学习发达国家基金运作的一些经验和做法，争取获取一些稳定收益；另一方面要建立健全地方立法的依法运作规程，让基金更有生命力和影响力。再是可以赋予基金人才智库的功能，跟踪全球人才流动动向，研究各国人才战略、政策和大企业用才策略，建设全球人才数据库，发布全球人才发展报告等。

4. 建立健全科学的人才评价机制及其配套政策

做好人才评价工作是确保引才成功、确保引才资金有效使用的基础。首先，要树立正确的人才评价观，遵循社会主义市场规律和人才成长规律，建立科学的人才评价标准。要坚持创新驱动发展的用人导向，引才不是为了摆设，不是为了评级、评奖，而是为了增强上海的科技自主创新能力和创新驱动发展能力，为了建设具有全球影响力的科技创新中心。这个评价标准不是领导说的、政府定的，也不是学历导向、论文导向，而是我们常说的业内认可，由市场主体定的。要反映人才市场的需求，充分运用竞争法则，与全球人才市场接轨；其次，要构建社会化的评价体系。承担评价的不是政府部门自己，而是社会化的评价机构或平台，他们通过第三方的评价载体、专业的评价队伍和权威的评价发布，被社会所认可。政府实施的评价项目都可以通过购买服务的方式得到落实。要支持评价机构建设大容量的人才信息数据库和专业评价指标体系，造就一批资深公正的评价专家；再次，对创业人才的评价或项目资助，要发挥创业投资机构及风险投资家的作用。政府的一些资助项目可交由创业投资机构负责，由其按照风险投资的评估标准和方式进行评估，也可以吸收风险投资家、天使投资人、行业专家等组成专业评价委员会，更加注重科技创新的产业化、市场效果，也可以采取跟投方式，对已经获得创业投资或得到创业投资肯定性评价的创业者予以跟进评估。

5. 实施积极的综合配套政策

围绕打造有全球竞争力的创新创业生态链，为吸引和留住海外高端人才构建综合配套政策体系，有的是赋予其国民待遇的政策，如安居政策、社会保险政策、就业政策、政府雇员政策、参与社会团体政策、公平申请政府资助项目政策等；有的是提供特定小环境加快与国际接轨或提升引才竞争力的政策，如创新创业贡献奖励政策、特定人才所得税减免政策、国家千人计划地方配套政策、特定人才医疗保健服务政策、科技创新创业所需仪器设备及中间材料进口关税减免政策、国际社区建设政策、国际化教育政策、文化包容政策等；有的是以开放为动力上海着力先行创新的政策，如科技创新成果激励政策、知识产权保护政策、工商注册备案制政策、社会诚信体系建设政策、服务型政府建设政策等。

（二）进一步创新高科技创业人才引进政策

把吸引并留住怀揣梦想、闯荡上海的青年科技创业人才作为创业人才引进政策的聚焦重点。要以更加开放、开明的心胸和更加贴近、扎实的关怀，打造出"创业上海"的形象和人文，吸引海内外科技人才到上海创业。要进一步创新和加强四项政策，即解决创业者有所居的安居政策、解决科技成果更快转化的创业孵化政策、解决创业更易起步的创业融资政策、解决低成本用工的社会保险补助政策。

1. 着力创新创业人才安居政策，造就特定居住成本洼地

我们在关于打造创新创业生态链的第一条建议中就提出了要通过降低居住成本来提升上海的宜居宜业生活环境。重点要在三项政策上积极创新突破：

一是推出低房价组合政策。即在一些特定的区域，特别是科技创新重要承载区，如张江、紫竹、临港、松江、嘉定等，实施特殊的住宅建设土地出让金政策和开发商税收减免政策、房地产交易减免政策等，确保这类区域的房地产价格成为洼地，与周边的苏州、嘉定等地差距不大。

二是推出经济适用房调整政策。即对建设在郊区的一大批经济适用房嫁接人才公寓政策，政府可以收储一批经济适用房作为创业人才或初创企业的廉租房，也可以以优惠价销售给创业者，这样还可以在这些大型居住区导入高素质人口。

三是完善创业人才廉租房政策。其中一种是低租金政策，主要针对远郊地区的廉租房；一种是租金补贴政策，主要针对中心城区或新城区的廉租房。

2. 着力深化创业孵化政策，更好提供创业空间

重点在四项政策上予以进一步深化：

一是深化孵化器、加速器建设政策。就是要加大郊区一些工业园区及市级老工业基地向孵化器、加速器的转型升级，提高建筑容积率，扩大创新创业载体容量，实现高标准、低成本建设。

二是深化创业者入驻政策。即通过市、区两级设立财政专项资金，对创业者的办公用房租金提供更加积极的减免补贴；对海外高层次人才创业、大学生创业，在规定提供的创业用房面积内可实施三年免租金的补贴优惠；对一些特定孵化项目或产业化项目，可特事特办，提供更大面积，实施更长年份的租金减免优惠。

三是深化创业辅导政策。吸引专业服务机构入驻，建立创业导师队伍，提供免费或优惠的优质创业辅导。

四是深化创业一站式服务政策。打破创业服务的部门分割、条块分割，整合有关部门的创业服务职能和资源，建立一站式服务机制，提供全方位的创业服务。

3. 着力创新创业融资政策，更好解决创业者的融资难融资贵问题

首先，仍要在发挥正规金融作用方面进行创新。在各家大中型银行重视小微企业贷款的形势下，要进一步发挥它们的作用，鼓励和支持设立创业贷款专项，为创业活动提供积极的融资服务；政府方面要深化创业融资贴息和风险补偿政策，切实降低正规金融的融资成本和风险；推进知识产权质押融资，探索商标权、著作权、版权等无形资产质押融资。

其次，要发挥政府系创业投资机构的作用。开辟多渠道资金来源，提高创业融资能力；改进考核评价机制，鼓励风险投资；大力培养创业投资专业人员，提高项目评估能力和创业咨询能力。

再次，必须坚持放活金融的改革导向。发挥互联网金融作用；鼓励和支持发展小型的贷款公司、产业投资公司，甚至其他的一些民间信贷方式；探索建立以创业者和小企业贷款服务为主要业务的信用合作社。在各个区和园区层面探索建立创业者联盟，把创业者组织起来，健全诚信体系，并担当好与政府信用担保、创业投资机构之间的桥梁功能。

4. 建立健全社会保险补助政策，切实降低雇用成本

雇用成本不断上升对创业者既是负担也是风险。现在雇用成本中社会保险费占薪酬的比重已经达到40%以上，而且为规范劳动关系有关部门也对非正规雇用实施较为严格的监察。创业期的企业稳定性差，企业对员工的社会福利承担能力比较弱，因此要针对这样的特点设计、执行更加切合实际的劳动合同政策和社会保险政策。比如劳动用工上可给予更多的灵活权，员工培训上可给予必要的政策补贴，社会保险可以减免、缓缴等。现在江苏、浙江的一些地区已对创业期企业给予一定的薪酬和社会保险费补贴，上海可以积极借鉴，对创业三年内的企业，分类提供社会保险费补贴政策，有的可全免，有的可半减，有的可以缓交，积极减轻创业者的用工压力。

(三) 实施更加积极的科技创新激励政策

要设计出具有全球竞争力的激励政策，吸引更多的海内外人才选择上海创新创业，鼓励更多的上海科技人才更有勇气、更有激情地投身于创新创业。激励政策有的针对科技成果转化，有的针对科技研发，其中需要创新突破的主要有两类激励政策：

1. 支持科技创新成果转化的激励政策

这是落实创新驱动发展战略的关键性政策，也体现了政府对科技创新的支持方向和推进力度。要与国际接轨，让科技创新者可以充分获取创新回报；要放宽管制，让科技创新成果更加容易实现转化；要减轻中间的税费负担，让科技创新成果转化的承接者可以有更小一点的风险和更多的一点利益分享。相对应的，要加大三项政策的创新力度：

一是科技创新成果转让收益分配政策。转让收益归创新者所有，同时这部分收益，应参照国际上的一些先进做法实行轻税政策，直接的现金收益也好，作为股权、期权投资的分红收益也好，应低于一般的收入所得税率，如继续投入到科技创新研发的，还应建立所得税抵扣政策。

二是公益性科技创新成果转让政策。对于大学、科研院所或得到政府资助的企业研发机构，除了一些必须予以保密的科技创新成果外，其他的都应该放宽限制、放权转让，只要是政府投入的科技创新项目，其转让所得应由成果单位自主分配，可以让科技创新者及其团队得大头，政府主要从科技创新成果的产业化中得到经济效益和社会收益。鼓励和支持大学、科研院所加强科技创新成果转让和知识产权保护工作，提高市场化运作能力。

三是科技创新成果转让税收抵扣政策。为了调动各类企业购买或用股权吸收科技创新成果的积极性，也要坚持轻税政策。对于转让费用，应该视作固定资产投资，每年可按一定的，甚至较高的比例计入成本；对于转化后的企业收益，其股权分红部分也可抵扣企业所得税。

2. 鼓励科技创新研究的激励政策

要鼓励和支持大学、科研院所和企业开展科技创新应用和基础研究，特别要支持产学研合作研究。这方面涉及两项政策：

一是政府委托前沿科技研发项目的激励政策。除了成果转让激励外，对于财政支持的研究费使用，要扩大人力资本支出比重，最高可达30%，主要用于团队成员的激励性分配和聘请兼职专家、其他辅助人员等，特别是用于团队成员的分配部分不应计入绩效工资额度，其激励收益也应减免个人所得税。另外企业承接的政府开发项目，不应计为经营性收益，并应免征各类企业税收，用于奖励研发人员的收入部分，除应减免个人所得税外，还应免交社会保险费。

二是企业委托技术开发项目的激励政策。要鼓励大学和科研院所积极开展产学研合作，更多承担企业的技术开发项目。对从企业获得的研究费，赋予更多的分配自主权，适当降低单位提取的管理费比例，增加一线创新团队的奖励分配比例，同时也应减免个人所得税。

（四）构建国际化的人才培养政策体系

要用全球视野、全球领先的理念和目标创新人才培养政策，要以开放的精神、改革的勇气创新人才培养政策。其中最主要的有四项政策：

1. 加快提升大学的国际化水平

建设全球一流的大学是上海建设全球科技创新中心的重要任务之一，也是培养全球一流人才和各类创新创业人才的重要路径。从当前的现实看，距离全球一流差距还比较大，因此必须以国际化为抓手，通过教育体制改革和政策聚焦，努力向全球一流迈进。这里重点要在四个方面积极突破：

一要引进一批全球一流学者，加快人才培养与国际先进水平的接轨。通过有竞争力的薪酬标准和教学、研究条件，引进有全球影响的外籍教授，通过带团队，指导博士后、博士等形式培养具有全球一流潜力的优秀青年人才。在大学周边建造高级人才公寓和配套设施，为引进的外籍教授提供便利的生活条件。也可以通过兼职教授等柔性方式引进和好用外籍教授。这方面可以借鉴香港科技大学的经验做法，该大学在创办后的短短10年时间中就跃居亚洲排位居前的大学，并吸引、集聚了一批全球一流的顶尖学者，对培养高水平人才、提升香港国际影响作出了积极贡献。

二要建立健全大学治理结构，与国际通行模式接轨。这对于引进人才、培养人才有重要影响。要加大大学改革力度，完善党委领导下的校长负责制，减少行政干预，扩大办学自主权，逐步实现学科设置自主、招生自主、收费自主、募集社会资金自主、教授定薪自主，激活大学内在活力。

三要扩大对外开放，鼓励对外合作，鼓励走出去办学。一方面要放宽限制、提供资助，支持各大学与全球著名大学建立各种类型的合作平台，特别要分享这些大学的师资、教程、图书和教学模式等优质资源；另一方面也可步企业走出去的路子，直接到发达国家和其他国家建设分校，建设海外教育基地和科研基地，既便于直接引进外籍教授，又可在一个大学内贯通国内、国外培养通道。

四要扩大英文教材的引进和使用，推进英文教学。支持教材的国际化，加快教材更新速度，让学生可以更快地接触到全球最前沿的科技创新知识和发明。

2. 积极引进全球著名大学和专业培训机构

进一步推进教育培训领域的开放，通过引进全球著名大学和专业培训机构，大步提升人才培养的国际化水平，并发挥其鲶鱼效应，促进本土大学和培训机构的改革与创新。

一是在继上海纽约大学后，再引进1—2家全球著名大学。争取引进建设专业设置更丰富，包括理工科的综合性大学。在建校用地、资金上予以积极支持，并赋予其较大的办学自主权。

二是可以借鉴深圳建立虚拟大学园的做法，设立海外大学上海分校集聚区。深圳没有全国重点大学，但通过创建虚拟大学园聚集了57所国内外知名院校，包括清华大学、北京大学等41所中国内地院校，香港大学、香港中文大学等6所香港院校，佐治亚理工学院等7所国外院校以及中国科学院、中国工程院院士活动基地和中国社会科学院研究生院，建立事业单位建制、独立法人资格的成员院校深圳研究院45家；搭建深圳虚拟大学园国家重点实验室（工程中心）平台，在深圳设立研发机构184家，形成了从学士到硕士、博士的在职学历学位培养和从短期专项到为企业量身定做的订单式人才培养体系。

三是支持跨国公司在上海建立全球培训基地。大部分跨国公司都建有自己的培训机构甚至企业大学。上海要积极探索引进的有效办法和配套政策，争取建成跨国公司亚洲区的培训总部集聚地，并为这些培训总部的设施配套、师资配备等提供积极支持。

3. 加大人才出国留学和访学支持力度

在因私出国留学占据主导后，仍要坚持设立出国留学和进修访问的公派制度。扩大出国留学基金盘子，每年从大学在校生中选拔优秀学生到全球著名大学留学深造；加强与全球著名大学的合作，提高留学专业的前沿性和针对性；借鉴国际通行做法，完善与选派生的为公服务协议。设立出国进修访问专项资金，为教师和科研人员，以及企业研发人员出国进修提供资助。

4. 进一步扩大外国留学生规模

要吸收更多的外国留学生来上海接受正规学历教育，并为他们以后留在上海就业做好前期准备工作。政府设立专项奖学金，同时鼓励和支持大企业设立奖学金，保障外国留学生的基本生活。

（五）推行积极的理工科人才和高技能人才培养政策

美国总统奥巴马在其第二任期内致力于加速推进此前搁浅的“移民新政”，明确提出新的移民政策向国际理工科人才和在美投资创业者倾斜，同时大力实施STEM人才培养计划（科学、技术、工程、数学），2012年出台了尊重教师项目，并在2013年拿出50亿美元支持这一项目，政府与知名企业组成“联盟合作”，计划10年内培养10万名STEM教师。因此，上海建设全球科技创新中心，也必须更加重视培养理工科人才和高技能人才，要积极创新三项政策：

1. 调整优化高等教育资源配置结构

应积极实施三项调整政策：一是支持综合性大学进一步发展理工科专业。可在基础设施、教育经费、师资编制、招生规模等方面提供倾斜性政策，甚至可以考虑适当压缩文科招生规模和资源配置；二是鼓励和支持一些文科类大学发展理工科专业。比如松江大学城集中了6所文科类大学，可以放宽限制，发展一些新兴的理工科院系，除了可以培养更多社会需要的理工科人才外，还可以打造一些新的高端人才集聚平台，并为周边地区的经济发展提供支撑；三是实施高等职业技能院校振兴计划。加大资源投入力度，加快新兴专业设置，提高实训条件。一些从大专升格为本科的大学，应回归本源，强化高等职业技能教育特色。鼓励和支持大企业创办高等职业技能院校。

2. 鼓励中学毕业生选择高技能人才成长道路

要提高蓝领、灰领的社会地位和薪酬待遇，形成正确的社会导向，鼓励和支持更多本地籍高素质学生选择高等职业技能院校学习专业技能。推行学费减免和生活费补贴政策，增强高等职业技能院校的吸引力。加强高等职业技能院校与企业的合作办学、合作培养，并为学生提供更好的就业通道。放宽专升本考试条件，减少继续教育障碍，为高技能人才提供更加积极的成长通道。

3. 创新理工科师资培养政策

实施理工科师资培养计划，由政府牵头组织，推进建立大学与企业合作培养理工科师资模式，类似于企业博士后工作站，选拔一批博士、硕士到高科技企业和大企业一线工作，经若干年工作实训，再回到大学教师岗位。另外要打通大学与企业的高层次人才流动通道，在大学设置一定比例的教授岗位、副教授岗位，专门用于引进在海内外企业有丰富应用技术经验的工程师人才。

执笔：王振

参考文献

European Parliament and Council, The promotion of the use of biofuels or other renewable fuels for transport (Directive 2030/30/EC). Official Journal of the European Union, 2003: L123/142-146. http://europa.eu.int/comm/energy/res/legislation/doc/biofuels/en_final.pdf.

OECD:《创新集群：国家创新体系的推动力》,科学技术文献出版社 2003 年版。

柏豪:《美国、日本的服务创新及启示》,《宏观经济管理》2015 年第 3 期。

彼得·斯旺:《创新经济学》,格致出版社、上海人民出版社 2013 年版。

曹京明、王国华:《论科技在文化创意产业中的作用》,《科技信息》2007 年第 22 期。

陈柳:《长三角地区的 FDI 技术外溢、本土创新能力与经济增长》,《世界经济研究》2007 年第 1 期。

程新章:《全球生产网络视角下上海创新型城市转型——基于创新系统的研究》,中国经济出版社 2014 年版。

戴卫:《中关村打造全球科技创新中心》,《中关村》2009 年第 5 期。

杜德斌、张仁开、祝影、包慧:《上海创建国际产业研发中心的战略研究》,《科学学与科学技术管理》2005 年第 4 期。

杜万坤、土育宝:《科技创新与科技园区文化创意产业发展研究》,《科学学与科学技术管理》2008 年第 3 期。

俄罗斯 2040 年航天发展计划,http://www.costind.gov.cn/n435777/n435943/n435945/n435988/116577.html。

樊华、周德群:《中国省域科技创新效率演化及其影响因素研究》,《科研管理》2012 年第 33 期。

韩先锋、师萍、卫伟:《我国区域科技创新效率、模式与收敛性分析》,《统计与决策》2010 年第 16 期。

洪银兴:《科技创新与创新型经济》,《管理世界》2011 年第 15 期。

胡晓鹏:《技术创新与文化创新:发展中国家经济崛起的思考》,《社会学研究》2006 年第 1 期。

黄鲁成、李阳:《国际 R&D 中心与北京的现状分析》,《科学学与科学技术管理》2004 年第 7 期。

李凌:《沪台创意产业发展比较研究:差异、原因及对策》,《台湾研究集刊》2013 年第 6 期。

刘冬梅等:《科技创新与中国战略性区域发展》,中国发展出版社 2014 年版。

刘国新、李兴文:《国内外关于自主创新的研究综述》,《科技进步与对策》2007 第 24 期。

刘九如:《创新政策营造环境》,《产业经济评论》2013 年第 5 期。

刘奕、夏杰长:《全球价值链下服务业集聚区的嵌入与升级——创意产业的案例分析》,《中国工业经济》2009 年第 12 期。

路甬祥:《创新的启示——关于百年科技创新的若干思考》,中国科学技术出版社 2013 年版。

迈克尔·波特:《国家竞争优势》(中译本),华夏出版社 2002 年版。

欧盟生物质行动计划(Biomass Action Plan),http://euractiv.com/en/energy/biomassaction-plan/article-155362。

邱成利:《创新环境及其对新产业成长的作用机制》,《数量经济技术经济研究》2002 年第 19 期。

上海市经济和信息化委员会:《2014 年上海产业和信息化发展报告——"四新"经济》,上海科学技术文献出版社 2014 年版。

斯蒂文·福斯伯格:《称霸印度洋之路——21 世纪印度海洋战略》,周鑫、邱夕海译,http://www.pnc.gov.cn/web/gjjzl/quyujzl.484html。

屠启宇主编:《国际城市蓝皮书:国际城市发展报告(2014)》,社会科学文献出版社 2014 年版。

王缉慈:《知识创新和区域创新环境》,《经济地理》1999 年第 1 期。

王锐淇、张宗益:《区域创新能力影响因素的空间面板数据分析》,《科研管理》2010 年第 31 期。

王郁蓉、师萍:《创新环境研究综述》,《科学管理研究》2014 年第 4 期。

闻岳春、王婧婷:《科技创新型中小企业的资本市场融资策略研究》,《科学管理研究》2010 年第 28 期。

颜振军:《科技创新有形之手》,红旗出版社 2011 年版。

曾世宏、向国成:《技术型服务业高获利能力:市场势力还是创新红利——兼论结构性减税和协同创新对技术型服务业创新的作用》,《财贸经济》2013 年第 10 期。

张仁开:《上海建设国际创新中心战略研究》,《科学发展》2012 年第 11 期。

张占耕:《上海科技创新的战略思考》,《社会科学》2004 年第 1 期。

中国科学技术学会:《海洋科学学科发展报告》,中国科学技术出版 2008 年版。

中国科学院:《21世纪中国地球科学发展战略报告——我国地球科学发展条件平台和能力建设》,科学出版社2009年版。

中国科学院:《创新2050:科学技术与中国的未来》,科学出版社2009年版。

钟书华:《创新集群:概念、特征及理论意义》,《科学学研究》2008年第2期。

图书在版编目(CIP)数据

转型升级的新战略与新对策：上海加快建设具有全球影响力的科技创新中心研究/王战等著.—上海：上海社会科学院出版社，2015

ISBN 978-7-5520-0845-6

Ⅰ.①转… Ⅱ.①王… Ⅲ.①技术革新—研究—上海市 Ⅳ.①F124.3

中国版本图书馆 CIP 数据核字(2015)第 091907 号

转型升级的新战略与新对策

——上海加快建设具有全球影响力的科技创新中心研究

著　　者：王　战　翁史烈　杨胜利　王　振　等

责任编辑：董汉玲

封面设计：周清华

出版发行：上海社会科学院出版社

上海顺昌路 622 号　邮编 200025

电话总机 021-63315900　销售热线 021-53063735

http://www.sassp.org.cn　E-mail:sassp@sass.org.cn

排　　版：南京展望文化发展有限公司

印　　刷：上海颛辉印刷厂

开　　本：787×1092 毫米　1/16 开

印　　张：20.75

插　　页：2

字　　数：260 千字

版　　次：2015 年 5 月第 1 版　　2016 年 11 月第 2 次印刷

ISBN 978-7-5520-0845-6/F·298　　定价：79.80 元
